PPP 项目运行监管研究

高 辉 著

北 京

冶 金 工 业 出 版 社

2024

内 容 提 要

本书对 PPP 项目运行监管进行了详细阐述，内容主要包括 PPP 内涵与发展、PPP 项目实施及影响因素实证分析、PPP 项目绩效管理实施分析、PPP 运行监管体系分析、PPP 合同不完全性分析、PPP 项目监管动态绩效指标体系构建、基于风险分担的 PPP 项目激励设计等。

本书可供从事 PPP 项目研究、管理工作的人员阅读，也可供高等院校相关专业的师生参考。

图书在版编目（CIP）数据

PPP 项目运行监管研究/高辉著. —北京：冶金工业出版社，2024.6
ISBN 978-7-5024-9837-5

Ⅰ.①P… Ⅱ.①高… Ⅲ.①政府投资—合作—社会资本—研究—中国 Ⅳ.①F832.48 ②F124.7

中国国家版本馆 CIP 数据核字（2024）第 073490 号

PPP 项目运行监管研究

出版发行	冶金工业出版社	电　话	(010)64027926
地　址	北京市东城区嵩祝院北巷 39 号	邮　编	100009
网　址	www.mip1953.com	电子信箱	service@ mip1953.com

责任编辑　杨　敏　美术编辑　彭子赫　版式设计　郑小利
责任校对　郑　娟　责任印制　窦　唯
北京建宏印刷有限公司印刷
2024 年 6 月第 1 版，2024 年 6 月第 1 次印刷
710mm×1000mm　1/16；13 印张；255 千字；200 页
定价 79.00 元

投稿电话　(010)64027932　投稿信箱　tougao@cnmip.com.cn
营销中心电话　(010)64044283
冶金工业出版社天猫旗舰店　yjgycbs.tmall.com
（本书如有印装质量问题，本社营销中心负责退换）

前　言

　　PPP 是指公共部门和社会资本为提供公共产品或服务而建立的各种合作关系，不仅是政府和社会资本的一种合作模式，更是一种制度创新。PPP 模式自 20 世纪 80 年代被引入我国以来，经历了四个阶段的发展：起步阶段（1984~2002 年）、规范推广阶段（2003~2013 年）、快速发展阶段（2013~2017 年）、提质增效阶段（2018 年至今）。2018 年以来项目数量与投资额明显回落，财政部开展的"清退库"也暴露了我国 PPP 项目发展的困境：首先，PPP 项目有其适用范围及实施的科学规律，但我国相关研究还不完善，特别缺乏大量实证研究。其次，PPP 项目的本质是长期契约，也是项目监管的重要依据。但是由于合同的不完全性，可能难以完全明确项目运行中出现的全部问题及处理方式，影响项目绩效及管理。再次，PPP 项目风险大，要通过合同明确风险分担、收益机制等，但是项目的长期性与复杂性的特点往往导致项目前期合同制定及谈判难度大，如何在此基础上形成合理风险分担并进行激励条款的设置，亟需提供有效思路。

　　国外开展 PPP 实践与研究较早，国内 PPP 大规模发展较晚但推动力度很大，且与国外 PPP 项目发展特点不尽相同。本书共包括七章，可以分为三个部分：首先在收集我国 PPP 发展的数据和案例基础上开展实证研究，重点关注我国 PPP 项目提质增效阶段的特点与存在问题，通过实证研究找出影响 PPP 项目运行的关键因素；其次对我国 PPP 项目绩效管理相关文件及评价实施情况进行跟踪分析，对比全球 PPP 监管体系，从监管框架、制度安排提出我国 PPP 项目绩效监管的改进重点；最后围绕 PPP 合同的不完全性，研究 PPP 项目绩效评价指标体系，将合同绩效条款与风险分担、激励条款等结合起来，完善合同条件，形成具有竞争性的监管机制防范项目风险，推动我国 PPP 高质量发展。

本书内容涉及的有关研究与出版得到了国家社科基金项目（17BJY168）、浙江工业大学工商管理学科建设经费的联合资助；在撰写过程中，参考了有关文献并得到财政部 PPP 中心、在浙部分 PPP 项目从业者及研究人员的大力支持；研究生金佳桦、王婷、林煌、顾石丰等做了大量图表整理和部分文字工作；我的同事和家人也不断鼓励和帮助我，在此一并表示衷心的感谢。

由于作者水平所限，书中不足之处，敬请读者批评指正。

作　者

2023 年 11 月于博易楼

目　　录

第一章　PPP 内涵与发展

第一节　PPP 的内涵

一、PPP 的发起与定义

20 世纪 70 年代，美国经济在第二次能源危机中出现大面积的经济萧条，在这样的背景下，不仅政府税收减少，而且公共问题也日益突出。由于政府财政出现大面积赤字，公共财政能力遭到大幅度削弱，面对公共产品的高额建设成本与运营成本时出现无力承担的情况。另外，人们对公共服务和公共产品的期望越来越高，需求也越来越大，政府对城市经济与民生的责任越来越重。政府开始考虑改变原有的公共产品运营模式，鼓励民间组织与政府合作，允许民间组织与政府竞争。与美国处境相同的英国也开始转变模式，将 PPP 模式应用于公共产品的运营中。自 20 世纪 70 年代末以来，英国政府减少了公共产品支出，鼓励私人部门投资、公共产品运营民营化。当英美政府面临经济危机，公共产品支出困难时，均转变了其公共政策，主动开始与私人部门合作，共同解决公共产品问题。

政府和私人部门合作的基础是政府希望通过将私人资本引入公共产品，解决公共产品投资资本不足的问题，从而为公众提供更高质量的公共产品和服务，满足公众的期望；私人部门可以通过与政府合作和投资获得预期回报。尽管 20 世纪 80 年代 BOT 模式已经开始实施，但直到 20 世纪 90 年代初，英国首先提出 PFI（Private Finance Initiative）计划，宣告了真正意义 PPP 的诞生，并从 1992 年开始大力推动。1997 年其发展成为了一个新的概念：公私部门合作伙伴关系（Public Private Partnership，简称为 PPP）。此后，PPP 模式在各国的公共产品领域中取得长足发展，我国将其称为政府与社会资本合作模式。

由于 PPP 模式在不同的场合、经济和文化背景下有不同的具体应用，并且一直在发展，因此 PPP 是一个动态的、不断演进的概念范畴。国内外的一些权威机构给出了 PPP 的定义，见表 1-1。国内研究 PPP 的学者认为 PPP 可以分为广义和狭义。广义的 PPP 是指公共部门和社会资本为提供公共产品或服务而建立的各种合作关系，而狭义的 PPP 可以理解为一系列项目融资模式的总称，包括 BOT、TOT、DBFO 等模式，或者仅指政府与社会资本共同投资组成项目公司负责项目实施的运作模式。研究学者指出，PPP 模式不仅是政府和社会资本的一种合作模式，更是一种制度创新。

表 1-1 PPP 模式定义

序号	组织机构	定 义
1	联合国培训研究院（United Nations Institute for Training and Research）	PPP 涵盖了不同社会系统倡导者之间的所有制度化合作方式。PPP 包含两层含义：其一是为满足公共产品需要而建立的公共和私人倡导者之间的各种合作关系；其二是为满足公共产品需要，公共部门和私人部门建立伙伴关系进行的大型公共项目的实施
2	欧盟委员会（European Commission）	PPP 是指公共部门和私人部门之间的一种合作关系，其目的是提供传统上由公共部门提供的公共项目或服务
3	加拿大 PPP 国家委员会（The Canadian Council for Public Private Partnerships）	PPP 是公共部门和私人部门之间的一种合作经营关系，它建立在双方各自经验的基础上，通过适当的资源分配、风险分担和利益共享机制，最好地满足事先清晰界定的公共需求
4	澳大利亚基础设施发展委员会（Australian Council for Infrastructure Development）	PPP 是公共部门和私营部门一起工作，双方有义务为服务的提供尽最大努力。私营部门主要负责设计、建设、经营、维修、融资、风险管理；公共部门负责战略计划的制定、规制、计划并提供便利、核心业务的提供、消费者保护
5	美国 PPP 国家委员会（The National Council for PPP, USA）	PPP 是介于外包和私有化之间并结合了两者特点的一种公共产品提供方式，它充分利用私人资源进行设计、建设、投资、经营和维护公共基础设施，并提供相关服务以满足公共需求
6	联合国发展计划署（United Nations Development Programm）	PPP 模式是指政府、私人机构形成的相互合作关系的形式，同时私营机构提供某些形式的投资。因此，PPP 模式将服务和管理合同排除在外，但是包括租赁和特许经营
7	PPP 学会（Institute for Public Private Partnerships, IP3）	PPP 模式是基于私营实体与政府部门之间协议，邀请私营合作者提供期望的服务并承担相应风险。作为提供服务的回报，私营机构可以根据一定的服务标准以及合同中约定的标准通过收取服务费用、税收、用户付费的方式获得相应的收益。政府将从提供服务的资金和管理的困扰中脱身，但是保留对私营合作者经营的规制和监管
8	英国财政部（HM Treasury）	PPP 是公共和私营部门为了共同的利益的一种长期的合作模式，主要包含三个方面的内容：完全或部分的私有化；PFI；与私营企业共同提供公共服务
9	英国 PPP 委员会（Commission of Public Private Partnership, CPPP）	PPP 模式是指公共部门和私营部门之间基于共同的期望所带来的一种风险共担政策机制。某些政府部门，特别是教育和劳工部门认为服务外包也是 PPP 的一种形式

序号	组织机构	定义
10	中国财政部（Ministry of Finance of the People's Republic of China）	政府和社会资本合作模式是在基础设施及公共服务领域建立的一种长期合作关系，是由社会资本承担设计、建设、运营、维护基础设施的大部分工作，并通过"使用者付费"及必要的"政府付费"获得合理投资回报；政府部门负责基础设施及公共服务价格和质量监管，以保证公共利益最大化
11	中国国家发展和改革委员会（National Development and Reform Commission）	政府和社会资本合作（PPP）模式是指政府为增强公共产品和服务供给能力、提高供给效率，通过特许经营、购买服务、股权合作等方式，与社会资本建立的利益共享、风险分担及长期合作关系
12	香港效率促进组（Efficient Unit，Hong Kong）	PPP 是一种由公营部门和私营机构共同提供公共服务和进行计划项目的安排。在这种安排下，双方通过不同程度的参与和承担，各自发挥专长，收相辅相成之效

二、PPP 模式的特点与操作流程

PPP 模式是一种新型的项目融资模式，也具有项目融资拥有的共有特征：以项目为导向、风险分担、有限追索、资产负债表之外的融资和信用结构多元化、融资成本较高等。除此之外，PPP 还有其他一些特点：

（1）政企职能分离，两者各尽其长。在 PPP 模式下，政府部门从社会效益的角度和中立的立场出发，根据公众的需要，处理公共部门和社会资本的关系。政府部门不仅是项目的发起人，而且是项目的管理者，同时也要参与标准制定和接受服务产品；社会资本拥有资本、管理和技术等生产要素，是生产和服务的供给者。政府和企业各尽所长，互惠互利。

（2）社会资本在项目前期阶段就可以参与项目。PPP 模式允许参与公共基础设施项目的社会资本在项目前期参与，政府和相关企事业单位可以在项目论证阶段共同探讨项目建设过程中采用的技术方案，有利于利用社会资本的管理经验和先进技术。特别是如果社会资本主动发起项目，企业可以从不同角度发掘项目的价值，尽快与相关机构和政府联系，节省参与成本和准备时间。

（3）合理分担风险。让最适合管理和控制风险的部门承担是风险分担原则之一。通过 PPP 模式，公共资本和公共部门可以合理分担提供公共服务和公共产品的风险。社会资本通常承担的风险包括资金不足、成本超支、资产人为损坏风险、未能按时间计划提供服务以及市场风险等，而公共部门则承担着罢工和政策变化等政治风险，以及利率变化和通货膨胀等系统性风险，其中一些风险可以通过保险的方式避免。这种风险分担模式可以使各方的风险承担能力与相应的义务风险相匹配，从而增强 PPP 项目的抗风险能力，促进项目的成功实施。

（4）政府部门与社会资本建立长期的伙伴关系。PPP 模式是社会资本生产公共产品和提供公共服务，政府为产品和服务买单的双主体供给模式。它要求公共部门和私人部门建立相互合作的长期伙伴关系，共同克服和解决项目期间的潜在问题。因此，公共部门应关注社会资本是否有能力实现长期承诺，谨慎选择社会资本作为合作伙伴。社会资本在决定参与提供公共服务时，必须考虑项目设施的长期总成本，如全寿命周期成本、适当水平的维护和维修成本、提供服务的成本和融资成本，以及项目全周期可能存在的各种风险，并在此基础上制定相应的招标文件和报价。

（5）实现物有所值（value for money）的目标。PPP 模式将社会资本引入到公共产品垄断领域的竞争中，即可以利用社会资本的商业敏感性更准确地确定用户需求；社会资本的专业知识和创新能力可以用来提供更高质量、更高效的服务；继续以项目最低的生命周期成本提供优质服务；将一些风险转移给能够更好控制这些风险的社会资本；引入更多创新性收入来源等方式，减少项目投资，提高项目质量，实现物有所值的目标。

此外，PPP 项目的特点是周期长、投资额大、风险大，因此实施流程较为复杂，涉及多个阶段，每个阶段又包含多个步骤。在借鉴国内外 PPP 发展和国内PPP 实施经验总结的基础上，我国财政部《政府和社会资本合作模式操作指南（修订稿）》中提出，PPP 合作项目分为三个操作部分：即项目准备、项目采购和项目执行。与 2014 年发布的《政府和社会资本合作模式操作指南（试行）》相比，PPP 项目的识别阶段被纳入准备阶段，移交也从独立的阶段变成项目执行阶段的步骤。项目执行阶段的项目移交时，政府收回。项目操作流程如图 1-1 所示。

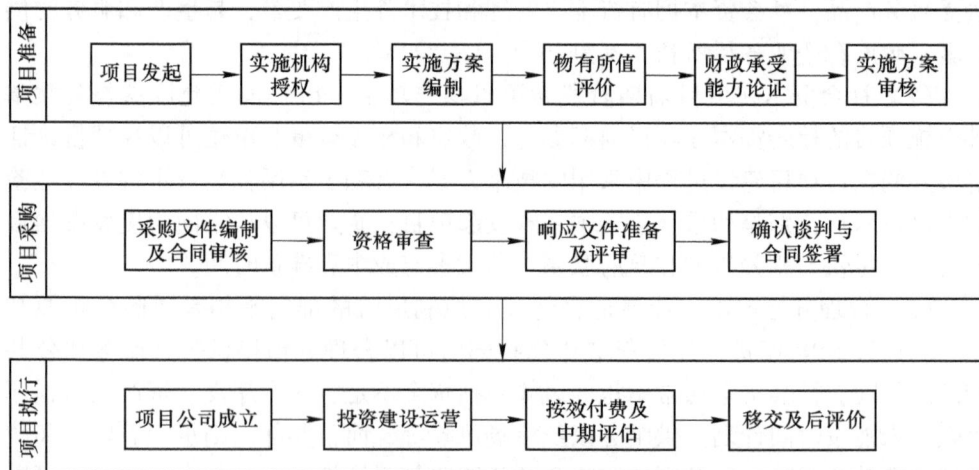

图 1-1　项目操作流程

（资料来源：《政府与社会资本合作模式操作指南》）

我国财政部及国家发改委先后提出 PPP 项目类型及适用的运行方式，如表 1-2 所示。《政府和社会资本合作项目政府采购管理办法》中指出：PPP 项目采购是指：政府应依据相关的法律法规，选择社会资本作为伙伴，以实现权利义务与物有所值的 PPP 项目合同之间的平衡的过程。单一来源采购、公开招标、竞争性谈判、邀请招标、竞争性磋商等是 PPP 项目主要的采购方式，其中公开招标是最常用的方式，也是保障 PPP 项目目标实现的重要手段。

表 1-2 PPP 的运作方式

提出单位	项目类型	运行方式	运行方式特点
财政部	存量项目	委托运营（O&M）	政府保留财产所有权，并支付运营成本
		管理合同（MC）	政府保留资产所有权，向社会资本或项目公司支付管理费
		转让-运营-移交（TOT）	库存资产的所有权由政府有偿转让，由社会资本或项目公司负责运营、维护服务，合同期满后，资产及其所有权也将转让给政府
		改建-运营-移交（ROT）	基于 TOT 模型，政府增加了重建的内容
	增量项目	建设-运营-移交（BOT）	由社会资本或项目公司承担项目设计，建设，运营，维护等。到期后，移交给政府
		建设-拥有-运营（BOO）	由 BOT 开发的社会资本或项目公司拥有该项目，但合同必须包含具有约束力的条款，以保障公共利益
国家发改委	经营性项目	建设-运营-移交（BOT）、建设-拥有-运营-移交（BOOT）	费用基础明确且运营成本可以完全涵盖投资成本的项目，特许经营可以由政府批准
	准经营性项目	建设-运营-移交（BOT）、建设-拥有-运营（BOO）	对于运营成本不足以支付投资成本且需要政府补贴某些资金或资源的项目，采取诸如授予专营权的额外部分补贴或政府直接投资和参股等措施
	非经营性项目	委托运营（O&M）、建设-拥有-运营（BOO）	对于没有"使用者付费"基础并且主要依靠"政府付费"的项目来收回投资成本的项目可以通过政府购买服务

根据 PPP 模式定义及运作特点，其内涵一般体现在以下几个方面：一是平等合作的现代契约形式，通过关系型合作合同约定参与方的权利与义务，以降低

合作风险；二是合作目标的一致性，政府与社会资本合作的目的不仅是为了获得经济利益，也是要为公众提供更好的公共项目；三是合作方式的多样性，根据各个项目不同的规模、类型、投资选择合适的 PPP 模式，如高速公路项目主要采用 BOT 和委托运营两种运作方式；四是合作伙伴的平等性，即通过有效的法律法规在法律层面规范双方的信息沟通、共同参与、资源共享及参与方的风险共担。

第二节　PPP 的发展

PPP 项目作为一种较为全面的项目融资模式，为了减轻政府在建设和维护公共基础设施方面因资金不足而面临的困难，将社会资本引入到公共基础设施建设和管理中，包括采用特许经营权等方式，同时利用企业较为专业的运营管理手段去提升公共基础设施的服务水平。目前 PPP 模式已经被越来越多地应用在城市基础设施建设和公共服务供给中。

一、PPP 在国外的发展

PPP 模式广泛应用于发达国家的基础设施建设中，从公路、铁路运输、桥梁、港口、燃气、电信、供水、电力、垃圾处理等传统公用事业领域开始，应用到监狱的建造和运营、大型信息技术系统的提供、学校与医院的建设与运营，甚至一直到航天和国防等更为宽广的领域。截至 2019 年，世界银行统计的数据显示，全世界总共有 6907 个 PPP 项目，总投资额达 1.61 万亿美元。其中在世界银行统计中，项目中政府、国营企业占股高于 25% 不归属于 PPP 项目。

英国政府在推广 PPP 方面走在最前列，开创了以私人资本开发公共项目先河的项目是 1972 年红磡隧道。英国 PPP 模式发展可分为四个阶段：开始尝试 PFI（1992~1996 年）、大力推广 PFI（1997~2008 年）、金融危机影响 PFI 的使用（2009~2011 年）、提出 PF2（2012 年至今）。英国 PPP 模式的运作具有以下几个特点：较少项目采用特许经营；项目的行业覆盖范围广；运营时间整体都较长；政府不断完善 PPP 有关政策的顶层设计；针对 PPP 运行管理成立了专门的机构。1992 年，英国的财政部大臣宣布政府启用 PFI "私人融资协议"，此后英国财政部又成立了 PFI 工作组，推行建立 PPP 模式。直到英国工党执政期间，PPP 模式在英国广泛推广实施。在 2003~2004 年的投资中，PPP 模式的投资约为 613 亿美元，约占总投资的 11%；已经完成了包括 239 个新建、改造的项目以及 34 所医院在内的 451 个 PPP 项目。在全球性金融危机爆发的背景下，英国政府设立基础设施融资中心，基础设施项目从原来的公益型转向经济型。2011 年，联合政府对 PPP 政策和项目进行了评价，英国政府撤销了财政部 PPP 处，并设置了英国基础设施建设局来负责国内 PPP 项目的推进实施。由于采用 PFI 管理模式的项目中，社会资本把控项目的大部分进度，政府的参与度不够，导致政府后期还债压力增大。因此英国政府提出了 PPP 新的模式，即 PF2（Private Finance 2），政府和社会资本开始更为稳定长期的合作。但是自 2012 年提出 PF2，到 2018 年仅完成了 6 个项目的融资，且在 2010 年以前已经完成了 86% 的合同签署。在 2018 年 10 月 29 日，英国财政部在《Budget 2018》中宣布将不再使用 PFI 和 PF2，但不会终止现有的合同，将会试行最佳的方式提高现有项目的价值。

根据美国基础设施研究署（Infra Americas）的计算，2005~2014 年，总价值达 610 亿美元的 58 个 DBFOM 项目在美国达到正式宣布阶段；目前已经完成总价值达 390 亿美元的 40 个项目。根据美国财政部称，PPP 项目在美国基础设施投资中所占份额很小，2007~2013 年 PPP 交通项目投资达 227 亿美元，为同时期美国高速公路项目总投资额的 1/50。从总体上看，1990 年项目建设开始一直到 2017 年，交通类项目占美国的 600 多个 PPP 项目中的 1/2，而常规道路建设又占到了 1/3 以上。但自 2013 年之后，每年建设项目都呈现下降的情况。截至 2017 年底，美国有 37 个州颁布了 PPP 相关的法律，部分州的立法机构对交通运输项目采取更为严格的政策。部分学者从私人财务管理的角度，比较 PPP 项目的成功和失败，认为处理好公共部门和私人部门之间的合作关系，是 PPP 项目达到预期目标，以及有效地吸引私人资本投资的关键。

20 世纪 80 年代，澳大利亚在基础设施领域引入 PPP 模式，为解决基础设施建设资金不足的问题。90 年代开始，政府逐步加大引入社会资本量，将建设和运营风险更多地转移到社会资本，这也导致社会资本负担过重。2000 年以来，澳大利亚吸取经验，制定特定的法律措施，充分发挥政府和社会资本各自的优势。例如：2000 年悉尼奥运会主体育场奥林匹克体育场就是采用了 PPP 模式建设。通过国际招标的方式选择中标人，中标人不仅要从体育场的设计开始负责，而且要投融资和建设等，政府也在资金上给予支持。截至 2009 年底，澳大利亚的 PPP 市场规模达 920 亿美元，分布在公路、国防、卫生、铁路、司法、娱乐等部门。2008~2011 年期间，澳大利亚出版了一整套《国家公私合作指南》，共 9 卷，涉及 PPP 的方方面面，这为在澳大利亚的成功实施 PPP 项目提供了政策、技术上的保障。2015 年 10 月，澳大利亚基础设施和区域发展部（Department of Infrastructure and Regional Development）更新了于 2008 年时启动的国家 PPP 政策框架，详细介绍了 PPP 项目的实施政策，包括 PPP 项目投资者指南、集中采购方法、政府操作指南、社会性基础设施的商业原则、财务计算方法、经济性基础设施的商业原则等。

加拿大是一个联邦制国家，为使国家 PPP 项目可以顺利系统地进行，加拿大政府专门成立了加拿大 PPP 国家委员会（The Canadian Council for Public Private Partnerships，简称 CCPPP），建立了 PPP 项目库。加拿大 PPP 国家委员会在加拿大推广和实施 PPP 上有着巨大的功劳，该委员会负责 PPP 的前期准备、中期协调、开发潜在合作方，为加拿大的 PPP 发展奠定良好的基础。2007 年，加拿大为了撬动社会资本投资 PPP 项目，建立了"PPP 中心基金"。由于其特殊的国家制度，加拿大政府和社会资本合作时，通常是社会资本进行风险承担，相对地，社会资本也会获得更高的效益来平衡高风险。2013 年设立了"建设加拿大基金"，更多的社会资本被吸引到 PPP 建设，增加了就业机会，促进了经济发展和社会安定。截至 2013 年 3 月末，该基金已经为 15 个 PPP 项目提供了近 8 亿美元的资金支持，撬动市场投资超过 33 亿美元。2014 年 3 月，CCPPP 对 PPP 项目在 2003~2012 年期间的经济进行了评估，PPP 这一模式为公共部门节省 99 亿美元，为联邦和地方政府创造了 75 亿美元税收。在 2015 年发布的白皮书中，CCPPP 将 PPP 在加拿大的成功归结为四个关键因素：一是稳定的项目储备；二是高效的招标流程；三是多元的融资来源；四是有利的政治环境。截至 2016 年底，加拿大联邦项目共有 10 个，占所有总数的比重为 4%，省或地区项目 187 个，占比 75%，市级项目 49 个，占比 20%。

2005 年韩国修订了《民间参与基础设施法》，韩国公私基础设施投资管理中心（PIMAC）作为唯一窗口管理韩国公共基础设施投资。2005 年 1 月，韩国为了逐步增大民间投资项目的范围，引入 BTL 方式并进行推广。韩国发展研究院（KDI）明确了 BTL 不仅是一种租赁类型的 PPP 项目，其特点和目标设施接近于发达国家的长期购买服务合同。韩国政府规定必须要为公私合作的项目提供政府的支持，要将政府支持纳入公私合作的立法中；为保证企业在取得特许经营权之后可以以较低的利率获得贷款，建立了贷款保证体系，增加了项目完成的可能性。随着国民经济的发展和基础设施需求的增加，为了解决政府投资不足的问题，PPP 模式同样受到发展中国家政府部门和企业的欢迎，并且也得到广泛的应用。韩国的 PPP 按照发起者的类型分为"政府立项招标项目"和"企业主动建议型"两种。

巴西 PPP 项目发展呈现较稳定的趋势，1993 年第一个 PPP 项目建成，1995~1998 年处于 PPP 项目快速增长阶段；2000~2014 年，巴西的 PPP 项目一直处于稳定增长阶段，平均每年 100 个 PPP 项目，年总投资额有所攀升。2004 年 12 月，巴西通过了《公私合营（PPP）模式》法案，以法律的形式对国家管理部门执行 PPP 模式下的工程招投标和签订工程合同做出具体的规定。巴西 PPP 项目投资呈现不断增长的趋势，2005 年吸收的 PPP 外资已达 66.3 亿美元，同比增长 42.9%，从 2012 年上半年占全球总投资的 15% 增长到 2013 年上半年的 22%，再到 2014 年上半年的 58%。但受近来巴西政治变局和经济增长持续乏力的影响，2015 年以来，巴西 PPP 项目投资急剧下滑，2015 年巴西 PPP 项目的投资承诺从 2014 年上半年的 309 亿美元骤降至 2015 年的 18 亿美元。巴西《经济价值报》的消息：2019 年前两个季度，巴西全国共签署了 42 份 PPP 合同，与前一年同时期相比，增长率为 162.5%，总额接近 250 亿雷亚尔。截至 2021 年 12 月底，巴西 PPP 项目累计 1074 个，总投资 443.939 亿美元，主要投资领域为电力、铁路行业。

2004 年，印度成立了基础设施委员会，并由印度副主席主持领导。该委员会已经发布了该国主要铁路、港口、道路的建设运营的关键文件，包括为采用公私伙伴关系模式建设基础设施提供财政资助和指导，并为采用公私伙伴关系模式的项目评估提供指导，强化了 PPP 模式在基础设施建设中的重要性。截至 2011 年底，印度实施了 300 个项目，包括旅游、城市基础设施、能源、机场、等行业，投资约为 13587.6 亿卢比。截至 2013 年底，印度已完成联邦和州一级的 700 多个 PPP 项目，项目价值达 300 亿美元，除此之外还有近 800 个项目正在进行。据行业预测，正在筹备的 PPP 项目超过 1000 个。印度规划委员会预计在 2012~2017 年期间，社会资本将在印度基础设施领域出资达 48%。

E. N. Raidimi 和 H. M. Kabiti 提出自 1999 年以来，南非政府与私营部门就已经建立了 PPP，政府和相关的私营部门合作伙伴进行互惠互利的商业交易以获得公共利益。南非的 PPP 发展虽然较慢，最初的项目经常仅限于水利和公路领域，近年来逐渐扩展了 PPP 项目，涵盖了多个部门，包括交通、办公住宿、医疗保健、生态旅游、社会发展和教养服务。2000 年，为促进 PPP 项目发展，南非政府在财政部预算部门下设立了一个专门的 PPP 机构，负责设立项目的开发基金、PPP 项目政策法规的制订，对政府机构在可行性研究、招投标、管理 PPP 项目过程中提供技术咨询及指导。2013 年，该 PPP 机构在此前政策、法规制定及技术支持指导职能之上，代表该国财政部履行财政审批职能。2018 年，南非政府鼓励公共部门与私营部门合作规划和实施基础设施项目，通过大力发展基础设施及社会服务来促进就业，促进经济发展。2019 年南非政府财政部预算报告显示，自 1998 年引入 PPP 模式，一共推动了 34 个 PPP 项目实施，总金额达 896 亿兰特（约 54 亿美元）。PPP 模式形式多样，包括 DFO（设计-融资-运营）、DFBOT（设计-融资-建设-运营-移交）、DBOT（设计-建设-运营-移交）、股权合作和设施管理项目等。南非的法律环境和投资环境在非洲地区都是数一数二的，PPP 模式成熟且发展迅猛，市场潜力巨大。根据世界银行"私营企业参与基础设施数据库"显示，截至 2021 年，南非政府推动并实施开发了 123 个 PPP 项目，总金额约 27.382 亿美元，相较于前几年的建筑及交通领域，目前的 PPP 项目主要集中在电力、交通、天然气及信息通信技术行业，失败或陷入困境的项目仅 2 个，不足 1%。

二、PPP 在我国的发展

PPP 模式自 20 世纪 80 年代被引入中国以来，经历了四个阶段的发展：起步阶段、初步规范与推广阶段、快速发展阶段和提质增效阶段，见图 1-2。

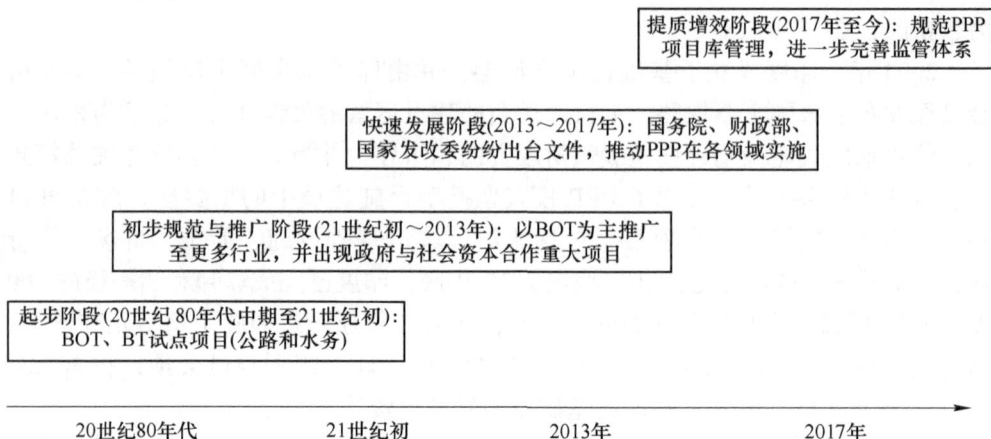

提质增效阶段(2017年至今)：规范PPP
项目库管理，进一步完善监管体系

快速发展阶段(2013～2017年)：国务院、财政部、
国家发改委纷纷出台文件，推动PPP在各领域实施

初步规范与推广阶段(21世纪初～2013年)：以BOT为主推广
至更多行业，并出现政府与社会资本合作重大项目

起步阶段(20世纪80年代中期至21世纪初)：
BOT、BT试点项目(公路和水务)

20世纪80年代　　　　　　21世纪初　　　　　　2013年　　　　　　2017年

图 1-2　PPP 在我国发展示意图

第一阶段，起步阶段（20 世纪 80 年代中期至 21 世纪初），我国中央政府和地方政府实施了一系列以来宾 B 电厂、沙角 B 电厂、成都第六供水 B 厂等为代表的 PPP 项目，以缓解基础设施投资带来的资金压力和引进外资解决建设资金短缺问题。但由于政府经验不足，对 PPP 模式认识不清，国内 PPP 项目的运营并不完全符合规范。例如，采用 BOT 模式的沙角 B 电厂，广东政府和银行承担了太多风险。1998 年，中央开始清理各类非法外商投资项目，开始实施积极的财政政策。1995 年，外经贸部发布《对外以 BOT 方式吸收外商投资有关问题的通知》和《关于试办外商投资特许权项目审批管理有关问题的通知》；1998 年，国务院下发《关于加强外汇外债管理开展外汇外债检查的通知》；2000 年，建设部颁布《城市市政公用事业利用外资暂行规定》，对 BOT 项目的审批、开放领域、回报方式等作出了规范性约束，也为 BOT 项目的开展提供了政策依据。

第二阶段，初步规范与推广阶段（21 世纪初至 2013 年），进入 21 世纪，随着我国经济持续高速发展，然而，政府预算不足与基础设施短缺的矛盾日益突出。随着国内资本的增加和地方政府的积极推动，PPP 模式已经从外资向内资转变。在此期间，PPP 项目主要集中在交通设施（隧道和公路）方面，如浙江宁波长虹隧道工程、福建泉州刺桐大桥工程、重庆地铁工程等。2004 年，建设部颁布了《市政公用事业特许经营管理办法》。2005 年，《国务院关于鼓励、支持和引导个体私营企业等非公有制经济发展的若干意见》出台，各地掀起了支持非公有制资本参与各类公用事业和基础设施投资、建设和运营的热潮，如北京亦庄天然气项目、奥林匹克体育场项目、北苑污水处理厂项目、北京地铁 5 号线等均采用 PPP 模式，应用范围大大拓宽。但是 2008 年中央政府出台 4 万亿刺激政策，地方政府更多地依靠债务融资，纷纷成立地方融资平台，PPP 发展受阻。

第三阶段，快速发展新阶段（2013 年至 2017 年），2013 年 9 月 6 日，《国务院关于加强城市基础设施建设的意见》（国发〔2013〕36 号）提出要通过政府购买服务、投资补助、特许经营等多种形式，吸引包括民间资本在内的社会资金，为掀起新一轮 PPP 热潮提供了政策依据。2013 年 11 月，党的十八届三中全会明确提出"允许社会资本通过特许经营方式参与城市基础设施投资运营"。随后，各部委相继出台相关文件，推广 PPP 模式。2014 年，我国开发建设了政府与社会资本合作（PPP）综合信息平台，有利于推动项目实施，提高政府服务和 PPP 监管的水平和效率。随着 PPP 项目投资规模扩大、数量大幅增加，但是也带来很多问题。

第四阶段，提质增效阶段（2017 年以来），2017 年 10 月《关于规范政府和社会资本合作（PPP）综合信息平台项目库管理的通知》提出了规范项目库管理的三大举措：一是分类管理；二是建立新项目入库标准；三是清退库。政府采取一系列举措是为了使已入库项目具有更好的公开性、部分不适宜 PPP 模式发展的项目进行退库处理，使资源分配更合理，社会效益最大化。

2018 年 4 月，世界银行发布了 2018 年度《政府和社会资本合作（PPP）基础设施采购报告》，该报告针对全球 135 个经济体的 PPP 监管体系，从 PPP 项目准备与项目采购，合同管理与社会资本启动项目这四个方面进行评价，中国的得分处在全球中上水平。2018 年 4 月 24 日，财政部发布了《财政部关于进一步加强政府和社会资本合作（PPP）示范项目规范管理的通知》，通知中指出要对国家示范项目库中部分示范项目进行清退出库的处理，同时更好的管理国家级示范项目，建立长效管理机制。曹富国提出 PPP 示范项需要采用实行动态管理。这次清库是对入库项目进行的全面摸底，所有项目都经过严格的审查，清除一些发展缓慢、效益不高、路径偏移的不合规的"僵尸"项目，留下高质量、高效益的示范项目。这是 PPP 发展过程中的必然阶段，确保示范项目"有进有出"才能有更好的激励作用，推动创新的同时还能减少当地财政压力，减少投资风险，为今后 PPP 项目树立起很好的榜样，也标志着我国 PPP 进入高质量发展的"提质增效"阶段。

通过整理我国 PPP 相关政策（部分见表 1-3，具体见附录），从 2004 年建设部首次发布《市政公用事业特许经营管理办法》，至 2013 年底，国务院、国家发改委、财政部等发布多个关于 PPP 项目的政策文件，从整体上看，各部门出台相关的政策是为了逐步规范 PPP 模式，并为 PPP 模式的发展提出指导意见，把握 PPP 模式的主要原则，加强规范管理，强化政策保障，也是为了解决先前政策之间存在的问题，或者补充不完善的相关条例。但是 PPP 项目高层级的政策文件相对较少，且尚无统一的高层级的政策文件全面、完整对 PPP 项目做出指导、确定规范、制定管理方法等。一定程度上反映了我国 PPP 发展的逐步推广与规范过程。

表 1-3　PPP 有关的政策文件

时间	文件名称	颁布单位	主要内容
2004 年 3 月 19 日	市政公用事业特许经营管理办法（中华人民共和国建设部令第 126 号）	建设部	为促进市政公用事业发展，要求加快推进市政公用事业市场化，规范特许经营活动
2013 年 9 月 16 日	关于加强城市基础设施建设的意见（国发〔2013〕36 号）	国务院	提出通过特许经营、投资补助、政府购买服务等多种形式，吸引包括民间资本在内的社会资金，参与投资、建设和运营有合理回报或一定投资回收能力的可经营性城市基础设施项目，在市场准入和扶持政策方面对各类投资主体同等对待
2014 年 5 月 18 日	关于发布首批基础设施等领域鼓励社会投资项目的通知	国家发改委	在基础设施等领域首批推出 80 个项目，鼓励和吸引社会资本特别是民间投资以合资、独资、特许经营等方式参与建设及营运
2014 年 9 月 23 日	关于推广运用政府和社会资本合作模式有关问题的通知（财金〔2014〕76 号）	财政部	为尽快形成有利于促进政府和社会资本合作模式（PPP）发展的制度体系，要求充分认识发展 PPP 的意义，做好项目示范工作，做好相关财政管理工作，加强组织和能力建设
2014 年 12 月 2 日	国家发展改革委关于开展政府和社会资本合作的指导意见（发改投资〔2014〕2724 号）	国家发改委	为鼓励和引导社会投资，增强公共产品供给能力，提出 PPP 模式发展的指导意见，包括充分认识其重要意义、把握其主要原则，确定项目范围及操作模式，健全工作机制，加强规范管理、强化政策保障等，并附以 PPP 项目进展情况按月报送制度、政府和社会资本合作项目通用合同指南

时间	文件名称	颁布单位	主要内容
2015 年 12 月 18 日	关于规范政府和社会资本合作（PPP）综合信息平台运行的通知（财金〔2015〕166 号）	财政部	《通知》指出各级财政部门可依托互联网通过分级授权，在信息管理平台上实现项目信息的填报、审核、查询、统计和分析等功能，在信息发布平台上发布 PPP 项目相关信息，分享 PPP 有关政策规定、动态信息和项目案例
2016 年 5 月 28 日	关于进一步共同做好政府和社会资本合作（PPP）有关工作的通知（财金〔2016〕32 号）	财政部国家发改委	《通知》提出要建立完善合理的投资回报机制、提高项目融资效率。该文是由财政部和国家发改委联合发文申明，明确了未来联合发文、征求意见、政令统一，"对于正在如火如荼进行的 PPP 立法工作意义重大，给市场一个良好的预期，不会再出现两法并存的情况"
2017 年 1 月 23 日	关于印发《政府和社会资本合作（PPP）综合信息平台信息公开管理暂行办法》的通知（财金〔2017〕1 号）	财政部	《通知》详细地规定了 PPP 项目在识别、准备、采购、执行、移交五个阶段应当公开的项目信息的内容，规定了财政部门的监督职权、信息提供方的责任、PPP 项目信息公开年度工作报告、财政部门工作人员存在违法违纪行为的法律责任及公众的反馈监督，并明确信息公开的方式包括即时公开和实时公开两种方式
2017 年 11 月 10 日	关于规范政府和社会资本合作（PPP）综合信息平台项目库管理的通知（财办金〔2017〕92 号）	财政部	《通知》对不适宜采用 PPP 模式实施、前期准备工作不到位、未按规定开展"两个论证"、不宜继续采用 PPP 模式实施、不符合规范运作要求、构成违法违规举债担保、未按规定进行信息公开这七种情况的 PPP 入库项目进行集中处理
2018 年 4 月 24 日	关于进一步加强政府和社会资本合作（PPP）示范项目规范管理的通知（财金〔2018〕54 号）	财政部	将不再继续采用 PPP 模式实施的项目调出示范项目库并退库；将尚未完成社会资本方采购或项目实施发生重大变化的项目调出示范库但留在项目库；对运作模式不规范、采购程序不严谨的项目督促整改。加强项目规范管理，切实强化信息公开，接受社会监督，建立健全长效管理机制
2019 年 6 月 21 日	国家发展改革委关于依法依规加强 PPP 项目投资和建设管理的通知（发改投资规〔2019〕1098 号）	国家发改委	《通知》首次提出了"可行性论证和审查"概念，要求要"全面、深入"开展论证和审查；要求 PPP 项目严格履行决策程序、严格实施方案审核、严格防控债务风险，所有 PPP 项目必须依法依规纳入全国投资项目在线审批监管平台统一管理

时间	文件名称	颁布单位	主要内容
2019 年 11 月 1 日	《政府和社会资本合作模式操作指南（修订稿）》（财办金〔2019〕94 号）	财政部办公厅	《指南（修订稿）》将 PPP 项目操作流程缩减为识别准备、采购和执行移交三个阶段，对社会资本、公共产品，突出建设期后的重点是"运营和维护。"项目准备：进一步规范实施方案要点；理清金融机构的地位；从"定量"方面开展物有所值评价；确定实施机构是立项审批责任主体。项目采购：明确采购方式及适用范围；明确变更财务投资人的条件，提出财务投资人可以作为项目公司股东；将"政府承诺和保障"列入 PPP 项目合同；规定项目公司不得从事与 PPP 项目无关的事项。项目执行：发生系统性金融风险或者不可抗力时可以修订合同中的融资条款；建立完全与绩效考核结果挂钩的付费机制；中期评估结果要向行业主管部门、财政部门备案
2020 年 3 月 16 日	关于印发《政府和社会资本合作（PPP）项目绩效管理操作指引》的通知（财金〔2020〕13 号）	财政部	为规范 PPP 项目全寿命周期绩效管理工作，对项目公司、项目实施机构、财政部门的职责进行了明确；对 PPP 项目绩效目标、绩效指标、指标体系进行了确定；明确了项目绩效评价程序、评价结果的应用

第三节　"提质增效"背景下我国 PPP 的发展

2017 年 10 月 18 日，十九大报告首次提出："中国特色社会主义进入新时代，我国社会主要矛盾已经转化为人民日益增长的美好生活需要和不平衡不充分的发展之间的矛盾"，对各部门和有关方面需要做好的工作提出了明确要求，重点是质量要求；2018 年 3 月 5 日，《国务院政府工作报告》则提出了"支持社会力量增加养老、教育、医疗、体育、文化等服务供给"。PPP 项目作为政府和社会资本合作的一种创新方法，既可以缓解社会主要矛盾，又可以在社会力量的支持下发展国家基础建设，对我国创新经济发展具有重要的意义。

一、"提质增效"背景下我国 PPP 发展特点

截至 2021 年 3 月末，全国 PPP 综合信息平台管理库累计入库项目 10079 个、其中签约项目 7159 个；投资额分别为 15.6 万亿元、11.6 万亿元。其中准备阶段

820 个项目、采购阶段 2023 个项目、执行阶段 7236 个项目，分别占比 8.1%、20.1%、71.8%。呈现出以下特点：

第一，PPP 项目数量与投资额较大，根据 PPP 研究中心首席专家、国家发改委和财政部 PPP 专家、清华大学建设管理系教授王守清在 2019 年估计"中国这五年来做的 PPP 项目可能相当于全世界所有国家 PPP 项目的总和。"但是2018 年以来项目数量与投资额明显回落，见图 1-3。这主要是与提质增效背景下规范 PPP 项目的一系列政策退出有关，且之后项目数量仍保持稳步增长，如图1-4 所示。

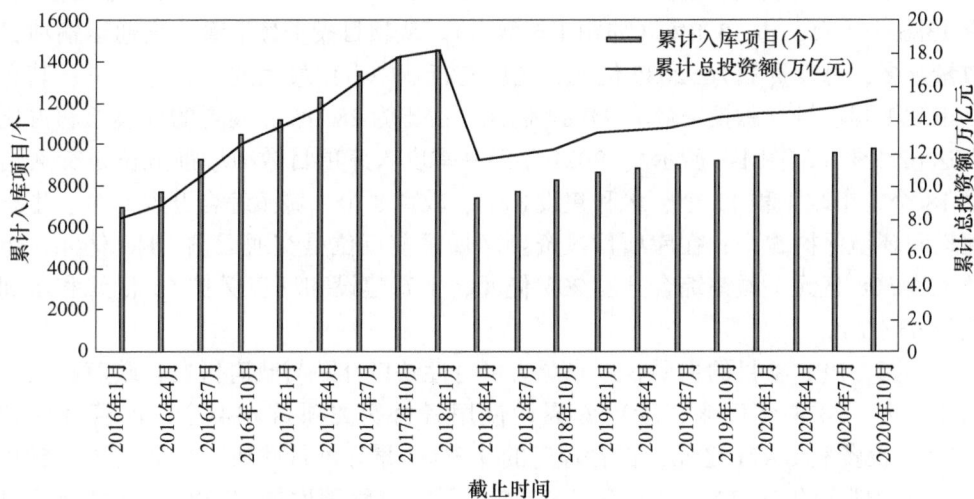

图 1-3 PPP 中心累计入库项目及总投资额（2016~2020 年）

（资料来源：全国 PPP 综合信息平台项目库）

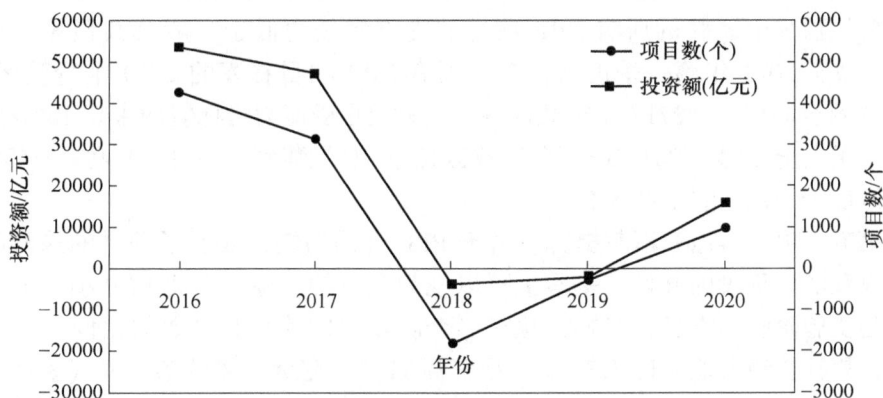

图 1-4 PPP 项目较前一年入库变化情况

（数据来源：财政部政府和社会资本合作中心）

第二，我国 PPP 项目地区发展不平衡，中东部地区项目分布较多；西部地区特别是少数民族地区项目数量仍然较少。截至 2021 年 3 月末，PPP 项目个数前五位分别是河南省 825 个、山东省 755 个、广东省 568 个，四川省 560 个，贵州省 558 个；投资总额前五位分别为云南省 13564 亿元、贵州省 12163 亿元、四川省 10861 亿元、河南省 10482 亿元、浙江省 10130 亿元（如图 1-5 所示）。其中西南地区的云南和广西表现出较强的增长势头，2021 年第一季度，入库数量净增长前五位中广西和云南分列第 2、5 位；新入库项目投资额为第 1、5 位。

第三，PPP 项目涉及领域较广，但是行业的集中度偏高。在 19 个行业中，市政工程行业的项目数量最多，达到 4106 个，占 40.7%。第二是交通运输业，有 1386 个项目，占 13.8%（如图 1-6 所示）。从项目投资额上看，交通运输项目数量众多，总投资额为 52035 亿元，是所有行业中占比最大的，为 33.4%；其次是市政工程项目，总投资额为 44984 亿元，占比为 28.9%，两者的规模总和占比高达 62.3%（如图 1-7 所示）。2021 年第一季度入库项目数净增前五位是交通运输 18 个、市政工程 17 个、水利建设 8 个、教育 8 个、城镇综合开发 5 个、生态建设和环境保护 5 个；在库项目投资额净增量前五位是交通运输 1046 亿元、市政工程 508 亿元、城镇综合开发 203 亿元、生态建设和环境保护 65 亿元和水利建设 63 亿元。

第四，PPP 项目的主要收入来源为可行性缺口补贴与政府付费，政府财政支出压力大。2014 年以来，管理库累计使用者付费类项目 614 个，占管理库的 6.1%，投资额 14471 亿元，占管理库的 9.3%；累计可行性缺口补助类项目 5919 个，占管理库的 58.7%，投资额 107375 亿元，占管理库的 68.9%；累计政府付费类项目 3546 个，占管理库的 35.2%，投资额 33997 亿元，占管理库的 21.8%，如图 1-8、图 1-9 所示。

财政承受能力是存储和实施 PPP 项目的关键。目前控制的主要指标为：每年需要从预算中调整的所有 PPP 项目的支出责任均低于一般公共预算支出的 10%。截至 2021 年第一季度末，在全国有 PPP 项目在库的 2740 个行政区中，PPP 项目合同期内，2718 个行政区各年度财政承受能力指标值均未超 10% 红线，总体处于安全区间。其中 2067 个行政区低于 7% 预警线，占比 75.4%，1584 个行政区低于 5%，占比 57.8%。

第五，项目落地率不断提升。由于 PPP 合同的签订表明了项目的采购阶段的完成和实施阶段的开始，基本上可以视为项目的实施，因此 PPP 项目的落地率就是实施阶段和准备，采购，执行三个阶段中的项目数总数的比例。2014 年以来，累计签约落地项目 7236 个、投资额 11.8 万亿元，签约落地率（签约项目投资额占在库项目总投资额的比例）71.8%。管理库累计签约落地项目数排名中，山东（含青岛）577 个，居各省之首；河南 507 个、广东 462 个、浙江 439

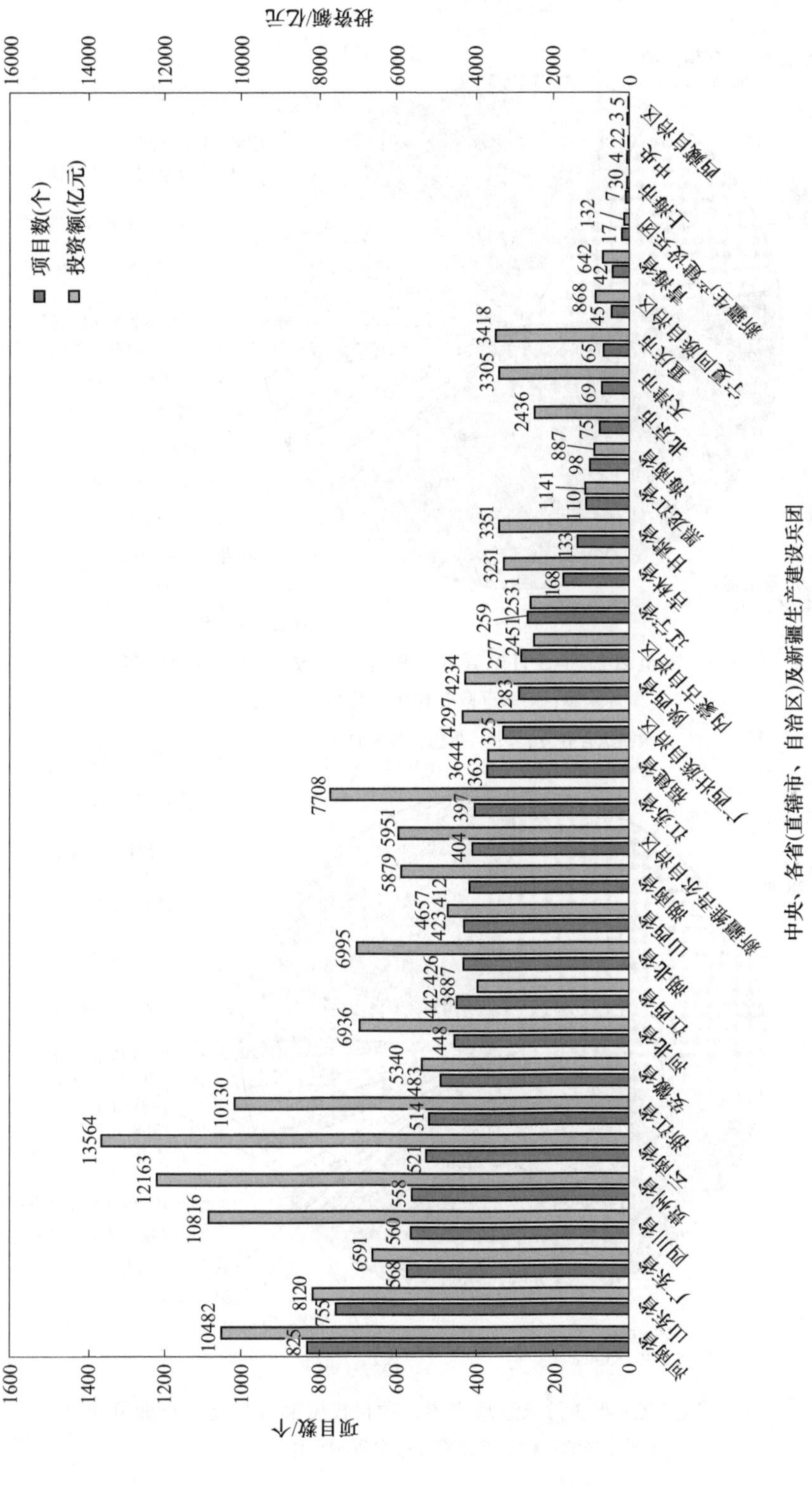

图 1-5 截止到 2021 年 3 月中央、各省(直辖市、自治区、自治区)及新疆生产建设兵团项目数和投资额

(图片来源:作者整理)

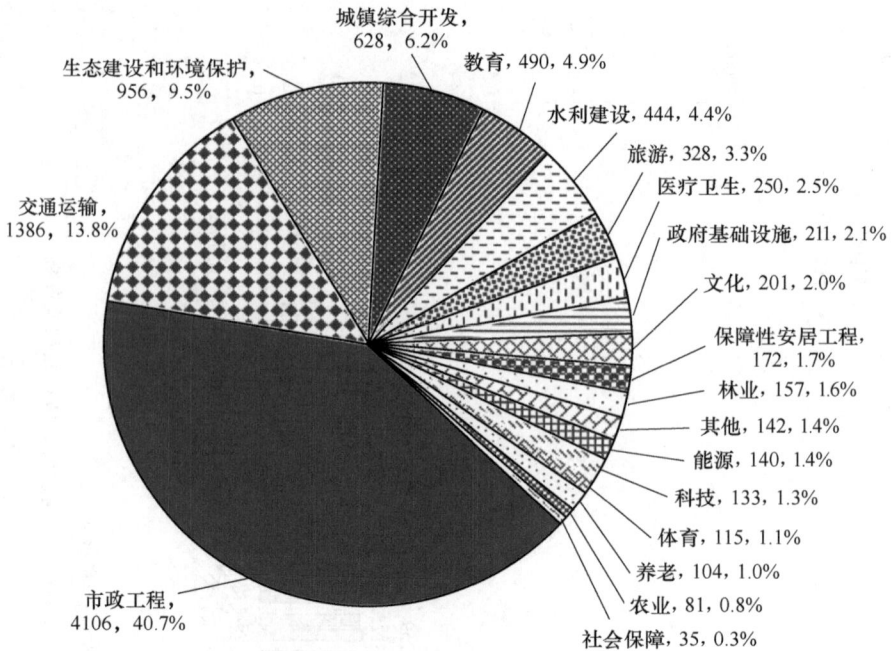

图 1-6　截至 2021 年 3 月末管理库累计项目数（个）行业分布

（图片来源：财政部政府和社会资本合作中心）

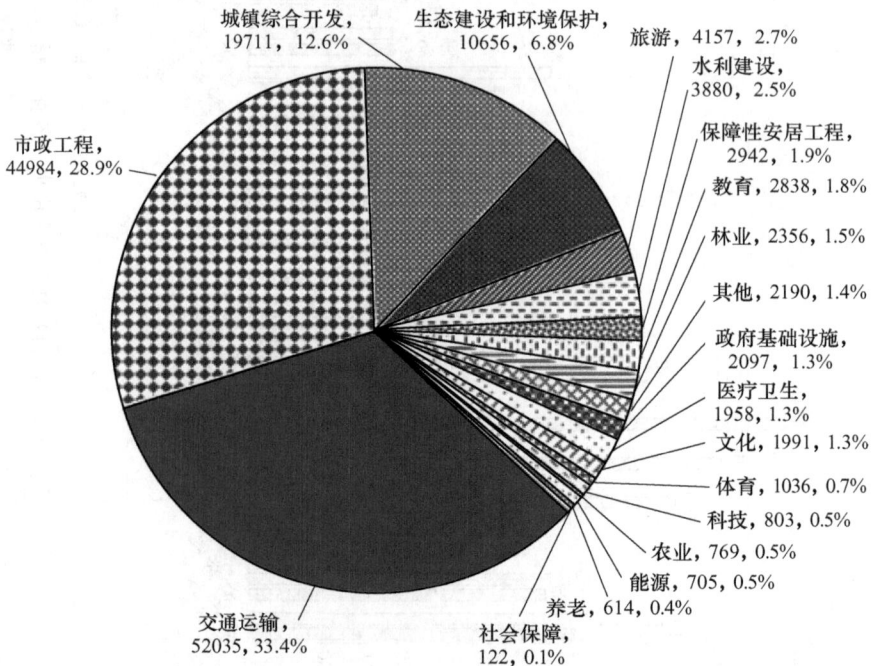

图 1-7　截至 2021 年 3 月末管理库累计项目投资额（亿元）行业分布

（图片来源：财政部政府和社会资本合作中心）

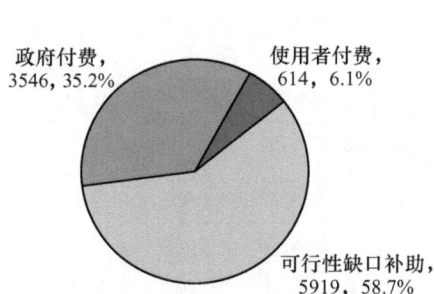

图 1-8 2014 年以来累计项目数（个）
按回报机制分布
（图片来源：财政部政府和社会资本合作中心）

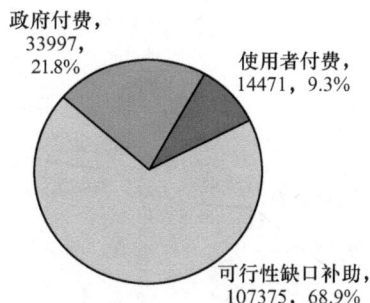

图 1-9 2014 年以来累计项目
投资额（亿元）按回报机制分布
（图片来源：财政部政府和社会资本合作中心）

个、安徽 431 个，分别居第二至第五；累计签约落地项目投资额前五位是云南 10887 亿元、贵州 9761 亿元、浙江 8759 亿元、河南 7268 亿元、四川 7206 亿元，如图 1-10、图 1-11 所示。

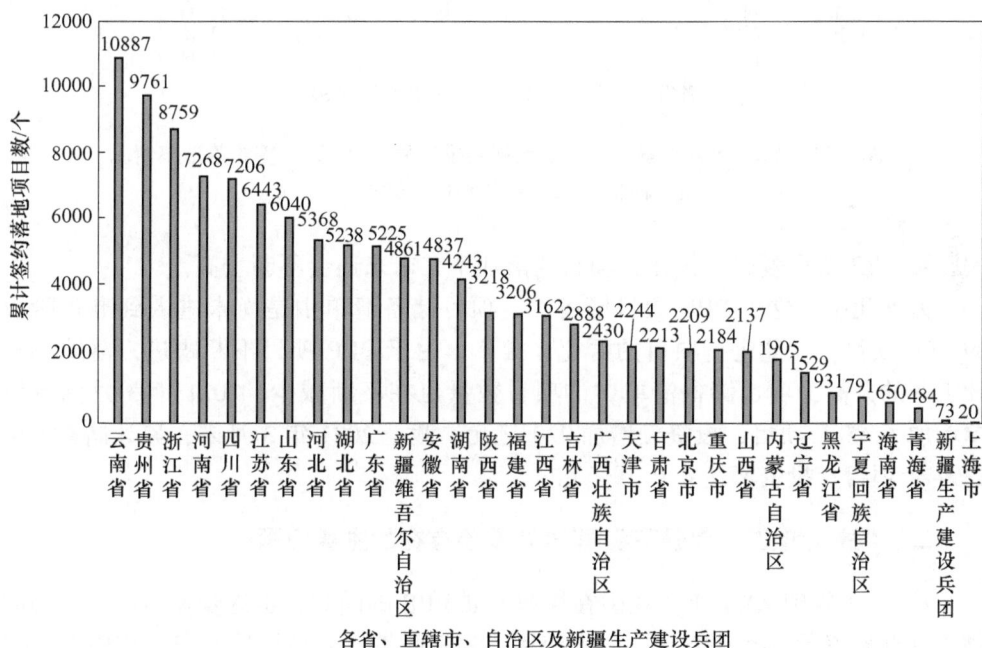

图 1-10 2014 年以来累计签约落地项目数地域分布情况
（图片来源：财政部政府和社会资本合作中心）

2017 年至 2021 年 3 月，新增落地项目 5885 个，新增落地项目投资额 9.6 万亿元，落地率从 2017 年年初 31.6%增长到 71.8%。预计随着政策的扶持力度加

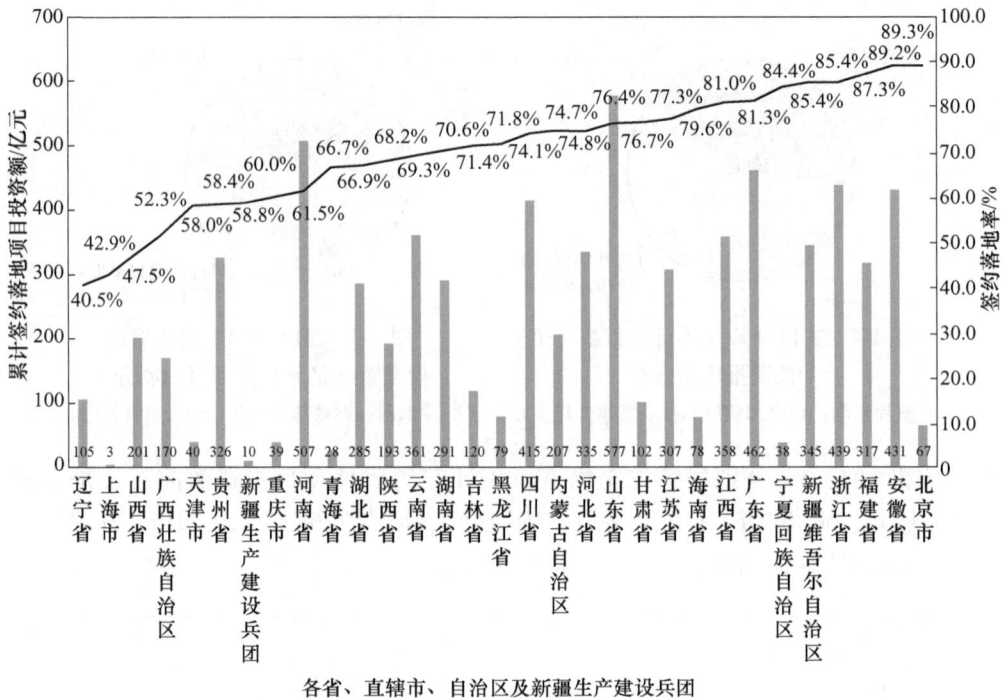

图 1-11　2014 年以来累计签约落地项目投资额（亿元）、签约落地率情况

（图片来源：财政部政府和社会资本合作中心）

大以及 PPP 项目模式的优化，项目的落地率在未来还会不断增高。

另外我国建立了 PPP 项目储备库，项目储备清单中是尚未进入到准备阶段的 PPP 项目，在此进行项目的孵化、推广。由于 PPP 项目不断跟进，落地率和开工率的升高，项目储备清单中的项目数量也在不断减少。2021 年 3 月储备清单增加了 45 个项目，投资额增加 920 亿元。截至 2021 年 3 月末，累计储备清单 3397 个项目、投资额达 4.0 万亿元。

二、"提质增效" 背景下我国 PPP 发展存在的主要问题

从 2014 年到 2017 年，我国在快速发展 PPP 的同时，也逐步暴露出许多的问题。有专家表示一些地方政府过度使用了激励政策，并利用政府资金突破了 PPP 项目的 10% 红线，这可能会导致 PPP 泡沫，并增加未来债务可能积累的风险。所谓的 PPP 项目 10% 的红线是：2015 年财政部印发《政府和社会资本合作项目财政承受能力论证指引》中，所有 PPP 项目的年度支出责任应通过以下方式进行调整：占一般公共预算支出的预算百分比不得超过 10%。多地政府违法违规举债担保问题，特别是某些与地方公共财政收入或基础设施建设所需资金不完全匹

配或完全偏离的项目，大大增加地方公共财政支出的压力，和不必要的地方债务风险，清除和撤销此类劣质PPP项目将有助于改善该地区的发展。

因此，2017年10月以来，国务院财政部等相关部门颁布了一系列政策法规，加强PPP综合信息平台的管理，建立完善PPP的入库、清退制度，从中央到各省市都积极响应PPP平台项目管理的号召，对PPP的发展不但要鼓励支持，更要坚持合规、稳定的发展途径，PPP从之前的"高速发展阶段"进入"提质增效阶段"。

2017年11月16日，财政部发布《关于规范政府和社会资本合作（PPP）综合信息平台项目库管理的通知》（财办金〔2017〕92号），全国各都开展了积极的清库工作。2018年4月24日，发布《财政部关于进一步加强政府和社会资本合作（PPP）示范项目规范管理的通知》（财金〔2018〕54号），通知中指出对国家示范项目库中部分示范项目进行清退出库的处理，建立长效管理机制，实现PPP项目的动态管理，体现实验性、探索性、学习性和实用特性。这次清库是对入库项目进行的全面摸底，所有项目都经过严格的审查，清除一些发展缓慢、效益不高、路径偏移的不合规的"僵尸"项目，留下高质量、高效益的示范项目，"清库"也成为规范PPP发展的主要手段。2018年第一季度清退项目1160个，占当期项目总数的15.6%（截至2018年3月末累计入库PPP项目总数7420个），清减投资额1.2万亿元，覆盖除西藏自治区、新疆生产建设兵团等外29个省（自治区、直辖市）和全部19个行业领域，反映出我国整体的PPP实施和监管存在问题，亟待提高项目运行质量。其中，从地域分布来看，退库项目数和投资额排前三位均是新疆、山东（含青岛）和内蒙古，总计占退库项目总数的50.0%和投资额的37.1%（见图1-12）。从行业分布来看，退库项目数和投资额前三位是市政工程、交通运输、城镇综合开发，交通运输行业退库项目单位体量最大，单个退库项目平均投资额达27亿元（见图1-13），而这些行业也正是PPP项目分布数量较多的领域。因此并不是所有的项目都适合采用PPP模式，应大大加强地方政府的PPP监管能力，保证其顺利运行，并发挥PPP的优势。

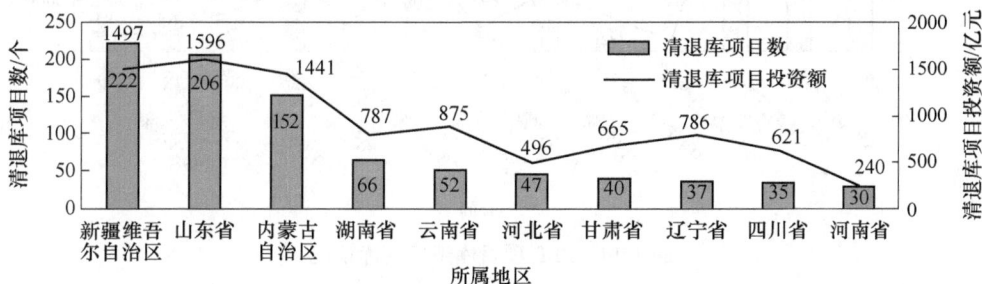

图1-12 2018年1季度退出管理库项目数和投资额所属地区情况

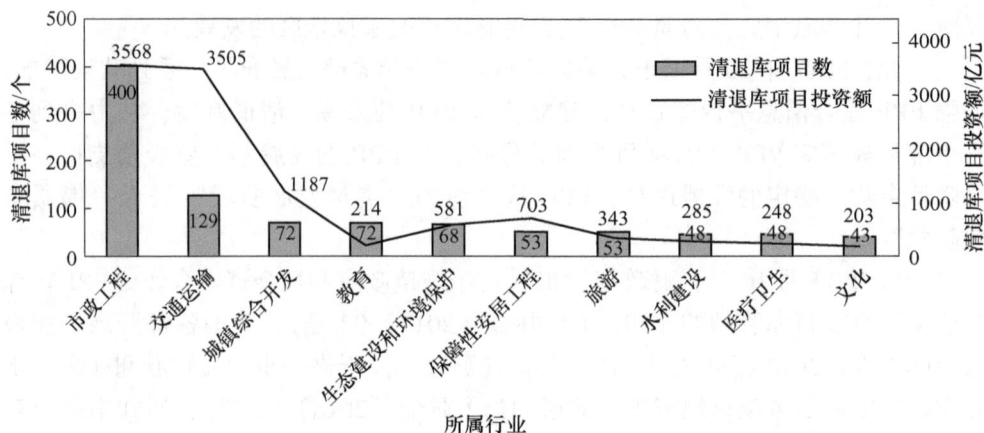

图 1-13　2018 年 1 季度退出管理库项目数和投资额所属行业情况

随后，2019 年 1 月至 2021 年 3 月底，每季度清退项目约为 135 个，平均每季度清减投资额 1661.67 亿元，基本保持稳定（见图 1-14）。PPP 项目库中每季度增加约 287 个新增入库项目，平均每季度新增投资额 4498.78 亿元，并且严格执行财政部提出的要求，加强对 PPP 项目实施标准的管制，做到项目"进出均衡"（见图 1-15）。

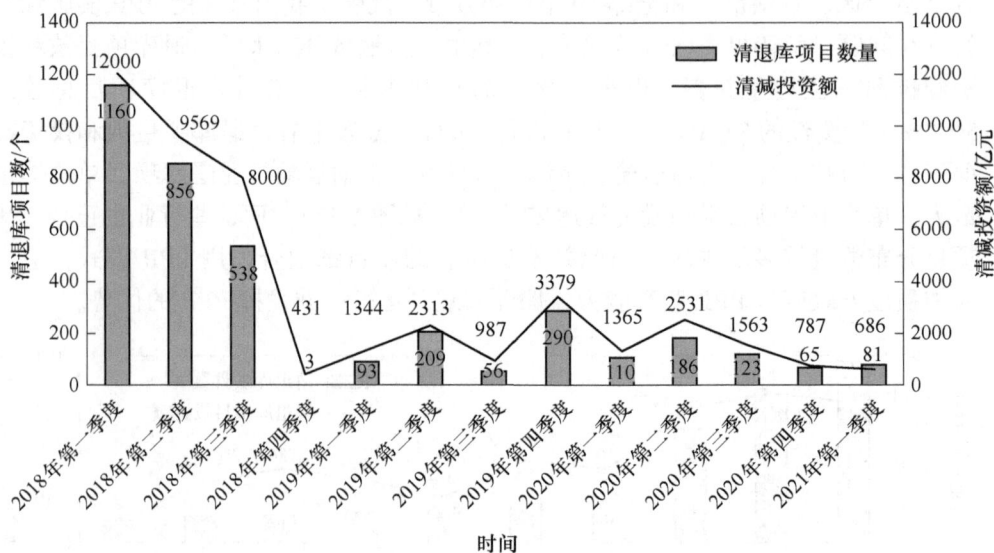

图 1-14　PPP 项目库退库清库情况

以下总结了 2017 年以来主要退库项目的类型和原因，见表 1-4。

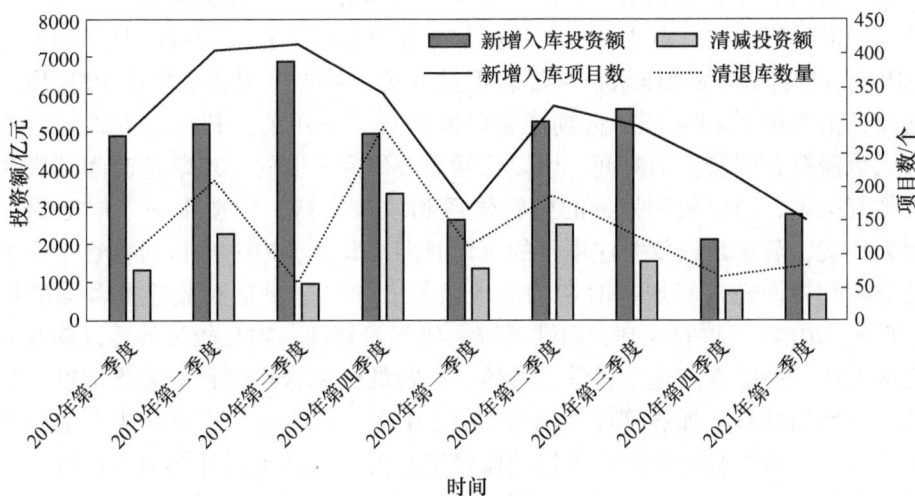

图 1-15 PPP 项目库进出项目情况

表 1-4 PPP 退库情形

类型	具体内容
不适宜采用 PPP 模式	涉及国家安全； 不属于公共服务领域； 不包括运营环节的工程建设项目
前期工作不到位	未按规定进行审批； 未通过物有所值评价； 未通过财政承受能力论证
未建立按效付费机制	使用政府付费或可行性缺口补助的项目，也未建立与绩效相关的付款系统
项目中断	入库一年内无任何实质性进展； 超出财政承受能力上限； 项目负责方书面确认中断项目
不符合规范	融资平台不规范； 违反相关法律法规； 采用变相 BT 方式
未按规公开信息	违反国家法律法规，涉及国家安全、商业机密等； 入库一年内未更新信息

这些退库情形从表面看来主要是不符合财政部相关政策要求，但究其原因，实质上反映的是我国 PPP 发展存在的深层次问题，也是本次研究所关注的重点：

　　第一，PPP 项目有其适用范围及实施的科学规律，不能为解决公共项目资金短缺问题而盲目开展。首先，这与我国部分政府部门、社会资本以及咨询机构对于 PPP 项目的内涵和操作认识和经验不足有关。例如，很多人关注 PPP 项目的落地率，但是由于 PPP 项目前期准备时间较长，采用公开招投标方式确定 PPP 投资人也需要花费较多的时间。所以可能需要研究采购时间或落地时间到底和哪些因素有关系，通过较为完善的监管体系和政策支持，营造出一个规范的 PPP 发展大环境，而不是仅仅关注项目的落地时间。其次，PPP 项目的监管主要为项目的立项和特许经营者选择时期的准入监管、项目建设运营监管及合同的约束（王守清，2014）。政府规制方面缺乏统一的部门管理，项目较长的运营期及后续移交缺乏统一的监管。建立科学、具体、可行的公私合作项目的监管标准、技术规范，以此为核心，加强管理（温来成，2015）。尹贻林、严玲等建立了公共项目治理理论，认为政府对公共项目的监督机制就是一种重要外部治理机制。因此本研究中分别研究采购时间及影响因素构成 PPP 项目监管的理论框架。

　　第二，PPP 项目风险大，其识别、准备、采购阶段非常重要，要通过合同明确风险分担、收益机制等，但 PPP 合同具有不完全性。一些学者认为 PPP 项目退库的原因包括社会资本对项目风险把握能力不足、融资机构融资能力不足、政府和社会资本的风险收益分配不合理等。但是更重要的是因为 PPP 合同具有长期性、不完全性，自我执行机制对于确保契约执行具有重要性（Stuart Macaulay，1963）。激励理论是契约经济学中较早发展出来的流派，关于 PPP 项目的效率研究却往往是多个流派的结合。艾里克将交易费用与激励理论结合在一起，分析政府采购例子，认为若租金-效率模式倾向于过量的租金提取，外部性是负的。在西蒙（1957）的工作基础上，威廉姆森（1975）观察到发生交易费用的一个基本原因是人们不可能计划好契约关系中可能发生的所有事件。王守清、孙慧等从不完全契约理论出发，研究剩余控制权的分配、股权分配。李文新（2013）等重点研究 BOT 套牢问题，与国际研究结果较为一致。所以本研究将 PPP 合同的不完全性作为一个重要的理论基础，在此基础上研究风险分担与激励机制。

　　第三，PPP 项目周期长，应该加强全寿命周期项目的绩效监管。汪嵘明提出 PPP 项目要在其全生命周期内进行绩效管理，包括经济、环境、社会效益等方面，而评价不合格的应作出退库处理。PFI/PPP 的绩效监管主要通过两项制度完成，即绩效监控与支付机制。赵国富、王守清（2006）建立一套适用于 BOT \ PPP 项目社会效益评价的指标体系。袁竞峰（2012）认为，PPP 项目监管无章可循的根本原因在于：政府在实际工作中缺乏有效的关键绩效指标体系（key performance indicators，KPI），他提出了 PPP 项目绩效指标的概念模型。胡振（2012）以 VFM 效果作为 PPP 项目政府收入的评价指标，并提出促进我国 PPP 发展的政策建议。2020 年 3 月 31 日，财政部发布的《政府和社会资本合作

（PPP）项目绩效管理操作指引》的通知［财金〔2020〕13 号］要求，在 PPP 项目的整个生命周期中，需要加快建设绩效和管理绩效指标的开发，项目绩效监控，项目绩效评估以及成果的实施。把握好进入项目的规范要求，为 PPP 的立项及实施指明一条正确的道路，同时鼓励所有参与 PPP 项目的参与方提高对具体实施监管政策的认识。但是项目开展绩效评价的情况具体怎么样，目前的指标体系是否需要改进，特别是激励设计等，成为本研究的重点。

参 考 文 献

［1］王守清. 中国近 5 年 PPP 项目≈全世界总和 ［N］. 中国经济网，2019.

［2］黄景驰，弗莱德·米尔. 英国政府与社会资本合作（PPP）项目的决策体系研究 ［J］. 公共行政评论，2016，9（2）：4-24，204.

［3］朱春萦. 英国 PPP 模式及其运行机制研究 ［D］. 长春：吉林大学，2019.

［4］于雯杰. 国外 PPP 产生与发展概述 ［J］. 经济研究参考，2016（15）：46-47.

［5］周月萍，樊晓丽，袁梦艺. 加拿大 PPP 争议案例对我国 PPP 项目的启示 ［J］. 中国建筑装饰装修，2018（11）：116-117.

［6］隋钰冰，陈慧. 加拿大 PPP 项目的三大成功经验 ［J］. 人民论坛，2017（31）：204-205.

［7］李艳丽. 加拿大政府与社会资本合作（PPP）研究：发展概况 ［N］. 搜狐网，2018.

［8］王寅. 境外 PPP 模式及其对我国养老机构发展的启示研究 ［D］. 南京：南京大学，2018.

［9］Raidimi E N, Kabiti H M. Agricultural extension, research, and development for increased food security: the need for public-private sector partnerships in South Africa ［J］. South African Journal of Agricultural Extension, 2017（45）：49-63.

［10］毛歆鈤. 南非 PPP 项目模式分析 ［J］. 国际工程与劳务，2020（12）：59-63.

［11］财政部 PPP 中心. 中国 PPP 实践获得世行好评 ［J］. 中国经济周刊，2018（32）：57-59.

［12］曹富国. PPP 示范项目"清库"的理论、政策、实践与中国 PPP 事业的前景 ［EB/OL］. 知乎网，2018.

［13］王卫东. 提质增效 不忘初心 推进 PPP 模式规范发展 ［J］. 中国财政，2018（11）：64-65.

第二章 PPP 项目实施及影响因素实证分析

第一节 文 献 综 述

一、PPP 实施及影响因素

在 PPP 发展的潮流之下，探究 PPP 项目实施和影响因素就显得尤为重要。为保证 PPP 项目的顺利实施，项目准备阶段和采购阶段非常重要，截至 2021 年 3 月底，我国全国 PPP 综合信息平台管理库中已经完成采购阶段的项目占 71.8%，这又与各界关注的落地率相关，所以本书将采购时间（项目准备阶段和采购阶段时间）作为项目实施的重要指标。世界银行通过对发达国家复杂程度适中的 PPP 项目的公开招投标时间进行分析，推断出发达国家 PPP 项目的采购阶段时间一般超过 2 年（见表 2-1）。

表 2-1 PPP 项目公开招投标采购时间安排

程序	估计时间/周	累计估计时间/周
融资能力分析	16	16
合作框架的决策	8	20
资格预审	16	22
提交资格预审文件	12	34
确定投标人名单	6	40
准备投标文件	26	42
投标	26	68
评标	20	88
谈判及签约	18	106

注：部分程序可以同时进行。

2018 年 2 月，有 742 个 PPP 项目从财政部中心的 PPP 综合信息平台中退库，这些项目大多是前期准备的时间过长，没有跟上进展，故被清退出库。根据明数数据统计，所有退库项目的发起时间与退库时间之差的均值为 799 天，均在两年以上。可见 PPP 项目的实施时间也可以作为其实施是否顺利的一个衡量指标。国外对 PPP 项目顺利实施及影响因素的研究有很多。美国学者

John F Rochart 在 1982 年首次界定了关键成功因素，即项目管理者要实现其目标必须要进行的几个关键方面。何晓波在研究交通基础设施成功因素时认为需要结合自身特点和项目的相关利益者确定成功标准。项目实施的关键要素不是单一的，而是多个要素相互作用和相互制约的结果。在不同的国家和地区，项目成功的关键因素也不尽相同。

C. B. Casady 和 F. Peci 通过对 2012 年成立的科索沃废物管理部门的 PPP 项目进行分析研究，得出政府和私人部门之间的信任和政治环境对项目成功与否有很大关系。Park，June 等通过研究韩国的 PPP 模式对 COVID-19 的早期反应，得出其关键成功因素有：制度改革、政策影响以及韩国特殊政治体系中政府是否局限于非民主政府。C. B. Casady 等探索美国市场的中 PPP 的模式，得出其成熟度取决于合法性、信任度和能力。马光认为 PPP 的实施关键因素有：适当的风险分配和分担、政治支持、公共（社区）支持、有利的法律框架和稳定的宏观经济状况。

与国外相比，我国 PPP 研究较晚且制度尚不完善，但很快成为学者研究的一个热点。叶晓甦和徐春梅认为在项目开始前期，要想 PPP 项目获得成功，就需要厘清 PPP 项目合作中形成的关系和相关法律法规创新。汪嵘明认为在政府和社会资本之间的合作中，主要有 4 个方面的影响因素，分别为制度因素、现实需要因素、外部环境因素、内部需求因素。崔晨丹通过描述性统计分析、信效度检验得出养老 PPP 项目成功关键因素有：稳定的政治环境；法律法规的落实；符合大众的健康、安全标准。陈秋月和王守清通过文献研究得出成功因素清单特征主要包括：风险分担机制合理性、定价机制的合理性、强大的社会资本、竞争透明的采购程序、政府支持与有效的政府监管。

PPP 项目投资大且长期，在 PPP 项目进行过程中，PPP 采购阶段的持续时间会对项目的实施产生重大影响，甚至决定项目的成败。凤亚红等通过对 PPP 项目的搜集和整理得出，在各种采购方法中，通过公开或邀请招标采购 PPP 项目最为复杂，从单一来源采购 PPP 项目最简单，而通过竞争性谈判采购 PPP 项目则时间限制最少。吕萍、许敏基于项目生命周期分析得出高效的项目团队、良好的沟通，才能确保项目沿着计划轨道顺利运行。PPP 项目的失败会导致政府与社会资本方的合作破裂，并且产生巨额损失。因此找到影响我国 PPP 项目的顺利实施的关键因素，就显得尤为重要，以此来推动基础设施建设、社会经济的健康持续发展。

马光认为 PPP 的实施关键因素有：适当的风险分配和分担、政治支持、公共/社区支持、有利的法律框架和稳定的宏观经济状况。凤亚红等认为项目成功与否和各国经济发展速度、政策环境等不同有极大的关系。张余钰和郝生跃通过对轨道交通的研究得出在建设运营阶段，对 PPP 项目的实施产生重要影响的因素有：社会资本的管理运营能力、政府支持和监督、市政安排和激励机制。何晓波通过对交通基础设施的相关利益者目标需求进行分析得出 PPP 项目成功因素为：项目是否具有良好的社会效益和示范作用，是否促进经济发展和改善地方形象、项目是否满足可持续发展要求。韩颖和刘晓伟通过对我国 12 个 PPP 失败案例和 12 个 PPP 成功案例进行分析，得出关键因素有：（1）项目所属区域因素，包括政府信用、法律法规、项目融资方式等；（2）合作企业因素包括企业管理能力、资金状况和技术支持；（3）项目自身因素，包括项目价格调整机制等。

　　通过对以上文献进行梳理和统计，PPP 项目顺利实施的关键因素主要包括以下四个方面：宏观环境因素、项目合约因素、项目操作因素和社会公众因素（见表 2-2）。

表 2-2　PPP 项目实施及影响因素

影响因素		研究学者或单位
宏观环境因素	宏观经济环境	C. B. Casady，F. Peci、财政部、邓青、孙慧、J. Park，Chung，Eunbin 等
	政府政策支持	叶晓甦、徐春梅、王珊、刘薇、赵静、J. Park，E. Chung
	法律法规体系	财政部 PPP 中心、刘薇、亓霞、E. N. Raidimi，H. M. Kabiti 等
	PPP 理论体系	凤亚红、黄景驰、弗莱德·米尔、贾康、孙洁、王灏等
项目合约因素	社会资本方实力	王珊、邓青、姜威、黄景驰、弗莱德·米尔
	风险分担机制	叶晓甦、徐春梅、凤亚红、亓霞、何晓波等
	项目激励机制	孙慧、凤亚红、T. Bovaird 等
项目操作因素	项目回报机制	刘薇、C. B. Casady，F. Peci
	项目运作方式	叶晓甦、徐春梅、邓青、E. N. Raidimi，H. M. Kabiti
	采购方式合理性	齐晨昊、何晓波、赵静等
社会公众因素	社会公众监督	财政部 PPP 中心、孙慧、邓青等
	项目可持续性	凤亚红、张恒等
	满足公众需求	张恒、何晓波、E. N. Raidimi，H. M. Kabiti 等

二、PPP 关键成功因素分析方法综述

（一）文献研究法

　　该法通过互联网、图书馆等渠道搜集大量与研究有关的文献资料。通过前人对相关领域的研究，可以对该课题有一个大概的认识，梳理既成的事实，了解历史研究的内涵，获得我们所需的信息，也可以找到文献的不足，为后续研究找到明朗的方向。另外文献调查受外界制约较少，尤其是在疫情期间实地访谈相对比较困难，文献调查则有很高的安全系数。通过图书馆、网络等各个途径，梳理和

总结 PPP 相关理论、发展现状以及影响其顺利实施的关键因素相关的文献，形成对本研究有指导建议的背景材料，为接下来的研究做充足的理论准备。何晓波提出文献是事件发生的真实自然记录，信息的可信度较高。与其他研究方法（例如访谈和实验）相比，可以防止研究者受到外部影响。

（二）模型分析法

英国心理学家 C. E. 斯皮尔曼最早提出因子分析模型。从分项指标提取出公共因子，解释分项指标的相关性最后的成果就是建立一个能够将分项指标用公共因子来表示的模型。

模型分析在研究中被广泛使用。何晓波使用主成分分析法分析了交通基础设施 PPP 项目的 23 个成功因素，并得出结论，项目合作环境、市场经济环境以及政府管理和执行是 PPP 的关键成功因素。王珊使用因素分析来提取主要成分，成功因素的六个主要成分是：合同因素、宏观政策和技术因素、项目公共机构、项目采购程序、社会因素和项目交易结构因素。蔡新立和王伟通过结构方程模型的验证性因子分析得出政治风险、建设风险和运营风险对 PPP 项目都具有强相关的影响。邓青通过结构方程模型分析提出在 PPP 项目运行过程中，政府的稳定和信用对 PPP 采购时间有很大的影响。

财政部国际司（2014）根据国际经验总结出 PPP 项目成功实施的三个关键因素：设计良好的 PPP 项目，适宜的法律、机构能力与监管环境，社会与公共资本部门的长期融资能力（包括债务和股本融资）。其中设计良好的 PPP 项目包括筛选可行的 PPP 项目、做好充分的项目准备、公开透明的竞争性招标和磋商、促进风险的合理分担、妥善缓解利益相关方的关系五个方面。

我国学者们对 PPP 项目实施的影响因素也有不少研究。简迎辉、包敏（2014）指出，科学、合理地选择 PPP 运作模式会对项目的成败产生有重要的影响，并依据生命周期理论，对新建项目的 PPP 模式进行了分类和细化，分析了 PPP 模式选择的影响因素。叶晓甦、戚海沫（2015）运用因子分析法对 PPP 项目合作效率的关键影响因素进行了分析，得出包括信息公开、监督机制、运营能力等在内的 11 个因素。任志涛和武继科（2017）通过文献识别方法确定了影响 PPP 项目失败的 6 类共 23 个因素，并借助结构方程对这些因素进行了分析，找出了各因素间的相关性强弱。

风亚红等（2017）通过对中国 28 个 PPP 项目典型案例的分析，从区域、项目、企业三个层面探讨会对 PPP 项目成功产生影响的关键因素。在区域层面，健全的金融体系、政府的契约精神、成熟的制度环境与体制是 PPP 运作成功的关键；在项目层面，合适的 PPP 投融资结构与运作方式选择、合理的收益共享机制、合理的风险分担机制、项目采用 PPP 模式的适用性都非常重要；在企业层面，PPP 项目的成功离不开合作企业的财务能力、管理能力、信用、技术能力。李倩（2017）基于项目的五个阶段流程分析，识别出外部宏观条件、项目参与者经验与实力、选择合适的项目、完善的实施方案、项目的招采程序、特许权安排、融资管理、建设管理、运营管理、移交程序 10 个关键成功因素组共 36 个关键成功因素。

本研究在以上文献研究基础上提出 PPP 实施关键因素的研究框架，并进行多元回归模型实证分析。

第二节　研　究　框　架

通过文献分析，本研究中 PPP 项目实施的评价指标为从项目发起到 PPP 合同签订的时间，项目发起时间一般是指该项目政府方发出招标公告或者资格预审时间，由于 PPP 项目规模较大，项目时间跨度较大，因此计算采购时间时以"月"为单位。实证研究的数据来源主要是财政部公布的 PPP 项目示范项目，在宏观环境因素方面相对比较一致，所以研究时选择不同项目的项目属性因素、中标单位因素、操作方式因素作为影响因素，又将三个方面继续细化为更多的指标定义为自变量。结合文献研究及实际案例，从政府和资本合作中心的国家示范库中筛选出有实际影响的自变量进行量化分析，得出 PPP 影响因素及作用路径，探索 PPP 项目实施及影响因素分析，以促进今后 PPP 的可持续发展。实证分析研究的理论框架如图 2-1 所示。

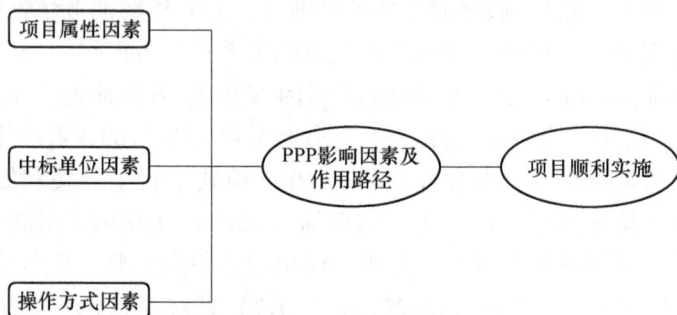

图 2-1　研究理论框架图

一、自变量选择

通过大量阅读与研究对象相关的文献资料，筛选出文献中出现的对 PPP 项目造成影响的关键信息；从全国 PPP 综合信息平台项目管理库中选取有效的示范项目数据进行描述性统计并进一步明确需要探究的项目属性因素及中标单位因素；最后根据财政部发布的 PPP 项目实施操作指南及绩效管理的相关意见等，选取 PPP 操作方式因素作为相关因素。

根据国内外文献研究，影响 PPP 项目实施的关键因素主要包括区域、企业、项目、宏观环境四个方面。本书实证分析样本为全部国家示范项目库中的 PPP 项目，因为入库几乎已经成了商业银行发放贷款的"硬性"指标[22]，进入国家示范项目库意味着 PPP 项目适用性、融资结构、风险分担机制都达到甚至高于相关标准，且样本宏观环境已在前文中做过简要分析，具体的由于受到多方面因素制约，难以量化分析，因此排除宏观环境方面因素。

综上所述，最终筛选出 9 个 PPP 实施及影响因素（见图 2-2）：项目属性因素（所在区域、所属行业、总投资额大小）、操作方式因素（回报机制、运作方式、采购方式）和中标单位因素（中标单位形式、中标单位所有制类型、中标单位上市类型）作为本研究的初始自变量。

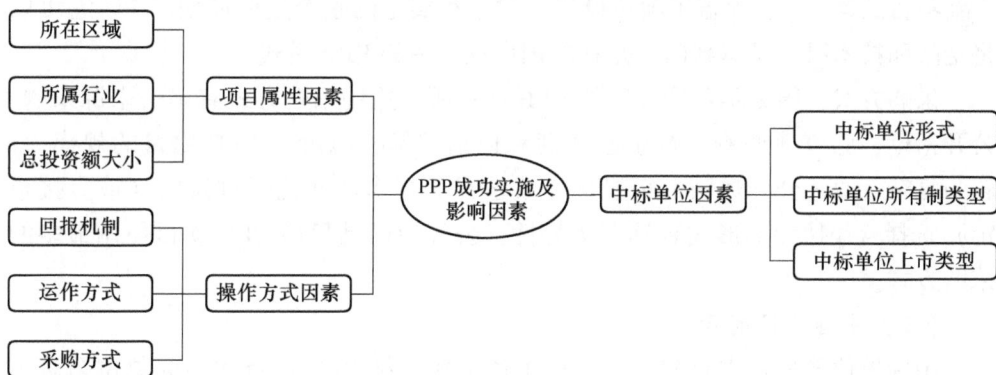

图 2-2　研究因素框架图

（一）项目属性因素

项目所在区域：国家示范项目库经过筛选后的有效数据中，涉及我国 30 个省份或地区。中东部地区在经济发展和基础建设方面都比西部地区发展得好，另外中东部地区的自然资源丰富、注重创新，因此中东部地区的 PPP 发展可能会更好。

项目所属行业：目前我国 PPP 发展涉及 19 个行业，不同行业有不同的行业规范、建设标准及收益模式，融资难度相差很大，且不同行业发展成熟度不同，因此项目所属行业会对 PPP 项目的实施产生不同影响。

项目总投资额大小：不同的 PPP 项目规模不同、施工工艺不同、人工材料成本不同，社会资本方或项目公司对项目的估价也不尽相同，投资额较大的项目可能会因为社会资本方或项目公司资金链承受能力不足而断裂，导致项目的失败。

（二）操作方式因素

回报机制：PPP 项目的回报机制明确了 PPP 项目实施过程中的风险、收益分配，常见的回报机制主要包括政府付费、可行性缺口补助、使用者付费。为了降低风险损失，社会资本与政府必须提前考虑好防范对策。风险分担机制设置是否合理，会对吸引到的资金是否充足造成影响，是否有恰当的风险分配是 PPP 项目是否能成功的关键因素，冒险原则是指项目参与者必须承担最大风险份额的风险，以实现整体项目满意度。因此，根据不同的 PPP 项目选择合理的回报机制是非常重要的。

运作方式：PPP 项目运作方式主要包括转让-运营-移交（TOT）、建设-运营-移交（BOT）、改建-运营-移交（ROT）等，不同的项目根据其复杂性选择一种或两种不同的运行方式，主要区别在于拥有或使用公共财产的权利不同。BOT 用于新项目的建设，它涵盖了项目设计，建造和实施的整个生命周期。同时它可以将金融和技术引入私营部门，是在中国广泛使用的 PPP 模式。

采购方式：国家示范项目库的 PPP 项目所采用的采购方式有单一来源采购、公开招标、竞争性谈判、竞争性磋商和邀请招标。但由于 PPP 项目的规模大、较为复杂，通过公开透明的招投标方式选择的合作伙伴比通过谈判（或直接指定）选择合作伙伴的形式更具有优势性，公开招标是目前 PPP 项目使用最多的采购方式。

（三）中标单位因素

中标单位形式：本研究中，中标单位形式是指 PPP 项目的中标单位是否为联合体。PPP 项目与一般性项目相比，具有规模较大、资金需求大、融资难度也较大、单一公司投标资源能力有限、所承担的风险大等特点，所以较多项目都会选择联合体作为中标人。联合体主体较大，资金能力雄厚，可以优势互补，减少成本，风险分担，降低项目失败的可能性。

中标单位所有制类型：中标单位所有制类型是指 PPP 项目的中标人的所有制背景，其中包括地方国企、央企、民企。PPP 模式中，国企、央企和民企的融资规模不在一个量级，银行信贷对国企的偏好更加严重，公司债发债利率国企、央企也都大大低于民企。一系列因素导致民企的融资难、融资贵、融资综合成本高，因此民企明显地在 PPP 项目的参与上动力不足。相对来说央企和国企的竞争力更强，准入门槛低，PPP 成功率较高。

中标单位上市类型：中标单位上市情况是指 PPP 项目的中标人是否是上市公司。上市公司在企业管理、人才机制、商业模式、融资能力、信用及知名度上一般都碾压非上市公司，上市公司可以更好地促进 PPP 项目的顺利实施。

二、数据来源

为了推动我国 PPP 项目规范发展，我国财政部公布了四批示范项目（2014年、2015 年、2016 年、2018 年），截至 2021 年 3 月末，财政部 PPP 中心的 PPP 管理库项目列表中共有 32 个省、直辖市、自治区等的四批国家示范项目 916 个，涉及总投资额为 2673 亿元。作为项目顺利实施与影响因素的数据库，由于第一、二批项目通常实施时间较早，我国 PPP 监管的相关政策尚未颁布，所以按照规范发展阶段将第一、二批项目和第三、四批项目分别作为两个研究对象进行模型分析。

（一）项目涉及全部 19 个行业，具有代表性

财政部国家示范项目共涉及了旅游、文化、养老、能源、市政工程、生态建设和环境保护、交通运输、城镇综合开发、水利建设、教育、医疗卫生、农业、林业、体育、科技、政府基础设施、保障性安居工程、社会保障和其他 19 个行业（见图 2-3）。从第一批项目的 4 个行业到目前的 19 个行业，PPP 项目的行业覆盖范围越来越广，可见其发展规模的增速之快。但同时也存在项目行业集中化程度高的现象。916 个示范项目中，市政工程行业项目数量最多，共 406 个，占比高达 44.3%；其次是交通运输行业 97 个，占 10.5%，两者项目数总和超过半数。

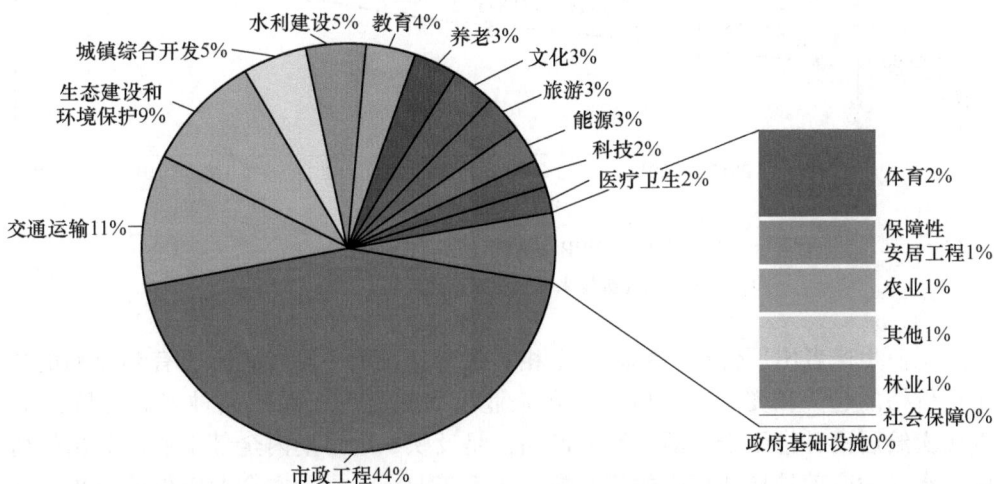

图 2-3　项目所属行业

（二）PPP 发展经济和政策背景较为一致，获得有力支持

在目前政府与社会资本合作中心项目库搜集的 916 个项目中，发起时间最早是 2011 年，最晚是 2018 年，在 2015 年发起的 PPP 项目数量最多，有 442 个，

占所有项目的 48.3%，其次是在 2016 年，共有 302 个项目当年被发起，占 33.0%；2015 年、2016 年恰巧是我国五年以上贷款基准利率下降最快的时间。很多私营部门都是依靠银行贷款来满足企业经营需求、实现经营盈利的，贷款利率的下降，直接减少了企业的融资成本，刺激企业扩大投资，促进社会资本和政府的合作。

2011 年至 2020 年这十年时间内，GDP 及 M2 不断增长（见图 2-4）。GDP 增加，某种程度上体现出了经济大环境良好，国民总收入逐步上升；M2 是指银行体系之外流通的现金、存款等，作为准货币，它衡量的是货币供应量，这 10 年中 M2 增速较快，说明投资和中间市场活跃，人们的投资热情高涨，对 PPP 项目的融资发展等有较好的促进作用。

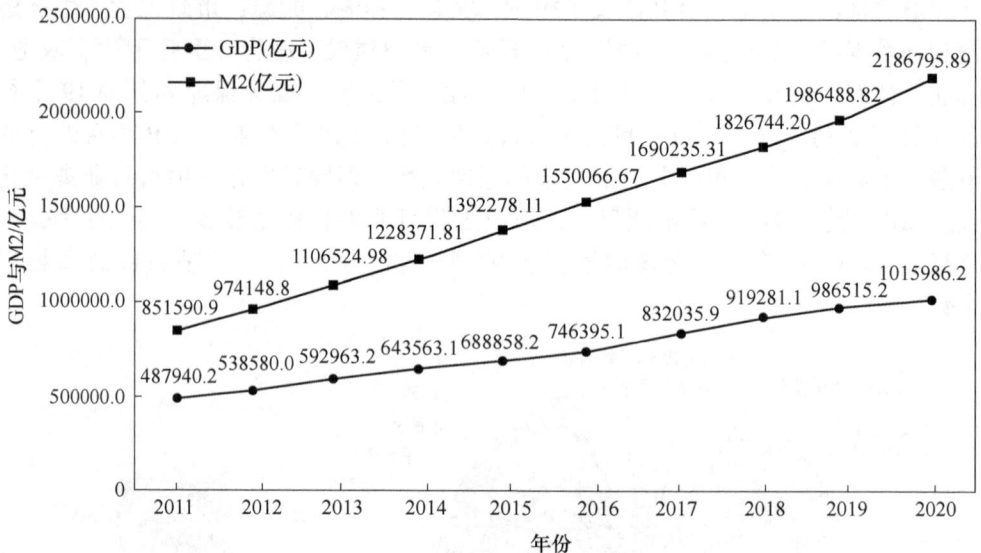

图 2-4 PPP 发起年份的 GDP 与 M2

（数据来源：国家统计年鉴）

工业生产者出厂价格指数是一个相对数字，表示一段时间内所有制成品的总工厂价格的趋势和变化率，以及工业企业出售的所有产品的品种（自己除外），直接卖给居民日常用于生活消费的产品，是反映一定时期内全部工业产品出厂价格总水平的变动趋势和程度的相对数，包括工业企业售给本企业以外所有单位的各种产品、直接售给居民用于生活消费的产品。如图 2-5 所示，PPI 在 2011～2015 年不断下滑，下滑至 2015 年的 94.8，达到最小，之后开始上升，直到 2017 年达到最大值 106.3，后又开始回落。通过该指数，我们可以了解到出厂价格变动对工业总产值及增加值的影响。一般而言，工业原材料包括石油、煤炭、钢铁等，其价格下降会导致 PPI 的回落，使工程建筑业生产成本降低，促进 PPP 项

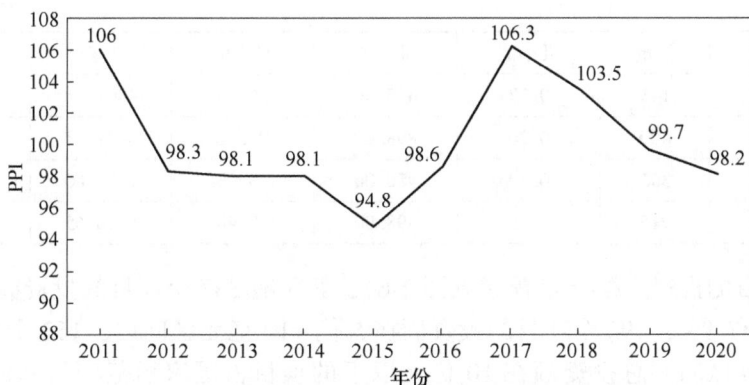

图 2-5 PPP 发起年份的工业生产者出厂价格整数

（数据来源：国家统计年鉴）

目产业建设，2017 年以后 PPI 回落，一定程度上反映了 PPP 的建设经济环境较好。

（三）近九成国家示范项目落地

截至 2021 年 3 月底，在 PPP 项目库中的 916 个国家示范项目中，有 38 个项目处于采购阶段、878 个国家示范项目处于执行阶段（见表 2-3）。其中第一、二、三批国家示范项目已全部进入执行阶段，落地率 100%；第四批国家示范项目有 38 个项目目前处于采购阶段，落地率 89.2%。近九成示范项目已落地，发展态势良好。

表 2-3 各批次项目落地率

批次	采购阶段	执行阶段	合计	落地率/%
第一批	0	18	18	100
第二批	0	146	146	100
第三批	0	400	400	100
第四批	38	314	352	89.20
合计	38	878	916	95.80

（四）示范项目大多为中小型项目

由表 2-4 可以看出，国家示范项目库中各项目的投资额差异巨大，投资额最小的为 0.19 亿元，最大的为 898 亿元。

表 2-4 各批次项目投资额

批次	数量	极小值	极大值	平均值	方差	标准差
第一批	18	1.00	162.78	28.73	2246.12	47.39

批次	数量	极小值	极大值	平均值	方差	标准差
第二批	146	0.32	495.00	30.55	4867.76	69.75
第三批	400	0.26	898.00	22.10	3439.68	58.65
第四批	352	0.19	450.00	19.23	1795.60	42.37
合计	916	0.19	898.00	22.48	3016.65	52.94

从项目的投资规模分布看（见图 2-6），其中有 347 个项目的投资额在 5 亿元以下，占 37.9%；190 个项目的投资额在 5 亿~10 亿元区间内，163 个项目在 10 亿~15 亿元区间。总投资额在 10 亿元以下的项目占国家示范项目库的 58.6%。从地区分布看，10 亿元以下投资额项目最多的前五名分别是河南省 47 个、山东省 47 个、河北省 34 个、安徽省 30 个、福建省 29 个；从行业分布看，10 亿元以下项目数量最多的前五种所属行业分别是市政工程 270 个、生态建设和环境保护 35 个、教育 31 个、水利建设 29 个和养老 25 个，都属于融资需求较小，且建设规模也较小的项目。

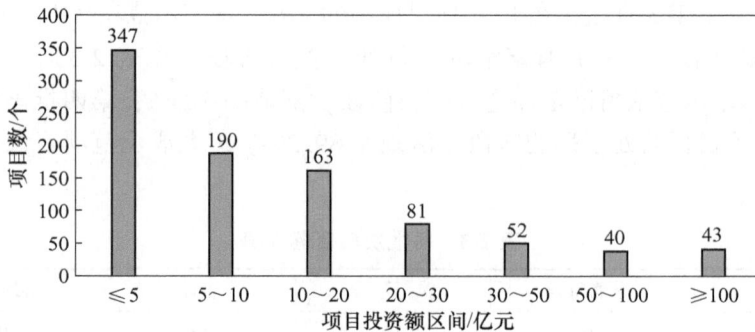

图 2-6　项目投资额区间分布

从项目的合作年限分布看，绝大多数项目的合作年限都处于 30 年以下，其中 25~30 年合作期限的项目数量最多有 399 个，占国家示范项目库的 43.5%；10~25 年期限的项目总和为 520 个，占 56.8%。从地区分布看，合作期限 30 年以下的 PPP 项目所处省份最多的前五名分别是山东省 73 个、河南省 71 个、河北省 55 个、湖北省 54 个和云南省 54 个；从行业分布看，所属行业类型最多的前五名分别是市政工程 396 个、生态建设和环境保护 82 个、交通运输 63 个、城镇综合开发 42 个和水利建设 39 个。由此可以看出国家示范项目大多是中小型项目，融资需求低，建设工期短，投资风险不高，可能是因为此类项目门槛较低，有利于民营资本的加入。

三、示范项目实施影响因素交叉分析

（一）回报机制主要为可行性缺口补助

在国家示范项目库 916 个项目中，有 561 个示范项目采用的回报机制是可行性缺口补助，占比达 61.2%；采用政府付费的项目有 119 个，占比 13%；另外采用使用者付费的项目有 236 个，占比 25.8%，如图 2-7 所示。将项目数量前十的地区与项目的回报机制进行比较分析可以发现，即便是在不同省份中，PPP 项目回报机制采用可行性缺口补助所占比例最大，其中云南省采用可行性缺口补助有 57 个项目；河南省采用使用者付费方式有 20 个项目，其他省份都比河南省要少；采用政府付费方式项目数量最多的两个省份，分别是安徽省和河南省，都是 24 个，如图 2-8 所示。将项目数量前十的项目所属行业与项目的付费方式进行比较分析可以发现，由于市政交通本身项目数量基数最大，三种方式都有大量涉及；市政工程最主要的回报机制是可行性缺口补助，而最少采用的是使用者付费这一方式。

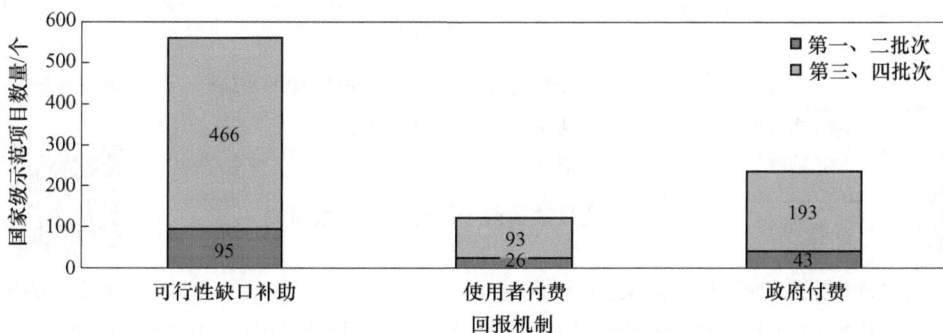

图 2-7 项目回报机制分类

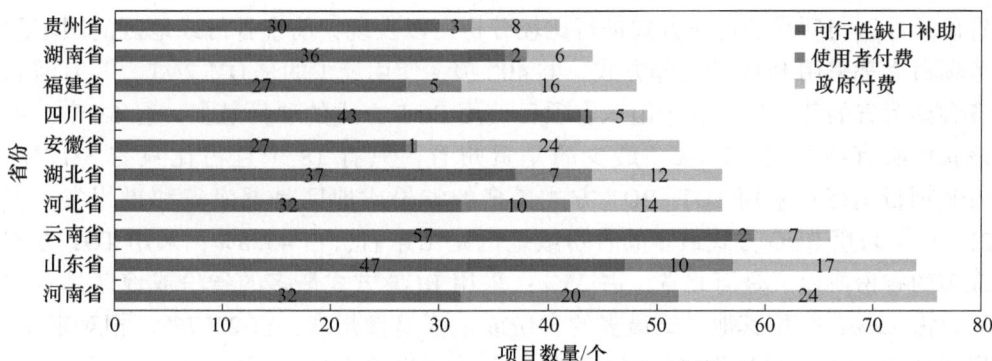

图 2-8 项目数量前十省份或地区项目回报机制

从每个行业的回报机制使用比例来看（见图 2-9），使用可行性缺口补助的比例最大的是文化行业，占 90%；养老行业项目采用使用者付费回报机制的数量为 13 个，占养老行业项目的 40%；政府付费在生态建设和环境保护行业项目的回报过程中占了很大一部分，占比为 48.8%。水利建设和养老行业、生态建设和环境保护行业、城镇综合开发行业由于项目本身带有公益性质的"惠民"工程、社会保障工程，所需政府的政策扶持及资金保障较大，多采用政府回报机制。

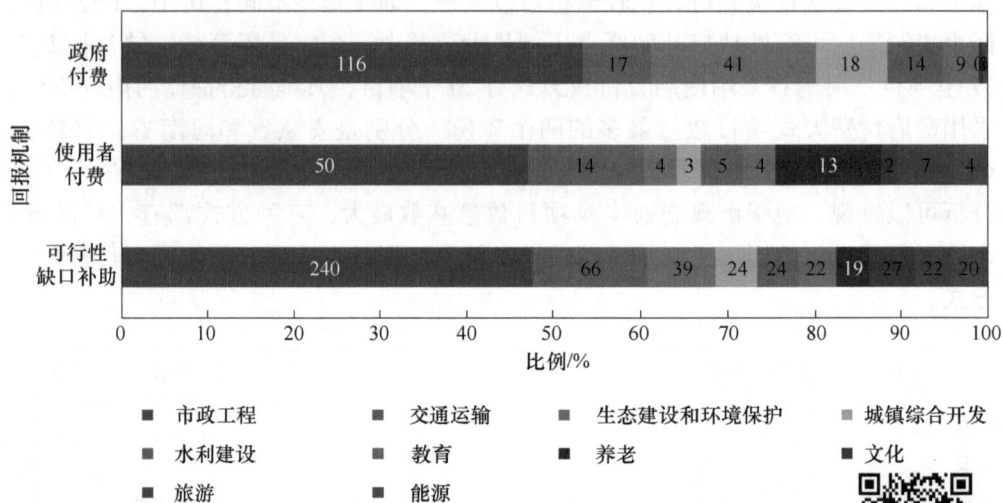

图 2-9　项目数量前十的行业与回报机制

扫码看彩图

（二）项目运作方式以 BOT 模式为主

如图 2-10 所示，在国家示范项目库总共 916 个项目中，有 669 个项目采用 BOT 模式，占 73%，运作方式有 BOT、TOT+BOT、BOO、TOT、ROT、OM 和其他方式，运作方式种类较多但是比较集中。如图 2-11 所示，将项目数量前十的省份或地区与项目的运作方式进行比较分析可以发现，前十省份或地区的国家示范项目大都采用 BOT 的运作方式，共 400 项，使用最少的是 OM 方式，只有河北省和湖南省的各一项。其中山东省项目使用 BOT 方式的项目最多，有 63 个，占该省份所有项目的 85.1%，最少的是贵州省，只有 18 个且占比只有 38.3%。PPP 项目运行时采用 TOT+BOT 方式最多的省份或地区是湖南省和贵州省，占 21.1%；采用 BOO 方式最多的省份或地区是山东省，占 45.8%；采用 TOT 方式最多的省份或地区是河北省，占 25%；采用 ROT 方式最多的省份或地区是贵州省，占 25%；采用其他方式最多的省份或地区是贵州省，占 23.7%。相对来说，贵州省的 PPP 项目运作方式较为分散，其他省份较为单一。

如图 2-12 所示，将项目数量前十的所属行业的运作方式进行比较分析可以

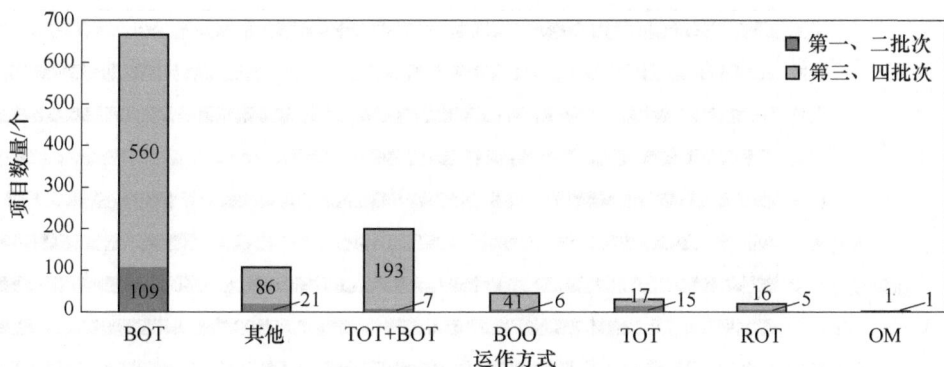

图 2-10 国家示范项目运作方式

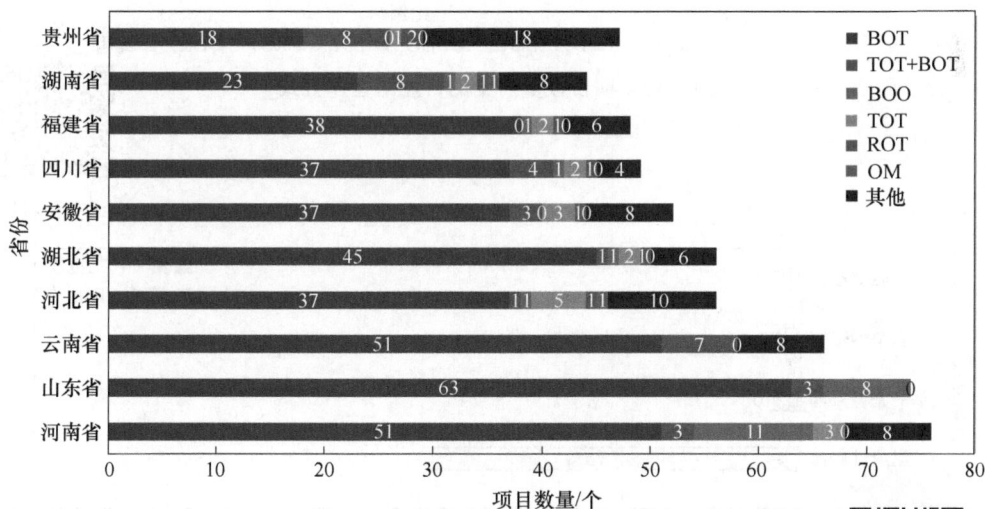

图 2-11 项目数量前十的省份或地区与运作方式

扫码看彩图

发现，与地区分布相似，行业分布中最普遍适用的运作方式也是BOT 模式，其中市政工程行业在 BOT 项目中所占比重最大，为47.4%，其次是交通运输行业，占 13.4%；旅游行业所占比重最小，为 2.5%。TOT+BOT 和 TOT 方式中，绝大多数都是市政工程项目，占比分别达到 74.5% 和86.2%，说明了 TOT 运作方式在市政工程中的有效利用。

（三）项目采购方式倾向于公开招标

从图 2-13 中可以看出，国家示范项目采购社会资本方式整体倾向于公开招标方式，有 580 个项目采用了公开招标的方式，占 63.3%；其次占比较高的采购方式为竞争性磋商 294 项，占 32.1%；采用竞争性谈判、单一来源采购、邀请招标方式的 PPP 项目数量较少，合计仅占 4.6%。

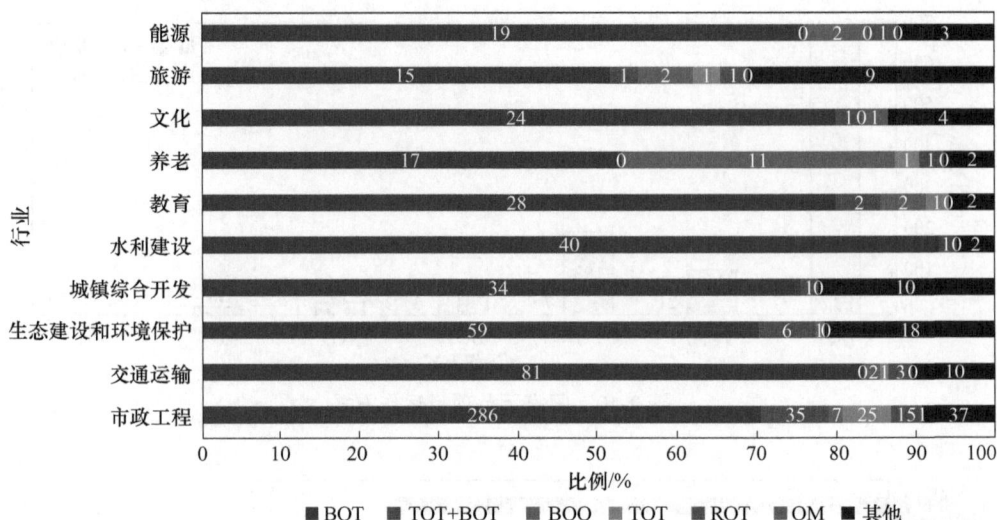

图 2-12 项目数量前十的行业与运作方式

扫码看彩图

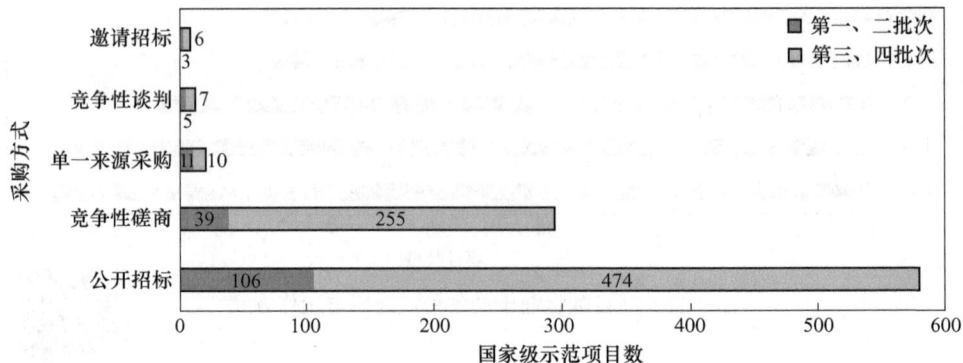

图 2-13 项目采购方式

如图 2-14 所示，将项目数量前十的省份或地区与项目采购方式进行分析可以发现，大部分省份或地区都采用公开招标这一采购方式进行 PPP 项目的采购，其中福建省的公开招标项目占其总项目的 95.8%，是占比最大的；其次是湖南省 28 个项目采用公开招标，占 86.4%。山东省则是唯一一个竞争性磋商方式项目数大于公开招标方式项目的省份。

如图 2-15 所示，将项目数量前十的行业和项目的采购方式进行分析，可见公开招标的采购方式是绝大部分行业的 PPP 项目采购选择的方式，其中公开招

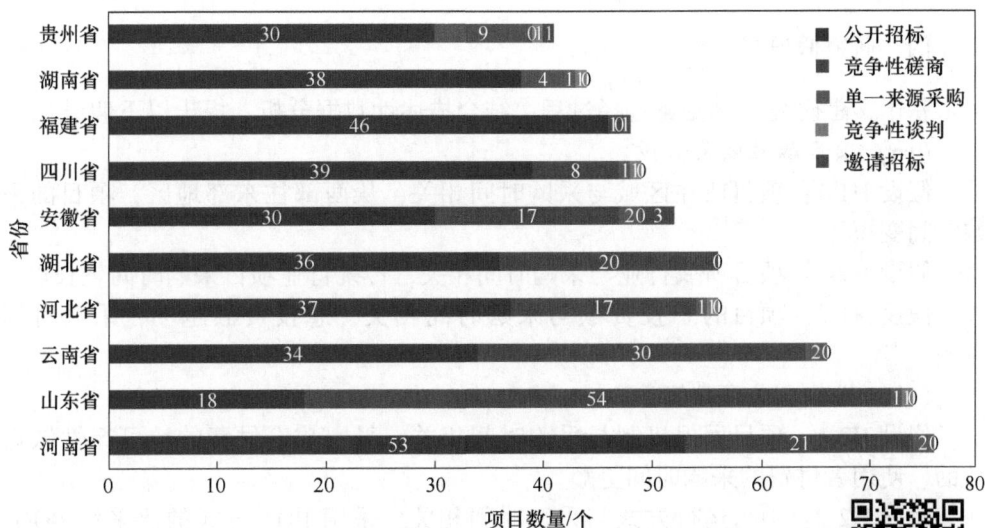

图 2-14 项目数量前十的省份或地区与采购方式

扫码看彩图

标方式最多的前三名分别是市政工程 48.5%、交通运输行业 14.4% 和生态建设和环境保护 11.0%，只有城镇综合开发和养老这两个行业占比最大的是竞争性磋商，分别占 55.6% 和 53.1%。所有采购方式中，市政工程的项目数量都是最大的，其占比也都是最大的，其原因可能是市政工程本身的项目规模大，投资金额也大，为了追求效用最大化和可持续发展，会更倾向于公开招标。

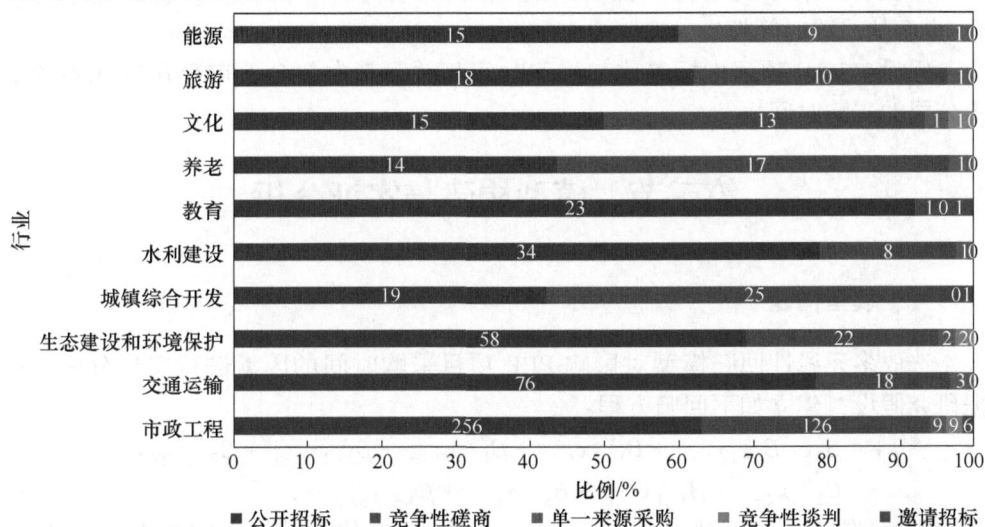

图 2-15 项目数量前十的所属行业与采购方式

扫码看彩图

四、研究假设

基于文献研究、自变量选择过程，结合描述性数据分析，提出以下假设。

（一）项目属性因素假设

假设 H1-1：项目所在区域与采购时间相关，从西部往东部地区，项目的采购时间变短。

假设 H1-2：项目所属行业与采购时间相关，传统行业项目采购时间较长。

假设 H1-3：项目的总投资额与采购时间相关，总投资额越小，采购时间越短。

（二）操作方式因素假设

假设 H2-1：项目回报机制与采购时间相关，采用政府付费的比可行性缺口补助、使用者付费的采购时间更短。

假设 H2-2：项目运行方式与采购时间相关，采用 BOT 方式的比采用 BOO、TOT、ROT 等其他运行方式的采购时间长。

假设 H2-3：项目的采购方式与采购时间相关，采用公开招标方式的比单一来源采购、采用竞争性磋商、邀请招标、竞争性谈判的采购时间长。

（三）中标单位因素假设

假设 H3-1：项目中标单位形式与采购时间相关，联合体比非联合体的采购时间长。

假设 H3-2：项目中标单位与采购时间相关，其中含国企/央企的比不含国企/央企的采购时间短。

假设 H3-3：项目中标单位与采购时间相关，其中包含上市公司的比不含上市公司的采购时间短。

第三节　模型构建与实证分析

一、模型构建

选取多元线性回归模型对影响 PPP 项目采购时间的因素进行实证分析，根据研究假设，建立如下回归方程：

$$y = \beta_0 + \beta_{1-1}x_{1-1} + \beta_{1-2}x_{1-2} + \beta_{1-3}x_{1-3} + \beta_{2-1}x_{2-1} + \beta_{2-2}x_{2-2} + \beta_{2-3}x_{2-3} + \beta_{3-1}x_{3-1} + \beta_{3-2}x_{3-2} + \beta_{3-3}x_{3-3} + \varepsilon$$

其中，x_{1-1}代表所在区域；x_{1-2}代表所属行业；x_{1-3}代表总投资额大小；x_{2-1}代表回报机制；x_{2-2}代表运作方式；x_{2-3}代表采购方式；x_{3-1}代表中标单位形式；x_{3-2}代表中标单位所有制类型；x_{3-3}代表中标单位上市类型；β_0代表常数项；ε代表随机项。

二、实证分析

(一) 变量的测度

本书从政府和资本合作中心国家示范项目库选取实证分析样本,截至 2021 年 3 月底,共 916 个样本。由于样本招采或合同签订时间缺失 187 例,剩余 729 条有效数据,其中第一、二批 158 个国家示范项目,第三、四批 571 个国家示范项目,进行对比研究,探究 PPP 提质增效阶段与快速发展阶段项目实施及影响因素的异同。

在回归分析中,PPP 项目采购时间指 PPP 项目从识别准备等前期工作到签订合理合法的 PPP 项目合同的时间,将其定义为采购时间,并设置为因变量。由于存在自变量分布不均、自变量选项过多过于复杂,对本次研究的结果造成负面影响的情况,因此为了简化分析过程,使结果更显著,将自变量进行重新测度,见表 2-5。

1. 项目属性因素变量

所属区域:将项目所属省份或地区根据国家经济地区分布进行划分,"东部地区"(山东省、海南省、福建省、广东省、上海市、浙江省、河北省、北京市、辽宁省、江苏省)赋值为 1;"中部地区"(江西省、湖北省、河南省、山西省、安徽省、黑龙江省、吉林省、湖南省)赋值为 2;"西部地区"(云南省、陕西省、四川省、重庆市、广西壮族自治区、青海省、贵州省、甘肃省、内蒙古自治区、新疆维吾尔自治区、宁夏回族自治区、新疆生产建设兵团)赋值为 3。

表 2-5 变量的测度及赋值

变量分类		变量名称	变量类型	测度及赋值
因变量	项目结果	采购时间	连续变量	具体数值
自变量	项目属性因素	所在区域	哑变量	"东部地区" =1;"中部地区" =2;"西部地区" =3
		所属行业	哑变量	"传统基础设施行业" =0.99;"其他行业" =0.01
		项目总投资额大小(取对数)	连续变量	具体数值
	操作方式因素	回报机制	哑变量	"非政府付费" =0.01;"政府付费" =0.99
		运作方式	哑变量	"其他运作方式" =0.01;"BOT" =0.99
		采购方式	哑变量	"其他采购方式" =0.01;"公开招标" =0.99
	中标单位因素	中标单位形式	哑变量	非联合体 =0.01;联合体 =0.99
		中标单位所有制类型	哑变量	不含国企 =0.01;含国企 =0.99
		中标单位上市类型	哑变量	不含上市企业 =0.01;含上市企业 =0.99

所属行业:根据 2016 年国务院发布的《传统基础设施领域实施政府和社会

资本合作项目工作导则》中对传统基础设施领域的行业划分，传统行业包括能源、交通运输、水利、环境保护、农业、林业以及重大市政等行业，赋值为0.99，其他行业赋值为0.01。

总投资额大小：由于总投资额（单位：万元）数值过大，难于分析，因此对总投资额大小（单位：万元）取对数，作为连续变量进行研究。

2. 操作方式因素变量

回报机制：回报机制为"使用者付费"与"可行性缺口补助"的合并为"非政府付费"赋值为0.01；"政府付费"赋值为0.99。

运作方式：将运作方式为"BOO""ROT""TOT""O&M""TOT+BOT""其他"合并为"其他运作方式"，赋值为0.01；运作方式为"BOT"的赋值为0.99。

采购方式：将采购方式为"单一来源采购""邀请招标""竞争性磋商""竞争性谈判"的合并为"其他采购方式"赋值为0.01；"公开招标"的赋值为0.99。

3. 中标单位因素变量

中标单位形式：中标单位不是联合体的赋值为0.01；中标单位是联合体的赋值为0.99。

中标单位所有制类型：中标单位中不含国企的赋值为0.01；包含国企的赋值为0.99。

中标单位上市类型：中标单位中不含上市企业的赋值为0.01；含上市企业的赋值0.99。

（二）变量的描述性统计

通过对两组数据进行描述性统计，我们可以发现：从2014年12月至2017年10月，进入第一、二批次国家级示范项目（以下简称组一）的项目数为158个（见表2-6），平均每月进入国家示范项目库4.6个；而从2017年10月至2021年3月，评为第三、四批国家级示范项目（以下简称组二）的项目数为571个（见表2-7），月均13.9个，是第一、二批期间的3倍左右。说明PPP项目在中国发展迅速，且项目质量高，通过物有所值、财政支出能力检验的项目越来越多。

表2-6　第一、二批变量的描述性统计

名　　称	N	范围	最小值	最大值	平均数	标准偏差	变异数
所在区域	158	2	1	3	1.93	0.791	0.626
所属行业	158	0.98	0.01	0.99	0.698	0.449	0.483
总投资额大小（取对数）	158	7.35	8.06	15.41	11.464	1.4157	2.004

名　称	N	范围	最小值	最大值	平均数	标准偏差	变异数
回报机制	158	0.98	0.01	0.99	0.2705	0.43431	0.189
运作方式	158	0.98	0.01	0.99	0.6551	0.4663	0.217
采购方式	158	0.98	0.01	0.99	0.6365	0.47211	0.223
中标单位类型	158	0.98	0.01	0.99	0.3139	0.45474	0.207
中标单位所有制类型	158	0.98	0.01	0.99	0.5496	0.48903	0.239
中标单位上市类型	158	0.98	0.01	0.99	0.2271	0.40826	0.167
采购时间	158	34	1	35	5.905	5.678	32.239
有效的 N（listwise）	158						

表 2-7　第三、四批变量的描述性统计

名称	N	范围	最小值	最大值	平均数	标准偏差	变异数
所在区域	571	2	1	3	1.995	0.8282	0.686
所属行业	571	0.98	0.01	0.99	0.606	0.6758	0.457
总投资大小（取对数）	571	8.473	7.537	16.011	11.245	1.3291	1.766
回报机制	571	0.98	0.01	0.99	0.2726	0.43441	0.189
运作方式	571	0.98	0.01	0.99	0.7343	0.43074	0.186
采购方式	571	0.98	0.01	0.99	0.6296	0.47297	0.224
中标单位类型	571	0.98	0.01	0.99	0.4648	0.48916	0.239
中标单位所有制形式	571	0.98	0.01	0.99	0.5695	0.48547	0.236
中标单位上市类型	571	0.98	0.01	0.99	0.3739	0.4739	0.225
采购时间	571	22	1	23	6.333	3.7517	14.075
有效的 N（listwise）	571						

对组一和组二的其他 8 个赋值后的虚拟变量进行研究，结果如表 2-8 所示。

表 2-8　组一、组二描述性统计分析

影响因素	组一	组二	原因分析
采购时间	5.905	6.333	随着 PPP 模式的不断发展，相关法律法规、申报要求更加严格，增加了物有所值评估和财政支出能力检验，招投标及合同签订环节更加规范，增加招投标公告时间，接受大众的监督，保证了采购环节的公开透明
所在区域	西部占比小	西部占比大	提质增效阶段我国大力发展西部地区建设，推动西部地区经济发展

续表 2-8

影响因素	组一	组二	原因分析
所属行业	传统基础设施行业仍占较大比重	传统基础设施行业仍占较大比重	传统基础设施行业 PPP 模式应用较早，且存在较大的需求
总投资额大小（取对数）	11.464	11.245	越来越多的中小型项目开始采用 PPP 模式，另一方面，因为 PPP 项目越来越规范，项目投资利用率更高，经济效益更好
回报机制			无明显差异
采购方式			无明显差异
运作方式	BOT 模式占比小	BOT 模式占比大	提质增效阶段越来越多的项目采用 BOT 模式，BOT 模式能够缓解政府的资金短缺的问题，可以更好地进行风险分配
中标单位类型	联合体占比小	联合体占比大	联合体中标可以进行技术互补、经济联合，有助于提高企业竞争力，降低企业经营风险有利于 PPP 项目的顺利实施
中标单位所有制类型			无明显差异
中标单位上市类型因素	含上市公司占比小	含上市公司占比大	上市公司一般有着雄厚的经济实力，较高的企业信誉，高效合理的企业运作模式，且融资难度较小，提质增效阶段有上市公司的加入可以提高项目的实施效率

数据来源：作者整理。

（三）相关系数矩阵

回归分析之前，需要对各个变量进行相关性分析，由于观测变量是有序分类变量，所以分析时采用 Pearson 系数分析，显著性采用双尾检验，分析结果如表 2-9、表 2-10 所示。

表 2-9　第一、二批国家示范项目相关系数矩阵

名称	所在区域	所属行业	总投资额大小（取对数）	回报机制	运作方式	采购方式	中标单位类型	中标单位所有制类型	中标单位上市类型
所在区域	1	-0.021	-0.033	-0.056	0.021	-0.016	-0.01	0.033	-0.011
所属行业	-0.021	1	0.077	0.199*	-0.073	-0.092	0.08	0.170*	-0.128
总投资额大小（取对数）	-0.033	0.077	1	-0.004	0.111	0.1	0.207**	0.304**	0.099

名称	所在区域	所属行业	总投资额大小（取对数）	回报机制	运作方式	采购方式	中标单位类型	中标单位所有制类型	中标单位上市类型
回报机制	-0.056	0.199*	-0.004	1	-0.05	0.034	-0.094	0.083	-0.114
运作方式	0.021	-0.073	0.111	-0.05	1	0.126	0.05	0.047	-0.001
采购方式	-0.016	-0.092	0.1	0.034	0.126	1	0.019	0.09	0.147
中标单位类型	-0.01	0.08	0.207**	-0.094	0.05	0.019	1	0.331**	0.071
中标单位所有制类型	0.033	0.170*	0.304**	0.083	0.047	0.09	0.331**	1	0.206**
中标单位上市类型	-0.011	-0.128	0.099	-0.114	-0.001	0.147	0.071	0.206**	1

注：＊＊表示相关性下0.01层上显著（双尾）；＊表示相关性下0.05层上显著（双尾）。

表2-10　第三、四批国家示范项目相关系数矩阵

名称	所在区域	所属行业	总投资大小（取对数）	回报机制	运作方式	采购方式	中标单位类型	中标单位所有制形式	中标单位上市类型
所在区域	1	0.021	-0.008	-0.097*	0.04	0.026	-0.02	0.05	-0.004
所属行业	0.021	1	-0.179**	0.072	0.025	0.055	0.07	0.023	0.073
总投资大小（取对数）	-0.008	-0.179**	1	-0.076	0.096*	0.069	0.233**	0.308**	0.058
回报机制	-0.097*	0.072	-0.076	1	0.017	0.035	0.04	-0.027	0.043
运作方式	0.04	0.025	0.096*	0.017	1	0.134**	0.081	0.154**	-0.014
采购方式	0.026	0.055	0.069	0.035	0.134**	1	0.113**	0.212**	0.06
中标单位类型	-0.02	0.07	0.233**	0.04	0.081	0.113**	1	0.289**	0.121**
中标单位所有制形式	0.05	0.023	0.308**	-0.027	0.154**	0.212**	0.289**	1	0.007
中标单位上市类型	-0.004	0.073	0.058	0.043	-0.014	0.06	0.121**	0.007	1

注：＊＊表示相关性下0.01层上显著（双尾）；＊表示相关性下0.05层上显著（双尾）。

　　本研究中以上各个自变量之间的相关系数 r_s 均小于0.5，基本可以认为这些自变量彼此两两独立，可以进行回归分析。

（四）多元线性回归分析

　　进行多元线性回归分析时，首先依次将组一和组二的数据导入SPSS软件，将各自的项目属性因素、中标单位因素、操作方式因素三个方面各自所包括的变量作为自变量分别进行线性回归分析。在多元线性回归的结果中（见表2-11与表2-12），若某自变量的回归系数为正数，则表示随着该变量的数值增加，项目的采购时间越长；反之，若自变量的回归系数小于零，则表示随着该变量的数值增加，项目的采购时间越短。另外，将两组数据合并作为组三在经过相关性检验后也进行了线性回归（见表 2-13）。

表 2-11 第一、二批次国家示范项目线性回归结果

名称	非标准化系数		标准系数	t	Sig.	95.0% 置信区间	
	B	标准误差				下限	上限
（常数）	−3.257	3.878		−0.84	0.402	−10.919	4.406
所在区域	0.930	0.557	0.13	1.669	0.097	−0.171	2.031
所属行业	1.631	1.045	0.129	1.561	0.121	−0.434	3.695
总投资额（取对数）	0.646	0.336	0.161	1.922	0.057	−0.018	1.309
回报机制	−1.746	1.065	−0.134	−1.64	0.103	−3.851	0.358
运作方式	−0.822	0.956	−0.068	−0.86	0.391	−2.712	1.067
采购方式	0.355	0.952	0.03	0.373	0.710	−1.527	2.237
中标单位类型	−2.825	1.039	−0.226	−2.718	0.007	−4.878	−0.771
中标单位所有制类型	1.023	1.022	0.088	1.001	0.318	−0.996	3.043
中标单位上市类型	−0.279	1.121	−0.02	−0.249	0.804	−2.494	1.937

表 2-12 第三、四批次国家示范项目线性回归结果

名称	非标准化系数		标准系数	t	Sig.	95.0% 置信区间	
	B	标准误差				下限	上限
（常数）	3.653	1.721	—	2.122	0.034	0.273	7.033
所在区域	0.248	0.225	0.042	1.103	0.270	−0.193	0.689
所属行业	−0.408	0.45	−0.035	−0.907	0.365	−1.292	0.476
总投资额（取对数）	0.215	0.151	0.059	1.426	0.154	−0.081	0.511
回报机制	−0.925	0.432	−0.082	−2.141	0.033	−1.774	−0.077
运作方式	−0.427	0.443	−0.037	−0.965	0.335	−1.296	0.442
采购方式	0.171	0.404	0.017	0.424	0.672	−0.622	0.965
中标单位类型	−0.266	0.409	−0.027	−0.651	0.515	−1.07	0.538
中标单位所有制类型	0.658	0.426	0.066	1.545	0.123	−0.179	1.495
中标单位上市类型	−0.374	0.398	−0.036	−0.939	0.348	−1.155	0.408

表 2-13 第一、二、三、四批次国家示范项目线性回归

名称	非标准化系数		标准系数	t	Sig.	95.0% 置信区间	
	B	标准误差				下限	上限
（常数）	2.285	1.575	—	1.45	0.147	−0.807	5.377

名称	非标准化系数		标准系数	t	Sig.	95.0% 置信区间	
	B	标准误差				下限	上限
所在区域	0.371	0.21	0.061	1.767	0.078	−0.041	0.783
所属行业	−0.125	0.379	−0.011	−0.329	0.742	−0.869	0.619
总投资额（取对数）	0.314	0.137	0.084	2.282	0.023	0.044	0.583
回报机制	−0.906	0.399	−0.078	−2.271	0.023	−1.69	−0.123
运作方式	−0.481	0.400	−0.041	−1.202	0.23	−1.267	0.305
采购方式	0.208	0.373	0.02	0.558	0.577	−0.524	0.941
中标单位类型	−0.671	0.38	−0.065	−1.765	0.078	−1.416	0.075
中标单位所有制类型	0.735	0.393	0.071	1.872	0.062	−0.036	1.505
中标单位上市类型	−0.277	0.375	−0.026	−0.737	0.461	−1.014	0.460

在回归分析中，首先应对建立的回归方程进行模型检验。变异数检验中，组一显著性为 0.028，组二显著性为 0.07，组三显著性为 0.004（见表 2-14），说明至少有一个引入的因变量有效果，该模型有统计学意义，模型通过检验。

表 2-14 三组变异数分析

名称		平方和	df	平均值平方	F	显著性
组一	回归	586.853	9	65.206	2.157	0.028b
	残差	4474.723	148	30.235		
	总计	5061.576	157			
组二	回归	375.304	9	41.7	1.773	0.070b
	残差	15829.106	673	23.52		
	总计	16204.41	682			
组三	回归	607.38	9	67.487	2.714	0.004b
	残差	20663.757	831	24.866		
	总计	21271.137	840			

（五）假设检验

根据构建的模型，按照原先假设筛选后的顺序，依次分别对三组数据进行相关假设检验，结果如下所述。

1. 项目属性因素

所在区域：组一和组三验证了"所在区域"在 90% 水平的显著性，且系数大于 0，说明西部地区的项目采购时间比东部地区采购时间长，支持假设 H1-1。

所属行业：三组数据中该项回归显著性水平均大于 0.01，统计学上不显著，无法支持假设 H1-2。

总投资额：组一中"总投资额大小（取对数）"的回归系数为 0.646，在 90%水平上显著，组三中总投资额大小（取对数）的回归系数为 0.314，在 95% 水平上显著，统计学上均显著，说明总投资额越大，采购时间越长，支持假设 H1-3。

2. 操作方式因素

回报机制：组二中及组三中"回报机制"的系数均为负值，在 95%水平上显著，说明回报机制采用政府付费的项目采购时间更短，部分支持假设 H2-1。

运作方式回归系数为负，说明运作方式采用 BOT 模式的情况下比采用其他运作方式的采购时间短；采购方式回归系数为正，说明公开招标的项目采购时间更短。但考虑到数据样本量中 PPP 项目主要是以"BOT"及"公开招标"为主，"其他运作方式"及"其他采购方式"的项目较少，无法验证"运作方式"以及"采购方式"的统计显著性，回归结果不支持假设 H2-2 及假设 H2-3。

3. 中标单位因素

中标单位类型：组一及组三中"中标单位形式"的回归系数为负值，且分别在 99%及 90%水平上显著，说明中标单位为联合体的项目采购时间短，部分支持假设 H3-1。

中标单位所有制类型：三组回归结果中，中标单位所有者类型的回归系数均为正，说明含国企的中标单位采购时间更长，且组三中中标单位所有者类型在 95%的水平上显著，支持假设 H3-2。

中标单位上市的回归系数为负，说明含上市企业的中标单位采购时间更短，但其回归结果均不显著，无统计学意义，不支持假设 H3-3。

根据上述分析，结合研究假设整理结果，如表 2-15 所示。假设 H1-1、H1-3、H2-1、H3-1、H3-2 通过检验，而假设 H1-2、H2-2、H2-3、H3-3 未通过检验。

表 2-15　实证分析假设检验结果

影响因素			假设	是否有统计学意义	显著性水平	是否支持假设
组一	项目属性因素	所在区域	H1-1	是	*	是
		所属行业	H1-2	否	—	否
		总投资大小（取对数）	H1-3	是	*	是
	操作方式因素	回报机制	H2-1	否	—	否
		运作方式	H2-2	否	—	否
		采购方式	H2-3	否	—	否
	中标单位因素	中标单位类型	H3-1	是	* * *	部分支持
		中标单位所有制类型	H3-2	否	—	否
		中标单位上市类型	H3-3	否	—	否

	影响因素		假设	是否有统计学意义	显著性水平	是否支持假设
组二	项目属性因素	所在区域	H1-1	否	—	否
		所属行业	H1-2	否	—	否
		总投资大小（取对数）	H1-3	否	—	否
	操作方式因素	回报机制	H2-1	是	＊＊	部分支持
		运作方式	H2-2	否	—	否
		采购方式	H2-3	否	—	否
	中标单位因素	中标单位类型	H3-1	否	—	否
		中标单位所有制类型	H3-2	否	—	否
		中标单位上市类型	H3-3	否	—	否
组三	项目属性因素	所在区域	H1-1	是	＊	是
		所属行业	H1-2	否	—	否
		总投资大小（取对数）	H1-3	是	＊＊	是
	操作方式因素	回报机制	H2-1	是	＊＊	部分支持
		运作方式	H2-2	否	—	否
		采购方式	H2-3	否	—	否
	中标单位因素	中标单位类型	H3-1	是	＊	部分支持
		中标单位所有制类型	H3-2	是	＊＊	是
		中标单位上市类型	H3-3	否	—	否

注：＊＊＊、＊＊、＊分别表示 0.01、0.05、0.10 的显著水平。

本研究选择的项目中，所有项目均进入执行阶段，第一、二批次国家示范项目的采购时间平均为 5.9 个月，第三、四批国家示范项目的采购时间平均值为 6.3 个月，后者比前者的平均投资规模小，但时间延长，正是从一个侧面反映出规范发展的趋势。而项目采购时间的延长可能正是项目属性因素、中标单位因素、操作方式因素的自变量对采购时间的影响因素不同。其中，采用所有国家示范项目数据的组三显示出更好的检验结果。

项目属性因素中，两个组别中的项目所在区域因素对采购时间的影响都显著，可能是由于各个时期东部地区相较于中西部地区的经济发达，基础建设投入较大，且 PPP 模式发展历史较长，社会资本投资活跃，而使得采购时间最短。全体国家示范项目样本的总投资额大小（取对数）都影响显著且符合假设，说明投资额越大的项目，一般来说项目规模越大，建设复杂程度越高，涉及多个合作方，招采时间相对较长，因此总体采购时间也较长。

操作方式因素中，采购方式、运作方式、回报机制对第一、二批次国家示范项目的采购时间均无显著影响。而第三、四批及全部国家级示范项目的采购时间与项目回报机制有一定的相关性，回报机制为政府付费方式的项目采购时间更短，尽管用户付费可能计算简便，但是政府付费方式的项目一般受到政府的大力扶持和财政"背书",有着较为健全的法律体系的保障,使得 PPP 项目可以更高效地进行。

中标单位因素中,中标单位所有制类型和中标单位上市类型与四个批次国家示范项目的采购时间均有显著相关性,尽管联合体的组建与沟通需要更多的时间,可能会导致项目采购时间更长。但是由于我国 PPP 发展时间短,参与 PPP 项目的独立社会资本较少,为了尽快占领市场促进共赢合作,反而显示出较短的采购时间。国企和上市企业相对于其他类型企业来说,具有雄厚的实力和更高风险分担能力,但是其规范性操作和决策机制也可能导致项目采购时间的延长。本研究显示,国企参与的项目采购时间更长,但是中标企业是否包含上市公司并没有显著性,对项目的影响没有绝对的促进作用。

总体来看,我国 PPP 示范项目的采购时间相对偏短,落地时间主要与项目自身所处区域、项目的投资额、项目的回报机制相关,这与国际上 PPP 项目管理实践比较一致,也从侧面反映我国 PPP 发展比较规范。

参 考 文 献

［1］World Bank. Bidding for private concessions：the use of World Bank guarantees ［R］. World Bank's Project Finance and Guarantees Department, 1998.

［2］曹富国. PPP 示范项目"清库"的理论、政策、实践与中国 PPP 事业的前景 ［EB/OL］. 知乎网, 2018.

［3］何晓波. PPP 模式下交通基础设施成功因素研究 ［D］. 重庆：重庆交通大学, 2017.

［4］韩颖, 刘晓伟. 基于可持续发展视角 PPP 项目实施关键因素分析 ［J］. 辽宁工业大学学报（社会科学版）, 2018, 20 （5）：48-51.

［5］Park J, Chung E. Learning from past pandemic governance：Early response and Public-Private Partnerships in testing of COVID-19 in South Korea ［J］. World Development, 2021, 137.

［6］Casady C B, Peci F. The institutional challenges of public-private partnerships （PPPs） in transition economies：lessons from Kosovo ［J］. Economic Research-Ekonomska Istrazivanja, 2020.

［7］马光（Magoua Joseph Jonathan）. 发展中国家保障房 PPP 项目的关键成功因素与实施难点 ［D］. 北京：清华大学, 2017.

［8］汪嵘明. 推进实施政府与社会资本合作（PPP）模式的策略研究 ［J］. 改革与开放, 2020,（17）：16-18, 26.

［9］崔晨丹. 养老机构建设 PPP 模式的关键成功因素研究 ［D］. 石家庄：河北经贸大学, 2017.

［10］陈秋月, 王守清. 我国成功 PPP 项目特征分析：基于多案例的研究 ［J/OL］. 工程管理学报, 2020 （6）：61-65.

［11］吕萍, 许敏. 基于生命周期的项目关键成功因素的研究 ［J］. 经济与管理研究, 2007 （12）：45-50.

[12] 凤亚红，李娜，左帅．PPP 项目运作成功的关键影响因素研究［J］．财政研究，2017 (6)：51-58.

[13] 张余钰，郝生跃．城市轨道交通 PPP 项目关键成功因素及作用机理研究——基于国内外典型案例分析［J］．土木工程学报，2020，53（7）：116-128.

[14] 王珊．交通运输设施 PPP 项目关键成功因素分析［J］．项目管理技术，2020，18（3）：52-55.

[15] 蔡新立，王伟．基于结构方程模型的海绵城市 PPP 项目风险识别和分析［J］．安徽建筑大学学报，2020，28（3）：70-76.

[16] 财政部国际司．从国际经验看成功实施 PPP 项目的关键因素［J］．中国财政，2014 (15)：44-45.

[17] 简迎辉，包敏．PPP 模式内涵及其选择影响因素研究［J］．项目管理技术，2014，12（12）：24-28.

[18] 叶晓甦，戚海沫．PPP 项目合作效率关键影响因素研究——基于控制权视角［J］．项目管理技术，2015，13（4）：9-14.

[19] 贾春艳．PPP 项目成功标准研究［D］．重庆：重庆大学，2015.

[20] 李倩，李杏丽．基于流程分析的 PPP 项目关键成功因素识别［J］．铁道科学与工程学报，2017，14（2）：415-424.

[21] 张璐晶．五大视角解密 PPP 项目"出库"［J］．中国经济周刊，2018（18）：34-38.

[22] 邓小鹏，李启明，汪文雄，等．PPP 模式风险分担原则综述及运用［J］．建筑经济，2008 (9)：32-35.

[23] 隋钰冰，陈慧．加拿大 PPP 项目的三大成功经验［J］．人民论坛，2017（31）：204-205.

[24] 裴俊巍，张克．英国 PPP 中心的演变及经验借鉴［J］．国家行政学院学报，2017（3）：124-127，132.

第三章 PPP 项目绩效管理实施分析

第一节 我国 PPP 项目绩效管理程序及要求

一、PPP 项目绩效管理的必要性

PPP 项目运行周期长，其运行绩效不仅涉及项目自身的技术、经济指标，也与公共产品、服务质量密切相关，直接影响社会与民生。现有研究从不同的维度出发来进行论证政府监管的必要性。首先，从利益相关者的角度来看，社会资本追求自身利益最大化，可能造成公众利益受损。为了激励项目公司强化管理，提高产出的效率和效果，将项目绩效考核的结果与政府的支出挂钩，在最大程度上保证公共产品和服务质量，提高公众满意度，提高资金的使用经济性。通过监测项目战略和实际的执行情况，发现问题并寻找项目的绩效改进点，提出合理的改进意见。

其次，从 PPP 模式的本质来看，其被应用于投资回报率预期较低、需求密度高的公共项目中，使得其需要纳入进政府的监管体系中。PPP 项目运营期较长决定了产出绩效监管非常重要，所以运营阶段监管重点是绩效监管。杜唯平等人提出建立绩效导向的 PPP 项目产出监管框架，明确评估方法、目标导向、监管指标，由政府、公众、社会资本互动共治，使市场和社会监督管理职能得到更大的发挥。运营阶段的博弈主要是委托方（公共部门）以及代理方（私人部门）之间的博弈过程，易欣从委托代理以及项目监管两个博弈过程建立了多任务委托代理模型，政府委托代理监管机构对项目公司进行监管。政府通过职能整合将多部门监管合并为独立的监管机构，监管机构定期披露信息并接受社会监督；监管机构依据法规对项目公司的建设期、运营、移交实施经济和质量的监管，最终政府根据监管机构的反馈对项目公司实施奖惩。

再次，从博弈角度来看，监管成本的存在使得政府"不监管"成为占优策略，另外考虑到政府和社会资本的成本效益及感知偏差，往往会出现激励悖论导致监管无效的可能。因此如何设计监管机制成为研究重点。有学者将 PPP 项目监管分为过程监管和结果监管，也有学者将监管机制分为准入监管和运营监管。无论是何种监管类型，PPP 项目监管机制设计的关键是加强决策的透明度、内在

激励及奖惩机制。国内学者在 PPP 项目监管机制中引入了公众参与、上级政府部门、声誉，发现提高政府监管部门的上级问责制及技术水平、降低私人部门运营成本的同时加大外部监管有利于抑制社会资本投机行为；拓宽公众参与及维权渠道能够降低监督成本；除此之外，学者通过建立演化博弈模型发现考虑声誉可以有效促进私人部门自觉提供高质量的公共产品及服务。

在实践当中，通过绩效评价，首先可以了解项目目标完成的情况，为项目公司完善制度、加强项目后续管理提供依据，并为总结项目实施结果、价格调整、政府付费提供依据，保障政府付费的合理有效性，实现 PPP 项目按效付费。其次通过将价格调整、政府付费及奖惩，与绩效评价有机结合，激励项目公司进行技术、管理、制度创新。助力项目实施机构、相关政府充分了解项目合作和实施的进展情况，保证项目有关信息的及时披露与公开透明，接受社会监督。政府通过绩效评价以检验项目实施的效果，总结经验教训，制定风险对策，进一步完善 PPP 项目政府监管体系。本研究重点从我国财政部发布的绩效评价信息中分析绩效管理的实施情况。

二、我国 PPP 项目绩效管理程序

PPP 项目绩效管理包括对项目日常运行和年度绩效目标达成程度的监控、跟踪和管理，通常包括目标偏差修正、目标保障措施、目标达成程度等。2020 年 3 月，财政部发布《政府和社会资本合作（PPP）项目绩效管理操作指引》（以下称《指引》），要求结合 PPP 项目实施进度及按效付费确定绩效评价时点，原则上建设期应结合竣工验收进行一次绩效评价，分期建设的项目应当结合各期子项目竣工验收进行一次绩效评价；项目运营期每年度应至少开展一次绩效评价，每 3~5 年应结合年度效评价情况对项目开展中期评估；移交完成后应开展一次后评价。

《指引》对 PPP 各方的角色和职责进行了划分：项目实施机构应在项目所属行业主管部门的指导下开展 PPP 项目的绩效管理，必要时可委托第三方机构协助；各级财政部门负责 PPP 项目绩效管理体系建设、业务指导、再评价和后评价；项目实施机构负责编制 PPP 项目的绩效目标和指标，并报项目所属行业主管部门和财政部门审核；项目实施机构根据合同定期开展 PPP 项目绩效监测，项目公司（社会资本）负责日常绩效监测，按照项目实施机构要求，定期报送监控结果。

《指引》规定，PPP 项目绩效评价工作的开展程序按照"下达绩效评价通知—制定绩效评价工作方案—组织实施绩效评价—编制绩效评价报告—资料归档—评价结果反馈"六个步骤进行，各步骤具体情况如下：

（1）下达绩效评价通知。绩效评估时间确定后，项目实施机构应至少提前 5 个工作日通知项目公司（社会资本）和相关部门做好准备和配合。

（2）制定绩效评价工作方案。项目实施组织应根据政策要求和项目实际，

组织编制绩效评价工作计划，通常包括项目基本情况、绩效目标和指标体系、评价目的和依据、评价对象和范围、评价方法、组织实施方案、数据收集和调查等。项目实施机构应组织专家对项目建设期、首次运营期和移交后的绩效评估工作计划进行评审。

（3）组织实施绩效评价。项目实施机构应根据绩效评估工作计划，客观、公正地评估 PPP 项目的绩效。通过综合分析和咨询，分清责任主体，形成客观、公正、全面的绩效评价结果。对于不属于项目公司或社会资本责任造成的绩效偏差，不应影响项目公司（社会资本）绩效评价结果。

（4）编制绩效评价报告。PPP 项目绩效评价报告应当以充分、真实、完整的数据为基础，准确、客观、公正，其内容通常包括项目基本情况、绩效评价工作、评价结论和绩效分析、存在问题及原因分析、相关建议以及其他需要说明的问题。

（5）资料归档。项目实施机构应将绩效评估过程中收集的所有有效数据归档，主要包括绩效评估工作计划、专家论证意见和建议、实地考察和座谈会记录、问卷调查、绩效评估报告等，并按照相关档案管理规定妥善管理。

（6）评价结果反馈。项目实施机构应及时向项目公司（社会资本）和相关部门反馈绩效评价结果。

三、PPP 项目绩效评价体系与方法

PPP 项目绩效评价是指基于 PPP 项目利益相关者，综合考虑项目运行环境、管理者运营能力、现场技术管理、可持续发展等因素，对项目的实施过程、取得成果及社会经济效益等方面进行的客观评价。

（一）PPP 项目绩效评价指标体系构建综述

国外对 PPP 项目绩效评价的研究主要经过了三个阶段的发展：第一阶段，只使用财务指标进行评价；第二阶段，使用效益指标进行评价；第三阶段，以多元目标进行评价。当前国外的 PPP 绩效评价以多元目标为主，研究的侧重点则是物有所值评价（VFM）和关键绩效指标法（KPI）。

有关物有所值评价的文献多进行 VFM 理论框架的构建、改进、实现或判定 VFM 中对 PPP 绩效有较大影响的指标。Cappellaro 等回顾 PPP 项目关于 VFM 的文献后构建了指导加纳实施 PPP 项目 VFM 评估、实现 VFM 的理论框架。Grimsey 等先总结了 20 多个国家的 VFM 经验，发现部分国家将公共部门参考标准（PSC）作为评估物有所值和风险的重要工具，并提出当前这类将 VFM 等于最低成本的行为，未考虑项目目标、防止政府受到不利影响。Tsukada 认为现行的 VFM 可能不适合政府补贴较少的 PPP 项目，因此采用影子投标定价（SBP）方法对现有 VFM 进行改进，使其更适合这类 PPP 项目。Cheung 等对澳大利亚、英国及中国香港进行问卷调查后发现，在 18 项 VFM 评价指标中，有效的风险分

配和良好的产出在三个地区的排名均很高，体现这两个指标的关键性。Ismail 对马来西亚 PPP 项目 VFM 驱动因素进行了问卷调查，发现社会资本是否有技术创新、是否采取竞争性招标最为重要，此外公私双方对 VFM 驱动因素的重要程度判断存在较多差异。

KPI 则是将目标逐层分解，依次分解为更细致的目标体系，使项目的战略目标在执行过程中不发生偏离。Takim 等提出的 T-A 模型从效率和效能两个方面构建的绩效指标体系，是最具代表性的 KPI 概念模型。英国 KPI 工作小组发布了第一份 KPI 操作手册，将 PPP 项目绩效指标划分为主题层、操作层、分析层三个层次七个部分的指标体系。此后，KPI 便越来越多地被应用在 PPP 绩效评价领域。Yuan 等定下了 15 个绩效目标，经过调查后选择从项目物理特征、融资与营销、创新学习、利益相关者与项目过程共五个角度构建关键绩效指标体系。Liyanage 等为了评估项目成功度，在对四个项目进行定性研究的基础上，应用KPI 从项目管理视角、利益相关者视角、合同管理视角定义项目成功。Cappellaro等从财务、投资、流程和结果四个维度提出了一个服务类 PPP 项目绩效评价框架，而政府可以根据这个基准绩效评价指标体系制定专用的绩效指标。Yuan 等采用模糊层次综合评价（FACE）方法，从住房分配和回收效率、项目空间分布、居住环境、项目的融资状态四个方面评价公租房 PPP 项目的运营绩效。Ribeiro Lima 等则选择合同管理的切入点，从运营、财务、关系、环境和社会这五个角度建立 KPI 体系进行 PPP 项目绩效的管理。

除了以上两种绩效评价方法外，Liu 等认为目前的研究过于集中于 PPP 项目的事后评价，检验传统的事后评价是否足以衡量 PPP 绩效后，他们提出应当运用全生命周期的方法开展绩效评价。Yin 等借鉴了项目管理绩效评价中标杆管理的方法，提出了一种基于标杆的公共项目绩效评价模型，并采用组合加权和模糊综合评价法评价。Eadie 等对英国交通和医疗保健类 PPP/PFI 项目的优劣势进行排序，同时问卷调查结果显示，PPP/PFI 模式未达到"最优价值"，但比传统方式提供了更多。

国外文献中 PPP 项目绩效评价指标体系构建方法见表 3-1。

表 3-1　国外文献中 PPP 项目绩效评价指标体系构建方法

评价方法	研究内容	代表文献
VFM 评价	VFM 理论框架的构建	Cappellaro 等
	提出当前 VFM 应用的缺陷，不应将 VFM 等同于最低成本	Grimsey 等
	采用影子投标定价方法对 VFM 进行改进，使适合如今不太依赖政府补贴的项目	Tsukada
	VFM 评价体系中的关键指标：有效的风险分配和良好的产出；私营部门的技术创新和竞争性招标	Cheung 等、Ismail

评价方法	研究内容	代表文献
关键绩效指标法	项目物理特征、融资与营销、创新学习、利益相关者与项目过程	Yuan 等
	项目管理视角、利益相关者视角、合同管理视角	Liyanage 等
	财务、投资、流程和结果	Cappellaro
	住房分配和回收效率、项目空间分布、居住环境、项目的融资状态	Yuan 等
	运营、财务、关系、环境和社会	Ribeiro Lima 等
全生命周期	检验事后评价对 PPP 绩效的衡量作业，提出需要运用全生命周期方法进行绩效评价	Liu 等
标杆管理	构建了基于标杆的公共项目绩效评价模型	Yilin 等

国内构建 PPP 项目绩效指标体系的着手角度主要有两个：

（1）构建指标体系时引入系统分析思想。

1）PSIR/DPSIR 系统分析思想：将 PPP 项目绩效与绩效的影响因素作为一个整体，各个影响因素之间存在相互作用，同时 PPP 绩效水平还与项目的开发管理、分析投入有关。

2）"4E" 理论：以结果为导向、兼顾多维价值，适合应用于评价 PPP 模式下的政府绩效与项目的长远利益、影响及后果。

3）平衡计分法：从项目运营能力、公众满意度、个人学习效果、组织学习效果四个方面建立评价指标体系。

4）霍尔三维结构：从 PPP 项目生命周期、利益相关者、涉及的知识领域三方面着手，构建三维评价指标体系。

（2）关键绩效指标法。

1）项目阶段：部分学者基于 PPP 项目持续周期长的特点从项目的全生命周期着手设计绩效评价体系，分析项目各阶段需要进行评价的指标。

2）产出投入：赵琰等将项目绩效评价体系分为投入、过程、产出和影响四个子系统，而崔景华等从资金角度展开，分别将资金投入、资金产出、资金效果作为一级指标构建绩效评价体系。

3）关键成功因素：先分析 PPP 项目的关键成功因素，从中总结出关键绩效指标。

4）选择需要深入研究的方面，分析各方面的 KPI 筛选总结。

国内文献中 PPP 项目绩效评价指标体系构建方法见表 3-2。

表 3-2　国内文献中 PPP 项目绩效评价指标体系构建方法

研究方法	研究内容	主要文献
引入系统分析思想或理论	1. PSIR/DPSIR 系统分析思想：PPP 绩效的影响因素是相互作用的，因此以"（驱动力-）压力-现状-影响-响应"的逻辑线构建；2. "4E""5E"理论：以结果为导向、兼顾多维价值，从"经济性、效率性、效果性、公平性"或者增加"效益性"或"可持续性"指标；3. 平衡计分法：项目运营能力、公众满意度、个人学习效果、组织学习效果；4. 霍尔三维结构：对 PPP 项目的阶段、利益相关者、涉及的知识领域进行分解	笪可宁等、王建波等、佘立中等、张菊梅、韩喜艳等、易欣、岑仪梅等
关键绩效指标法	1. 总结文献并筛选运营阶段的 CSF 和分解后相应的 KPI；2. KPI 与标杆管理结合，设定虚拟标杆，最后以绩效标杆和 KPI 联合进行绩效评价；3. 识别了物理特征指标、利益相关者与进程控制的三类 KPI，并用 SEM 确定指标分组情况；4. 按项目投入产出，以流程划分为投入、过程、产出和影响或者以资金划分为资金投入、资金产出、资金效果；5. 按全生命周期，立项准备阶段、招标阶段、融资谈判阶段（或特许权授予阶段）、建设阶段、运营维护阶段和移交阶段	刘晴、高辉等、袁竞峰等、孙慧等、赵琰等、崔景华等、程言美、王建波等、王太钢等、雷亚菲

（二）PPP 项目绩效评价方法综述

初步建立绩效指标体系之后，需要进一步明确指标间的权重分配再结合案例综合评价。目前 PPP 项目的绩效评价一般分为两部分：指标权重计算、综合评价得出。在权重计算部分，较多文献仍旧使用层次分析法，但会在传统层次分析法的基础上对其稍加改进。近几年，OWA 算子开始被慢慢使用，在应用中也有了一些变化，而熵权法与 Shapley 值的使用偏少。

在综合评价方法的选择上，使用模糊综合评价法与物元可拓模型的较多，且两者往往与层次分析法结合使用。灰色聚类评价模型与模糊综合评价法类似，都以模糊数学作为基础理论。费用-效果法与 DEA 法都通过对比进行绩效评价，只是前者评价 PPP 模式应用前后同一地区的费用、效果指标的变化情况，而后者更多从投入产出角度比较。其他的，如可拓云模型实现绩效评价体系中定性指标与定量指标间的转化，RBF 神经网络解决指标之间既有线性关系又有非线性关系而计算难的问题，TOPSIS 法以项目指标逼近正理想解、远离负理想解为目标。PPP 项目绩效评价方法梳理如表 3-3 所示。

表 3-3　PPP 项目绩效评价方法

研究方法		研究内容	主要文献
指标权重计算	层次分析法	1. 传统层次分析法；2. 三标度层次分析法，不需要进行判断矩阵的一致性检验；3. 区间数层次分析法，弥补传统方法在模糊决策上的不足	陈都、笪可宁等、王明慧等、易欣
	OWA 算子	忽略专家主观偏好对权重的影响，OWA 算子、连续区间数据 OWA 算子	王建波等、何一慧
	熵权法	根据指标变异性大小确定权重	黄志伟、刘骅
	Shapley 值	以组合权重解决指标交叉和权重累加影响权重结果的问题	亢磊磊等
综合评价方法	模糊综合评价法	基于模糊数学的隶属度理论，将定性评价转化为定量评价进行比较	鲁筱等、刘秋常
	费用-效果法	比较绩效评价指标在同一地区采用 PPP 模式前后的变化，进行对比	张菊梅
	可拓云模型	实现绩效评价体系中定性指标与定量指标间的转化，定量指标利用云的不确定性，定性指标值采用正、逆向云发生器	纪蕾
	RBF 神经网络	解决指标之间既有线性关系又有非线性关系而计算难的问题，从各个维度逼近目标函数	亢磊磊
	TOPSIS 法	构建指标体系的正负理想解，项目应逼近正理想解、远离负理想解	黄志伟、左伟等、丰景春
	DEA 法	通过投入产出比指标衡量项目绩效，识别无效的投入产出指标	程言美、苏雷
	Choquet 模糊积分	包括了指标权重的计算还无需进行一致性检验，同时评价结果考虑到了指标间的关联性	王建波等
	物元可拓模型	1. 计算物元评价等级的关联度来确定项目的绩效评价等级；2. 改进的物元可拓模型，关联度更精确	董娜等、韩燕、王太钢等、安慧等
	灰色聚类评价模型	将评价体系视为灰色系统，根据属性、白化权函数进行划分、归类得到综合评价结果	何一慧等、陈然然等、黄丽娟等

（三）《指引》中PPP项目评价指标体系

在《指引》中考虑PPP项目全寿命周期，借鉴国内外绩效评价体系分别针对项目公司和实施机构制定了PPP项目建设期和运营期绩效评价共性指标框架（见表3-4、表3-5）。其中指标的选取以多元目标进行评价，并选取两级关键绩效指标建立指标体系。考虑到PPP项目不同阶段的特点，所以分阶段建立评价体系，但是仍然保留了一致的一级指标。同时，财政部PPP中心也鼓励各地区各行业建立相应的指标体系，本书在第六章对此进行了更深入的研究。

建设期指标体系是以项目产出、项目效果、项目管理为一级指标，一级指标下设若干二级指标。其中项目公司有9个二级指标，实施机构有8个二级指标，每个二级指标都有对应的指标解释。

表3-4　PPP项目绩效评价共性指标框架（参考）——建设期

	一级指标	二级指标	指标解释
项目公司（社会资本）绩效评价（100分）	产出	竣工验收	评价项目是否通过竣工验收及竣工验收情况
	效果	社会影响	评价项目建设活动对社会发展所带来的直接或间接的正负面影响情况。如新增就业、社会荣誉、重大诉讼、公众舆情与群体性事件等
		生态影响	评价项目建设期间对生态环境所带来的直接或间接的正负面影响情况。如节能减排、环保处罚等
		可持续性	评价项目公司或社会资本是否做好项目运营准备工作，如资源配置、潜在风险及沟通协调机制等
		满意度	政府相关部门、项目实施机构、社会公众（服务对象）对项目公司或社会资本建设期间相关工作的满意程度
	管理	组织管理	评价项目公司组织架构是否健全、人员配置是否合理，能否满足项目日常运作需求
		资金管理	评价社会资本项目资本金及项目公司融资资金的到位率和及时性
		档案管理	评价项目建设相关资料的完整性、真实性以及归集整理的及时性
		信息公开	评价项目公司或社会资本履行信息公开义务的及时性与准确性

	一级指标	二级指标	指标解释
项目实施机构绩效评价（100分）	产出	履约情况	评价项目实施机构是否及时、有效履行 PPP 项目合同约定的义务
		成本控制	评价项目实施机构履行项目建设成本监督管控责任的情况。（注：PPP 项目合同对建设成本进行固定总价约定的不适用本指标）
	效果	满意度	社会公众、项目公司或社会资本对项目实施机构工作开展的满意程度
		可持续性	评价项目实施机构是否为项目可持续性建立有效的工作保障和沟通协调机制
	管理	前期工作	评价项目实施机构应承担的项目前期手续及各项工作的落实情况
		资金（资产）管理	评价项目实施机构股权投入、配套投入等到位率和及时性
		监督管理	评价项目实施机构是否按照 PPP 项目合同约定履行监督管理职能，如质量监督、财务监督及日常管理等
		信息公开	评价项目实施机构是否按照信息公开相关要求及时、准确公开信息

资料来源：财政部政府和社会资本合作中心。

在《指引》中对于 PPP 项目运营期的指标与建设期的有所不同，但是都还是以产出、效果和管理三类为一级指标。其中对项目公司的评价指标包括 14 个二级指标，对实施机构包括 9 个二级指标。

表 3-5 PPP 项目绩效评价共性指标框架——运营期

	一级指标	二级指标	指标解释	说明
项目公司（社会资本）绩效评价（100分）	产出	项目运营	评价项目运营的数量、质量与时效等目标完成情况。如完成率、达标率与及时性等	1. "产出"指标应作为按效付费的核心指标，指标权重不低于总权重的80%，其中"项目运营"与"项目维护"指标不低于总权重的60%；2. 原则上不低于80分才可全额付费
		项目维护	评价项目设施设备等相关资产维护的数量、质量与时效等目标完成情况。如设施设备维护频次、完好率与维护及时性等	

	一级指标	二级指标	指标解释	说明
项目公司（社会资本）绩效评价（100分）	产出	成本效益	评价项目运营维护的成本情况。如成本构成合理性、实际成本与计划成本对比情况、成本节约率、投入产出比等。（注：PPP 项目合同中未对运营维护成本控制进行约定的项目适用本指标）	1."产出"指标应作为按效付费的核心指标，指标权重不低于总权重的80%，其中"项目运营"与"项目维护"指标不低于总权重的60%； 2. 原则上不低于80分才可全额付费
		安全保障	评价项目公司（或社会资本）在提供公共服务过程中安全保障情况。如重大事故发生率、安全生产率、应急处理情况等	
	效果	经济影响	评价项目实施对经济发展所带来的直接或间接的正负面影响情况。如对产业带动及区域经济影响等	
		生态影响	评价项目实施对生态环境所带来的直接或间接的正负面影响情况。如节能减排、环保处罚等	
		社会影响	评价项目实施对社会发展所带来的直接或间接的正负面影响情况。如新增就业、社会荣誉、重大诉讼、公众舆情与群体性事件等	
		可持续性	评价项目在发展、运行管理及财务状况等方面的可持续性情况	
		满意度	政府相关部门、项目实施机构、社会公众（服务对象）对项目公司或社会资本提供公共服务质量和效率的满意程度	
	管理	组织管理	评价项目运营管理实施及组织保障等情况。如组织架构、人员管理及决策审批流程等	
		财务管理	评价项目资金管理、会计核算等财务管理内容的合规性	

	一级指标	二级指标	指标解释	说明
项目公司（社会资本）绩效评价（100分）	管理	制度管理	评价内控制度的健全程度及执行效率	1. "产出"指标应作为按效付费的核心指标，指标权重不低于总权重的80%，其中"项目运营"与"项目维护"指标不低于总权重的60%；2. 原则上不低于80分才可全额付费
		档案管理	评价项目运营、维护等相关资料的完整性、真实性以及归集整理的及时性	
		信息公开	评价项目公司或社会资本履行信息公开义务的及时性与准确性	
项目实施机构绩效评价（100分）	产出	按效付费	评价项目实施机构是否及时、充分按照PPP项目合同约定履行按效付费义务	
		其他履约情况	评价项目实施机构是否及时、有效履行PPP项目合同约定的其他义务	
	效果	满意度	社会公众、项目公司或社会资本对项目实施机构工作开展的满意程度	
		可持续性	评价项目实施机构是否为项目可持续性建立有效的工作保障和沟通协调机制	
		物有所值	评价项目物有所值实现程度	"物有所值"指标可结合中期评估等工作定期开展
	管理	预算编制	评价项目实施机构是否及时、准确将PPP项目支出责任纳入年度预算	
		绩效目标与指标	评价项目实施机构是否编制合理、明确的年度绩效目标和绩效指标	
		监督管理	评价项目实施机构是否按照PPP项目合同约定履行监督管理职能，如质量监督、财务监督及日常管理等	
		信息公开	评价项目实施机构是否按照信息公开相关要求及时、准确公开信息	

资料来源：财政部政府和社会资本合作中心。

第二节　国家示范项目绩效评价实施情况

截至 2021 年 10 月，财政部政府与社会资本合作（PPP）综合信息平台项目管理库中收录的国家级示范项目有 916 个，其中进入执行阶段的有 883 个项目，以下分析均为信息库中公开的信息。进入执行阶段公开了年度绩效评价的 PPP 项目约占总体的 7%。已经公布绩效评价信息的国家级示范项目中，第三批示范项目（2016 年 10 月）占比接近 50%，第四批示范项目（2018 年 2 月份）占比超过 35%，其他的为前两批次示范项目。《指引》中 PPP 项目绩效评价包括对项目公司和项目实施机构，但是已公开信息中大多是对于项目公司进行评价的展示，只有个别项目提供了对项目实施机构的评价。在区域方面，山东省、河北省、湖南省在已经进行了 PPP 项目绩效评价的省份中占比较高，其中山东省占比超过 25%（见图 3-1），而这三个省份 PPP 国家示范项目数量分别位于第 2、第 4 和第 9 位。在行业方面，市政工程占比最多，超过了 40%，教育行业、生态建设与环境保护行业占比较大（见图 3-2）。市政工程 PPP 项目数量较多，是国家示范 PPP 项目数量最多的行业，其绩效评价工作的开展有利于推动该行业项目的顺利实施。

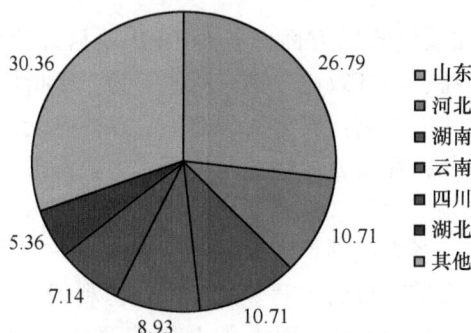

扫码看彩图

图 3-1　已做评价 PPP 项目区域分布

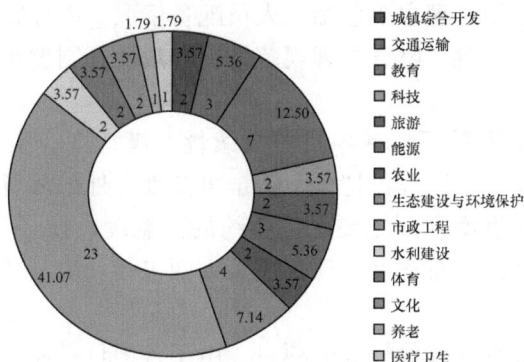

扫码看彩图

图 3-2　已做评价 PPP 项目行业分布

一、PPP 项目绩效评价体系与应用

（一）建设期评价体系与应用

如果将 PPP 项目绩效评价采用的评价标准分为财政部和非财政部两类，其中财政部类是指按照《财政部 PPP 项目绩效管理指引》中的建设期评价框架进行评价的项目，非财政部是指不是采用《指引》当中的框架，而是采用行业标准、历史标准或者其他标准的项目。在公开的项目信息中，58% 的绩效评价采用了《指引》相关评价体系，42% 的项目则是采用了其他的评价体系，本研究重点对采用《指引》中框架的项目评价信息展开分析。根据《指引》，在实际的绩效评价工作中可以在产出、效果、管理为一级指标的框架下，根据项目行业特点与实际情况等适当调整二级指标，细化形成三级指标。具体情况如下：

（1）项目产出。在项目产出方面根据不同的项目特点主要分为两种：一种是以数量、质量、时效三类为二级指标的评价体系，如信息化项目；另一种是以工程进度、投资控制、安全施工、环境保护等为二级指标的指标体系，如与工程相关的项目。

（2）项目效果。在项目效果方面，各个 PPP 项目评价体系更为相似，大多是以社会效益、生态效益、经济效益、物有所值等为二级指标。其中社会效益主要考虑对社会直接或者间接的影响：安全文明施工、媒体舆论，在特定的项目当中加入更为具体的内容。例如，在垃圾焚烧发电类项目中要考虑垃圾的无公害处理、改善人居环境等方面的影响。生态效益需要考虑对生态环境的直接或者间接的影响：有毒害建筑垃圾的处理、扬尘控制、废水的处理等。经济效益要注重对经济的直接或者间接的影响：例如有些项目引入"焚烧发电资源利用率"等三级指标。

（3）项目管理。在项目管理方面大体上是按照前期管理、财务管理、制度管理、档案管理和信息公开等二级指标。前期管理主要包括：前期的资料和数据收集、融资情况；组织管理主要包括：人员配备情况，内部管理制度；财务管理主要包括：财务管理制度、财务处理规范性、合规性；制度管理主要包括：制度的健全性和有效性等。

部分项目的评价体系还包括项目可持续性、满意度、项目决策等方面的指标。项目可持续性包括：工程可持续、资金可持续、外部环境可持续、共同与协调、技术力量等。满意度方面主要是：履约的满意度、社会公众投诉，对效率、效果、服务质量方面的满意程度。项目决策方面包括：决策依据、项目识别、项目准备等。

采用非财政部标准的评价标准的项目，由于各项目行业所跨幅度较大，行业的标准不尽相同，没有一致性的参考框架。

（二）运营期评价体系应用

在实际对 PPP 项目运营期进行评价时，79%的项目采用了已有的行业标准或地方自行制定的绩效评价体系。主要原因是：一方面因为各个项目所属的行业不同，项目运营过程中可能存在的问题、效果、产出不同；另一方面部分行业对于项目运行已经有比较完善的绩效评价体系。例如：河南省汝州市科教园区建设项目采用的是《汝州市科教园区 PPP 项目绩效考核办法》；云南省玉溪市江川区污水处理厂（厂网一体化）PPP 项目（玉溪市江川区污水处理厂提标改造及管网完善 PPP 工程）采用的是《城镇污水处理厂污染物排放标准》（GB 18918—2002）、《污水排入城镇下水道水质标准》（GB/T 31962—2015）等。

根据财政部关于项目运营期的绩效评价考核标准中的要求："产出"指标作为按效付费指标的核心，指标权重不低于总权重的80%，其中"项目运营"和"项目维护"指标不低于总权重的60%。在实际采用财政部确定的考核指标的项目中，并没有严格按照该项要求执行，大部分项目将"产出"的权重划定为50%、60%，不仅注重产出所占的比例，同时也关注效果和项目管理的重要性。其中部分项目的具体比例如表3-6所示。

表3-6 项目绩效评价指标使用情况

项 目 名 称	产出	效果	管理	项目可持续性
山东省济宁市邹城市曲阜优秀传统文化传承发展示范区	50%	10%	20%	20%
盘锦职业技术学院	60%	20%	20%	
盘锦市体育中心	60%	20%	20%	
东省济宁市邹城市青岛保税港区济宁（邹城）功能区给排水 PPP 项目	50%	10%	30%	10%

二、绩效评价开展情况

（一）多数项目按照年度开展绩效评价

根据《指引》要求，可以结合 PPP 项目实施进度及按效付费的需要确定绩效评价时点：原则上项目建设期应结合竣工验收开展一次绩效评价，分期建设的项目应当结合各期子项目竣工验收开展绩效评价；项目运营期每年度应至少开展一次绩效评价，每3~5年应结合年度绩效评价情况对项目开展中期评估；移交完成后应开展一次后评价。项目公司开展 PPP 项目日常绩效监控，按照项目实施机构要求，定期报送监控结果。

本次可查询到的绩效评价信息的56个项目中，有24个项目进行了建设期绩效评价，41个项目进行了运行期绩效评价。部分项目为更好的掌握项目实际运营情况，采取了对项目进行每季度的绩效评价方式。在已做评价的 PPP 项目中

13%的项目采用了每季度绩效评价。例如云南省昆明市宜良县城乡环卫一体化PPP 项目、湖南省岳阳市海绵城市之中心城区湖泊河道综合整治系列工程 PPP 项目、河北省邢台市南水北调配套工程地表水厂项目等。其中宜良县城乡环卫项目对进入运营期之后的每年度（2018、2019、2020）都提供了绩效评价报告；海绵城市湖泊整治项目中在进入运营期之后，按照每季度（2020）的绩效评价方式对项目进行了绩效评价；邢台市南水北调项目对 2020 年度项目运营情况进行了四季度的绩效评价。

目前，公开绩效评价的国家示范项目中存在子项目的项目，由实施机构委托第三方代理机构对已开工子项目进行了建设期绩效考核，同时对已交付运营的子项目进行运营期绩效考核。如四川省成都市新都区毗河流域水环境综合整治 PPP 项目、云南省玉溪市澄江县城镇供排水及垃圾收集处置 PPP 项目、澄江县供排水及垃圾处置项目（包括 5 个子项目，对于已经建设完成的 3 个子项目进行了项目公司自评和第三方评价）。

（二）首次绩效评价及信息公开存在滞后

对国家示范 PPP 项目本应该在进入运营期后每年对项目进行一次绩效评价，但是在实际的评价过程中存在着滞后评价的现象。例如，湘潭市城区标准化生鲜超市建设与运营 PPP 项目于 2018 年进入运营期，但是在 2020 年 10 月才对项目进行建设和运营的绩效评价。部分项目的绩效评价信息公开不及时，湖北省宜昌市危险废物集中处置中心运营项目于 2017 年进入运营期，但直到 2020 年 3 月份才公开前三年（2017、2018、2019）的绩效的评价；黄石奥林匹克体育中心于2018 年进入运营期，在两年之后即在 2020 年 12 月份才公开建设期的绩效评价，对运营期每年度（2018、2019）的绩效进行评价。因为本研究的数据来源于财政部全国 PPP 综合信息平台项目管理库公开信息，所以可能存在信息公开的滞后，但也反映了项目公开的程度有待提升。

（三）针对实施机构评价开展较少

在目前进行了绩效评价的项目中，只有贵德县养老养生示范基地 PPP 项目等少数项目针对实施机构进行了绩效评价，其他多数项目都只进行了项目公司建设期和运营期绩效评价，缺少对实施机构的年度绩效评价。由于大部分项目进行年限较短，尚未开展中期评估的项目占据大多数，需要之后加强对项目的中期运营情况的评价，待项目移交之后应该及时进行项目的后评价。

三、绩效评价结果

在已经公开绩效评价的 PPP 项目中，其中接近 70%的项目达到了标准；有21%项目的评价报告只是给出了评价的分数，没有给出最终是否按照要求达到标准；有 4%的项目未达到标准；还有 5%的项目由于资金短缺停工或者出现停滞的现象，将这些项目列为停工类型当中。如图 3-3 所示，将每个项目作为一个整体，不区分项目绩效评价的年份和评价阶段，以一个项目的全部绩效确定一个评价结果，对项目各个绩效评价的结果进行汇总，划分为达标、不达标、未明确是否达标、停工四个类型，具体情况如图 3-3 所示。

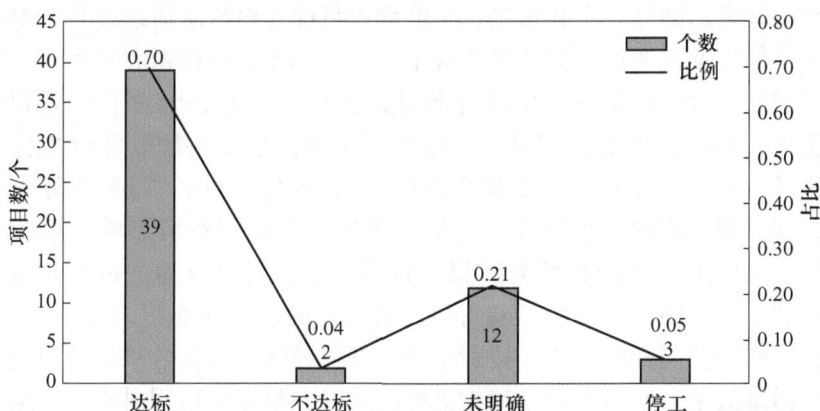

图 3-3　PPP 项目评价情况

根据《财政部 PPP 项目绩效管理指引》的要求：政府付费和可行性缺口补助项目，政府承担的年度运营补贴支出应与项目公司（社会资本）当年的绩效评价结果充分挂钩。财政部门应按照绩效评价结果安排相应支出，项目实施机构应按照项目合同约定及时支付。使用者付费项目，项目公司（社会资本）获得的项目收益应当与项目公司（社会资本）当年的绩效评价结果挂钩。在绩效评价结果优于约定标准时，项目实施机构应执行项目合同约定的奖励条款。绩效评价结果未达到约定标准的，项目实施机构应执行项目合同约定的违约条款，可通过设置影响项目收益的违约金、项目展期限制或影响调价机制等方式实现。

在实际的评价过程中，根据具体评价结果是否与建设期的年可行性付费和运营期服务费挂钩，将项目分为挂钩、未明确是否挂钩和其他三类。53%的项目的建设期可用性付费和年度运营补贴支出与项目公司绩效评价结果挂钩；42%的项目在绩效评价报告中并没有明确说明评价结果是否与政府补助相挂钩；其他这一类型没有找到相关信息。在项目评价结果与政府补贴相挂钩的这些项目中，大部分项目不涉及扣减当期运维付费和可行性付费；存在部分项目扣减了部分当期的运维付费，例如，山东省菏泽市郓城县水浒故里旅游集散中心一期项目评价的分数为 87 分，但是设定的达标分数为 90 分，按照约定绩效评价得分低于 90 分，每低一分，扣项目公司 20 万元，因此扣减该项目公司 60 万元的补贴。

从以上分析可知，我国 PPP 项目的绩效管理工作尚需进一步完善，首先是提高项目实施机构及项目公司对于绩效管理工作的重视和理解，合理确定绩效管理目标。根据《指引》要求，项目实施机构负责编制 PPP 项目绩效目标，并报所属行业主管部门、财政部门审核。由于 PPP 项目绩效管理工作是贯穿项目全寿命周期的，绩效目标应该在项目准备阶段就结合项目的目标与任务在实施方案中确定下来，作为进一步建立绩效指标的依据。总体绩效目标是 PPP 项目在全生命周期内预期达到的产出和效果；年度绩效目标是根据总体绩效目标和项目实际确定的具体年度预期达到的产出和效果，应当具体、可衡量和可实现。其次进一步完善绩效评价指标体系。尽管《指引》已经建立了 PPP 项目绩效评价指标的基本框架，并且给出部分权重。从使用情况看，建设期绩效评价指标相对一致，特别是"产出"指标，可以较好地与"工程项目管理"目标与评价指标结合起来，如工期、成本、质量等。但是"效果"指标中社会影响、可持续比较难于量化，可以结合"物有所值"报告进行分析，且可以适当调低权重。在运营期绩效评价指标中"产出"应更好地与各行业的运营标准相结合，"效果"指标也存在与建设期同样的问题，特别是每年进行经济、社会效果评价可能难以获得较好的激励效果。所以在完善绩效指标的同时，更好地运用科学方法解决权重问题。再次，加强绩效管理信息公开，做好中期评价与后评价的相关工作。因为本书中的分析主要针对项目库中公开的信息进行分析，所以可能存在信息滞后的问题。根据《指引》要求，项目实施机构、项目公司应根据项目实际进展及时提供和更新 PPP 项目绩效管理相关信息，便于信息公开和接受公众监督。尽管目前项目库中 PPP 项目大多仍处于运营初期，但应按照《指引》要求制定中期评价和后评价的评价方案，总结 PPP 项目问题与经验，推动 PPP 高质量发展。

参 考 文 献

[1] 陆如霞，王卓甫，丁继勇. 公众参与下环保 PPP 项目运营监管演化博弈分析 [J]. 科技管理研究, 2019, 39 (6): 184-191.

[2] Yingxia Xue, Guangbin Wang. Analyzing the evolution of cooperation among different parties in river water environment comprehensive treatment public-private partnership projects of China [J]. Journal of Cleaner Production, 2020, 270.

[3] 周亦宁，刘继才. 考虑上级政府参与的 PPP 项目监管策略研究 [J/OL]. 中国管理科学: 1-16 [2020-12-28]. https://doi. org/10. 16381/j. cnki. issn1003-207x. 2020. 0801.

[4] 高若兰，鲍琴. 基于演化博弈 PPP 项目运营期政府监管方式选择研究 [J]. 运筹与管理, 2019, 28 (4): 155-162.

[5] 李小莉. 考虑声誉的公司合作项目监管烟花博弈分析 [J]. 系统工程学报, 2017, 32 (2): 199-206.

[6] Schmidt E K. Research management and policy: incentives and obstacles to a better public-private interaction [J]. International Journal of Public Sector Management, 2008, 21 (6): 623-636.

［7］易欣.PPP 轨道交通项目多任务委托代理监管激励机制［J］.交通运输系统工程与信息，2016，16（3）：1-7.

［8］Hong Zhang，Lu Yu，Wenyu Zhang. Dynamic performance incentive model with supervision mechanism for PPP projects［J］. Engineering Construction and Architectural Management，2020，27（9）：2643-2659.

［9］吴蛟. PPP 项目中期绩效评价体系研究［D］.唐山：华北理工大学，2019.

［10］Ameyaw C，Adjei-Kumi T，Owusu-Manu D G. Exploring value for money（VfM）assessment methods of public-private partnership projects in Ghana［J］. Journal of Financial Management of Property and Construction，2015，20（3）：268-285.

［11］Grimsey D，Lewis，M K. Are Public Private Partnerships value for money? Evaluating alternative approaches and comparing academic and practitioner views［J］. Accounting Forum，2005，29（4）：345-378.

［12］Tsukada S. Adoption of Shadow Bid Pricing for Enhanced Application of "Value for Money" Methodology to PPP Programs［J］. Public Works Management & Policy，2015，20（3）：248-263.

［13］Cheung E，Chan A P C，Kajewski S. Enhancing value for money in public private partnership projects［J］. Journal of Financial Management of Property and Construction，2009，14（1）：7-20.

［14］Ismail S. Drivers of value for money public private partnership projects in Malaysia［J］. Asian Review of Accounting，2013，21（3）：241-256.

［15］Takim R，Akintoye A. A performance indicators for successful construction project performance［C］//Green-wood D. 18th Annual ARCOM Conference. University of Northumbria，2002：545-555.

［16］Department of the Environment，Transport and the Regions. KPI Report for the Minister for the Construction［R］. England：House Bressenden Place，2001：93-95.

［17］Yuan J，Zeng A Y，Skibniewski M J，et al. Selection of performance objectives and key performance indicators in public-private partnership projects to achieve value for money［J］. Construction Management and Economics，2009，27（3）：253-270.

［18］Liyanage C，Villalba-Romero F. Measuring Success of PPP Transport Projects：A Cross-Case Analysis of Toll Roads［J］. Transport Reviews，2015，35（2）：140-161.

［19］Cappellaro G，Ricci A. PPPs in health and social services：a performance measurement perspective［J］. Public Money & Management，2017，37（6）：417-424.

［20］Jingfeng Y，Wei L，Bo X，et al. Operation Performance Measurement of Public Rental Housing Deliver by PPPs with FYZZY-AHP Comprehensive Evaluation［J］. International Journal of Strategic Property Management. 2019，23（5）：328-353.

［21］Ribeiro Lima B，Oliveira Cruz C. The challenge of monitoring PPP projects：Proposal of a conceptual 5-dimension KPI's model［J］. Journal of Modern Project Management，2019，7（2）：108-117.

［22］Liu J，Love P E D，Smith J，et al. Public-Private Partnerships：a review of theory and practice of performance measurement ［J］. International Journal of Productivity and Performance Management, 2014, 63 (4)：499-512.

［23］ Yilin Y, Yaling D . Process Evaluation of Public Project Management Performance Based on Benchmarking ［C］// International Conference on Wireless Communications. IEEE, 2008.

［24］ Eadie R, Millar P, Grant R. PFI/PPP, private sector perspectives of UK transport and healthcare ［J］. Built Environment Project and Asset Management, 2013 (1)：89-104.

［25］ 余立中, 唐莎. 基于 "4E" 理论的 PPP 模式下合同制治理绩效评价研究 ［J］. 建筑经济, 2018, 39 (12)：37-42.

［26］ 易欣. 知识转移视角的城市轨道交通公私合作项目合作绩效评价 ［J］. 城市轨道交通研究, 2015, 18 (4)：27-33.

［27］ 崔景华, 李浩研. 电子政务公私合作模式及绩效评价体系研究 ［J］. 情报科学, 2011, 29 (2)：298-302.

第四章　PPP 运行监管体系分析

第一节　PPP 监管主体、方式及依据

PPP 项目作为公共项目，最终的受益者是社会公众，而政府与社会公众之间存在潜在的委托代理的关系，最终是由政府对 PPP 项目实施具体的监管事项，社会公众等第三方通过舆论对项目进行监督。因此，PPP 项目监管以政府监管为主，本书所提及的 PPP 项目监管是指由政府依据相关政策法规及标准对 PPP 项目全寿命周期的审批与监督，其体系也主要从主体、方式和依据方面展开分析。

一、PPP 监管主体

目前，各国的 PPP 项目监管主体大多包括政府部门、监察部门、司法机关、独立监管机构，社会公众作为监督主体也是不可或缺的部分。从监管层级上，又可分为中央政府监管与地方政府监管，中央政府更多的是从宏观层面进行监督和管理，地方政府则是根据中央政策及文件展开具体的监管与协调工作。除此之外，还包括财务、法律、经济顾问、施工阶段的监理机构等独立监管机构的监管。

国外的 PPP 模式兴起较早，经过不断地发展，有些国家成立了独立机构开展与 PPP 项目相关的工作。欧盟投资银行成立了 PPP 项目中心，内部设监察部、风险管理部等 12 个部门，负责欧洲国家 PPP 项目的融资、评估、规划、开发，以及监管等。澳大利亚 2008 年通过立法成立了全国层次的 PPP 项目管理机构——澳大利亚基础设施局，简称 IAU，主要针对基础设施 PPP 项目进行管理及推广，负责制定审查规范并出具报告，但是对项目审批没有决策权。澳大利亚基础设施局 PPP 项目流程如图 4-1 所示。与我国不同，澳大利亚的 PPP 项目管理分成各州和领地两个层级，因此监管主体主要是由各州分别管理自己的领地，领地负责具体的 PPP 项目，州政府通过澳大利亚政府委员会对 PPP 项目进行讨论，一致决定后实施，但涉及具体的 PPP 项目时又保留了一定的灵活性。南非 PPP 监管主体主要是国民财政部 PPP 小组和地方政府部门，这种从中央到地方的监管方式与我国的情况有些相似。美国 PPP 项目主要集中在教育通运输领域，由各州政府自主实施 PPP 项目，中央尚未成立独立政府机构对项目进行监管，一

些州政府成立 PPP 监督小组、地方政府 PPP 董事会对 PPP 项目进行监管和推广。

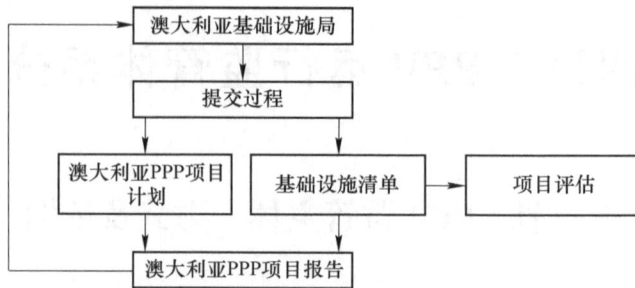

图 4-1 澳大利亚基础设施局 PPP 项目流程

我国目前的监管体系主要分为一般监管和行业监管，在我国 PPP 项目实施过程中，具体发起人一般是国家发改委或者财政部，传统基础设施领域 PPP 项目由国家发展改革委牵头负责，公共服务领域 PPP 项目的推进工作由财政部牵头负责。财政部下设政府和社会资本合作中心，主要负责 PPP 项目的推进，以严格控制 PPP 项目质量为目标；国家发改委主要负责 PPP 项目的宏观管理，侧重于项目数量及规模，国家发改委作为建设方，同时也需要与各个行业主管部门进行沟通协商；国务院负责指导 PPP 的开展，制定政策及文件。我国 PPP 项目监管主体部门较为多元，根据财金 156 号文规定，PPP 项目采用"三位一体"的监管架构，包括履约管理、政府监管和社会监督。

二、PPP 监管方式

监管方式指实现监管目标而采用的方法、步骤、手段和程序。行政监管、合同监管以及市场监管是项目监管的主要形式，行政监管一般是由政府对项目进行审批备案，合同监管是由监管方对产品或服务质量、进度、绩效等合同约定的实质性内容进行监管，市场监管则是通过招投标、资质审查等方式对准入以及建设进行监管。也有学者根据项目流程划分为事前监管、过程监管和结果监管。PPP 项目监管具体可根据政府参与行为及程度分为监督机制和介入机制，监督机制是政府监管常用的一种监管手段，介入机制则是根据合同约定或法律规定情况下，公共部门对项目公司有一定的支配权，两种监管方式运行机制有所不同，前者是政府对一般公共事务的传统行政监管，后者则融合了市场机制，依据合同、法律等展开的监督和管理，一般情况下介入监管可能会使得政府承担一定的费用。我国 PPP 项目监管体系如图 4-2 所示。

（一）政府的一般行政监管

我国行政审批流程监管从项目发起开始，项目识别和准备阶段的监管主要是

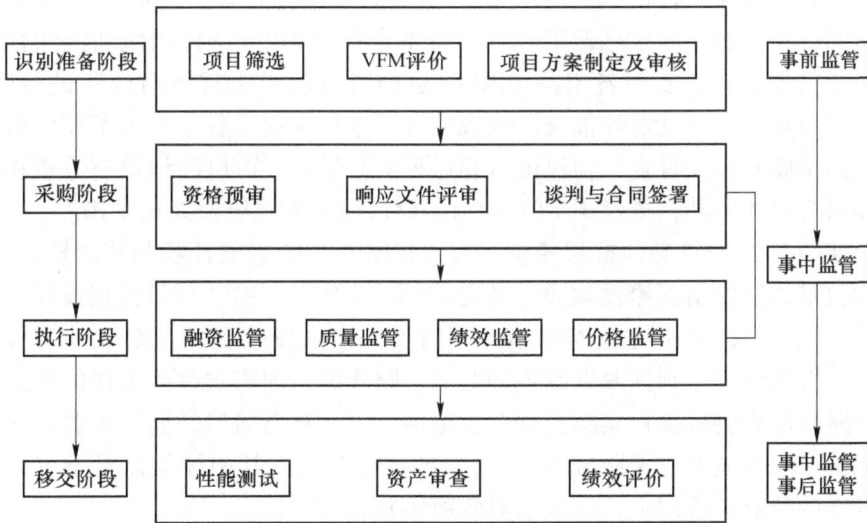

图 4-2 我国 PPP 项目监管体系

项目的发起、审核与决策，通过专家打分进行 VFM 评价选择财政承受能力较强的项目。目前，大多数国家是通过 PSC 进行项目的物有所值评价。依据 VFM 评价对 PPP 项目实施动态监管，这种动态监管包括准入监管及绩效监管，将预设的 VFM 值与社会资本确定的 VFM 值进行比较，并进行修正改进直至符合要求。采购阶段重点是进行项目招投标，监管方式主要是通过资格预审以及专家评审；执行阶段的项目公司成立条件、是否按照约定进行融资，最重要的是绩效监管和定期评估，移交阶段主要是对项目进行性能测试与资产交割，与执行阶段相同，移交阶段的绩效评价也非常重要。

政府的一般行政监管一般是由政府相关部门对其项目相关文件、评估报告进行审批和备案，有些资料可能需要进行公示并接受社会公众监督，无论是 PPP 项目还是一般政府投资项目均需要受到政府的一般行政监管。

（二）政府介入监管

政府介入监管根据政府介入程度大致可分为刚性监管和柔性监管。前者通常是通过强制性的手段进行，比如立法监管。后者主要是通过市场规律，采用协商、声誉约束、风险分担、奖惩激励等方式对价格及质量进行监管。英国、澳大利亚和中国香港的监管都包括两个部分，招投标阶段的市场准入监管和运营阶段的监管。招投标阶段，英国对投标人财务能力、物有所值、风险转移、专业知识以及关系管理等方面要求严格。

在我国主要以刚性监管为主，柔性监管为辅，以行政审批的形式进行监管，并结合合同约定进行监管约束。在监管过程中，我国财政部承担着重要的监管职能，包括政策指导文件的制定与发布、相关的数据公开等。例如，财政部 2019 年发布的《关于进一步加强政府和社会资本合作（PPP）项目财政监督的意见》中作出了具体指导，表明各市县 PPP 项目的财政监督由省级财政厅进行督导，由市县级财政部门通过财政抽查、核查的方式进行专项监督，明确了要以财政部门人员为主展开相关督查，为保证监管过程的科学性，可以聘请第三方机构或者专家提供必要的协助，规范了 PPP 项目的财政监督方式以及人员安排。

全球的 PPP 监管整体框架相差不大，我国的 PPP 监管流程与英国较为相似，PPP 项目准入阶段由国家发改委以及财政部牵头负责，PPP 项目的招投标与一般项目的流程相同，只不过政府实施方同时受到国家发改委以及财政部的双重监管，而一般项目仅受到国家发改委的监管，财政部与国家发改委关注的重点所有不同，财政部更侧重项目实施流程的规范性。PPP 运营阶段的监管主要是对社会资本定价、项目绩效以及服务/产品质量的监督管理，其中绩效监管不仅仅是对社会资本的绩效进行评估，还包括对政府实施方的评估。

三、监管依据

（一）法律法规及政策

目前，国际上 PPP 项目实施时的法律法规依据可分为两类，第一类是由立法机关或行政机关制定针对 PPP 模式的统一立法。据世界银行的统计报告，国际上大多采用了专门的 PPP 法律框架，像韩国、日本等发达国家对于 PPP 项目的立法比较完善，例如，日本通过颁布临时措施法来激发社会资本的活力，韩国的 PPP 立法较为成熟，1994 年首次颁布《促进私人资本参与社会间接资本投资法》，经两次修订最终更名为《民间参与基础设施法》。一些发展中国家也采取了单独的法律的方式推进 PPP 项目，例如菲律宾的 BOT 法、印度尼西亚的《第67 号总统令》。除此之外，我国台湾地区的《促进民间参与公共建设法》也为 PPP 监管提供了重要的法律依据。

第二类则是未专门正式出台 PPP 监管有关的法律法规，主要通过现行法律法规进行约束以及由政府各级部门颁发的指导文件进行 PPP 项目监管，推进及实施 PPP 模式。我国属于第二类，2017 年财政部及国务院针对社会资本合作（PPP）综合信息平台项目库管理的文件规定了 PPP 项目入库的二十条标准，2019 年关于进一步加强政府和社会资本合作（PPP）项目财政监督的意见明确了 PPP 项目财政监管主体、监管对象、监管方式以及监管内容。与我国类似的，像法国、英国、澳大利亚等国家大多采用第二种方式，主要是由于这些国家的现行法律体系已经较为完善，因此没有必要采取单独的 PPP 立法。例如，法国的公共特许工程法律制度同样适用于 PPP 模式。

各国 PPP 法律法规及政策文件实施情况见表 4-1。

表 4-1　各国 PPP 法律法规及政策文件实施情况

	韩国	美国	英国	中国
法律依据	《民间参与基础设施法》	《公私交通运输伙伴关系法案》、各州 PPP 法律	《公共合同法》《政府采购法》	《合同法》《招投标法》《政府采购法》
政策文件	《PPP 项目规划》《PPP 项目实施指南》等	《收费公路 PPP 模式特许经营合同核心指南》、各州制定的相关政策	《PPP 政策指导》《采购和合同管理》《PF2 标准化合同》等	《国家发展改革委关于依法依规加强 PPP 项目投资和建设管理的通知》《关于加快加强 PPP 项目入库和储备管理工作的通知》《政府和社会资本合作（PPP）项目绩效管理操作指引》《〈政府会计准则第 10 号——政府和社会资本合作项目合同〉应用指南》等
是否有 PPP 专门立法	是	是	否	否

法律法规是主要的监管依据，通过法律法规规定 PPP 相关流程、退出机制以及权力纠纷机制等，其具备较强的法律效力，可以避免中央和地方政策之间的冲突。但世界银行 PPP 相关报告中提到，虽然独立的 PPP 法可以简化监管框架，但如果其他公共采购法规不适用，产生不确定性，也可能会阻碍 PPP 的发展。因此，单独制定特定的 PPP 法律结构进行监管并非必需。

（二）PPP 项目合同体系

PPP 合同约定了各方的责任与义务，确定了具体的监管主体及监管对象，规定了监管范围、监管内容、监管程序及具体指标。PPP 模式涉及主体较多，公共部门、社会资本以及项目公司、评估机构等彼此之间均需要签订合同来约束行为，尤其是政府与社会资本之间的合同签署，这一系列的合同文件构成了 PPP 项目合同体系。PPP 项目的合同体系通常包括 PPP 项目合同、股东协议、履约合同、融资合同和保险合同等。其中，PPP 项目合同是整个 PPP 项目合同体系的基础和核心。

PPP 项目合同体系是通过市场手段进行监管的主要依据，英国对 PPP 合同的规定较为成熟完善，《项目移交指南》和《PFI 合同规范化（第四版）》提到价格监管、服务监管以及节点事件监管，并详细阐述了如何明确监管的责任、监管主体、监管实践、监管付费者以及监管注意事项等。有些项目采用的是不完全合同，这使得需要更加完善的风险分配机制以及绩效奖惩机制才能更好地对项目进行监管。

（三）绩效激励奖惩机制

绩效激励奖惩是柔性监管的主要方式，通过市场机制进行合理的利益分配以及风险分配。一方面监管者通过激励机制对项目进行监管能够有效地发挥监管效能，促使社会资本能够提高提供产品或服务的质量，从而达到项目产出指标；另一方面，通过绩效奖惩机制能够有效防范 PPP 项目全寿命周期的风险，确保项目长期稳定的收益，最大化社会利益和经济利益。

绩效激励奖惩机制通常在签订合同时制定，结合合同主体双方的风险分配，监管部门根据 PPP 项目的内部控制和外部环境，获取 PPP 项目的实际运行情况，结合产品、服务质量等绩效考核结果，做出合理的差距补贴和支付。声誉作为内部激励往往也是规范社会资本行为的有效方式。英国的 PPP 绩效监督与支付机制相结合，在招标文件中明确了监督方式和技术要求，以供后续监督。根据财政部的要求，我国的 PPP 项目在移交之前，需要由社会资本制定管理计划，收集监管数据并准备监管报告，公共部门负责制定技术标准、审查社会资本管理计划和监管报告、进行财务审计、评估和实施补偿，第三方进行独立审计、收集数据并解决争议。若社会资本及实施方达到考核指标，公共部门一般通过经济、名誉上的奖励，而对于未达到考核指标时，则有相应的惩罚措施。对于考核过程中，由于项目公司管理低效率而产生的亏损，由项目公司自身承担，而由于项目公司管理高效率而产生的收益也应归项目公司所有。

第二节　国内外 PPP 监管实施情况

一、英国 PPP 项目监管

（一）英国 PPP 项目监管概述

英国 PPP 项目的中央监管主体是财政部下设的英国基础设施局（Infrastructure UK，IUK），依据 PPP 政策以及指导文件对 PPP 进行宏观的管理，没有专门进行 PPP 立法，更偏向于政府介入监管。具体监管过程及监管方式包括前期的项目筛选、审批、核准；项目采购过程由政府商务部指导或监督所有项目的准备与招投标，招投标并签署合同后，须再次报送财政部审核并批准；执行过程则由审计部门对 PPP 项目审计报告进行督查，并对有关部门进行问责、质询或监督整改。由于大多 PPP 项目均涉及公共资金使用，需要经财政部基础设施局和英国首相办公室大项目局一同审核筛选。从政策制定可以发现，英国非常注重项目的准入决策，对项目物有所值需要进行三个阶段的定量、定性评价，专门制定了 PPP 项目的物有所值评价细则及办法，包括《绿皮书》《物有所值评估指导》等。

根据世界银行 2020 年基础设施采购报告公布的数据，英国对 PPP 项目的监管一直处于较为领先的水平，虽然没有单独的 PPP 法律框架，但是其原有的法律框架足以适用于 PPP 项目的监管，且英国政府拥有较为完善的 PPP 项目监管机制的组织架构、人员安排、监管流程以及具体措施。英国的监管组织框架主要包括国家审计署、公共事业监管机构、PFI 项目专项监管机构等。为了提高公共项目建设效率，英国政府通过合并重组成立了目前主管 PPP 的英国基础设施与项目管理局对主管机构进行了调整。英国基础设施与项目管理局的核心团队来自包括国防、基础设施、IT 等各个行业的专家，除了向政府提供建议、支持和保证之外，还代表英国财政部行使对项目的监管，体现在项目的筛选过程以及采购阶段。英国更侧重 PPP 项目融资过程，因此英国主要是以 PFI（Private-Finance-Investment）项目为主，财政部划分了具体的阶段并要求每个 PPP/PFI 项目定期公示目前所处阶段，并报备基础设施与项目管理局，进行统一审批、管理。英国基础设施与项目管理局服务团队人员分工如图 4-3 所示。

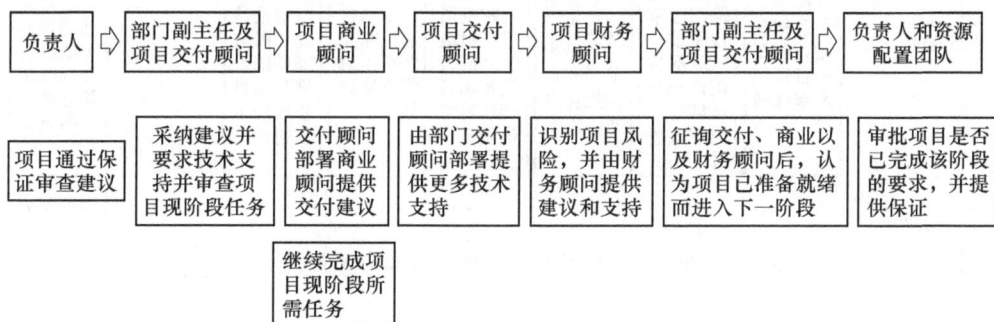

图 4-3 英国基础设施与项目管理局服务团队人员分工

除了较为完善的制度安排，英国政府也非常重视 PPP/PFI 监管的信息透明化，基础设施和项目管理局代表英国财政部行使对项目的监管，及时跟进项目进展并发布报告，披露 PPP/PFI 项目金额、数量等相关数据。英国财政部要求项目的规划实施方案、可行性研究报告、VFM 评价以及采购交付方式等要在每个财年结束于财政部官网公开。这种做法有利于社会公众对 PPP/PFI 项目的监督，增强了社会资本的信心。英国虽然没有专门的 PPP 立法，但《政府采购法》《PFI/PPP 采购和合同管理指引》《标准化 PF2 合同》等法律指导文件及流程化的审批为后续的监管提供了制度保障和程序保障。

（二）英国 M25 轨道项目

英国 M25 轨道项目由英国运输部门负责主管，公路局负责项目采购。该项目 2005 年 8 月提出，并于 2008 年 3 月完成招标工作，由贝尔福比蒂公司、斯堪斯卡公司、WS Atkins 公司、Egis Projects SA 分别以 4：4：1：1 的股权持有，成立的特许经营公司 M25 有限公司取得了项目的建设及运营权。M25 轨道项目 2009 年完成融资，并于 2013 年 9 月竣工，运营期为 31 年，总成本 9.8 亿英镑，目前项目处于运行阶段。项目的成功得益于在采购过程中进行了多次审批，保障项目本身的可行性，其次在采购节点前后均有对应的部门负责审查，另外英国财政部官网公开该项目进行的每个时间节点，以及项目过程中的相关数据和信息，包括成本、股权比例以及中标公司等。英国基础设施与项目管理局的专业团队为可行性报告环节以及审批环节提供了重要的技术支持和建议。英国 M25 轨道项目采购流程如图 4-4 所示。

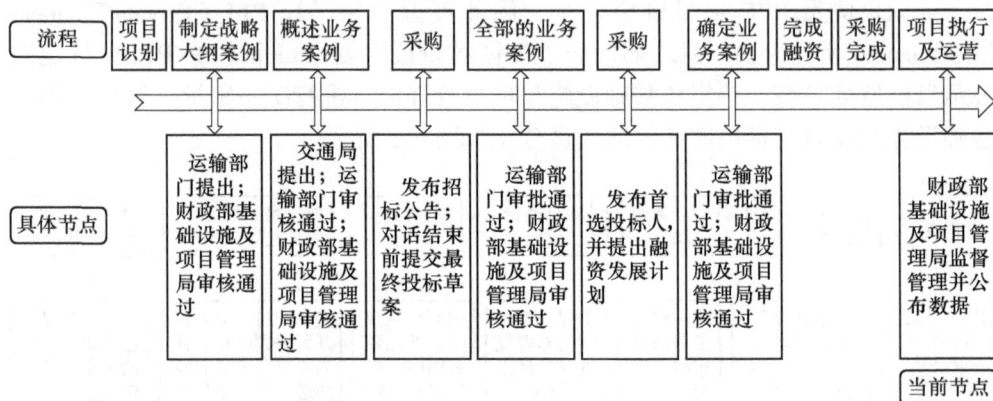

图 4-4　英国 M25 轨道项目采购流程

二、韩国 PPP 项目监管

（一）韩国 PPP 项目监管概述

韩国 PPP 项目主要监管主体是韩国公私参与基础设施投资管理中心（PIMAC），也是韩国公共基础设施投资管理的唯一窗口。与英国的监管依据有些不同，韩国主要的监管依据是《民间参与基础设施法》《PPP 法》《PPP 法实施法令》等一系列法律文件，对适用社会资本投资的项目范围、选择的 PPP 模式等都进行了完善，目前韩国已建立起比较系统完善的 PPP 法律体系。

韩国 PPP 项目实施过程如图 4-5 所示，主要涉及主管部门（政府采购部门或地方政府）、韩国公私参与基础设施投资管理中心（PIMAC）、项目负责部门、国家财务部门以及社会资本，整体流程与我国大致相同，但在部门设置及具体职责方面有所不同，整体而言，韩国 PPP 项目监管的框架流程较为清晰规范，每个部门的职责界定较为清晰。

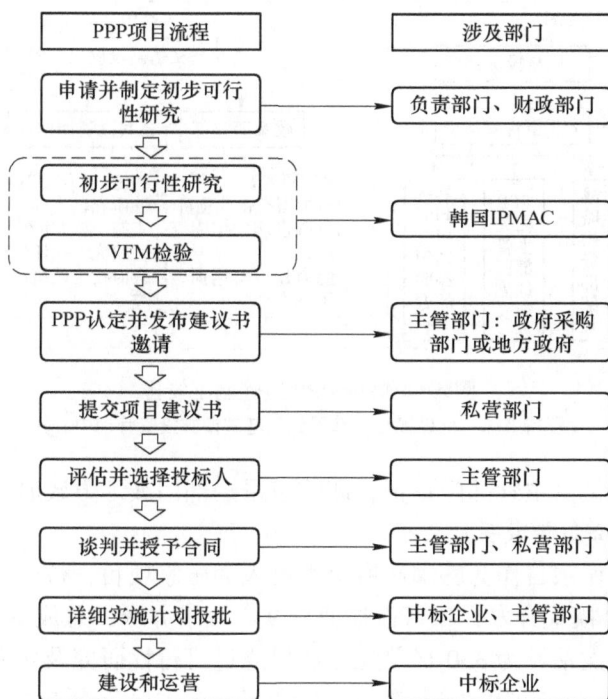

图 4-5　韩国 PPP 项目实施流程图

韩国 PPP 项目的主要监管方有中央财政部下面的经济预算局以及战略投资部相关主管部门以及公私参与基础设施投资管理中心，如图 4-6 所示。其中经济预算局主要包括项目管理部以及基础设施规划部，是一般公共设施项目的管理规划部门，与战略投资部下设 PPP 评价委员会密切相关，PPP 评价委员会由战略投资部秘书（主要负责人）和相关部门副部长组成，还包括具有 PPP 相关知识和经验的专家。

根据法律设立的公私参与基础设施投资管理中心（PIMAC）在管理和监督 PPP 项目方面发挥了重要作用：制定 PPP 政策法规、进行合同管理与监督，发布年度 PPP 计划、编制指南以提供具体规范可操作的指引等，既充当 PPP 理论政策的制定者，又承担 PPP 项目政府机构的角色，在法律赋予的权利义务下，PIMAC 在 PPP 领域中具备较高的权威性。公私参与基础设施投资管理中心下设政策研究部、公共投资评估部以及公私合作部。政策研究部又分为政策研究分部、项目评估分部以及国际合作分部，公共投资评估部分为可行性研究一、二分部以及二次可行性研究评估分部，公私合作部分为 PPP 政策、项目、财务三个分部，每个分部均有着不同的具体职责。在 PPP 项目确认前主要是由财政部门、项目负责部门以及 PIMAC 负责评估以及监管，在招投标阶段以及建设运营阶段

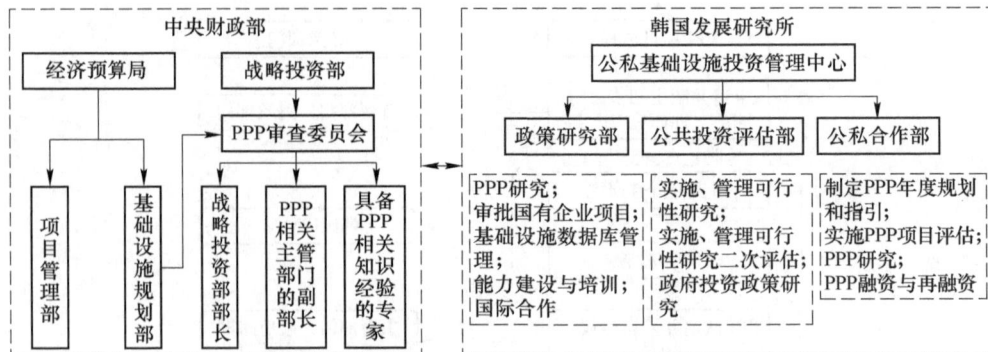

图 4-6 韩国 PPP 监管制度安排

(资料来源：世界银行，韩国公私基础设施投资管理中心)

主要监管责任仍是由主管部门负责，即政府采购部门或地方政府。

（二）韩国松岛新城项目分析

韩国松岛新城项目作为韩国政府全力投入的国家项目，位于韩国仁川市，项目选择采用 PPP 模式开发，项目占地面积 930 万平方米，总成本最初估计为 240 亿美元，最新一次估计为 350 亿美元。项目通过可行性研究及物有所值评价后进入招标阶段，市政府作为实施方牵头并任命了一名主要负责人接洽社会资本，最终选择一家由盖尔国际一家韩国公司合作成立的公司作为项目建设方。2001 年 7 月，仁川市政府与社会资本签订了土地供应协议，界定了土地价格及其供应计划、发展计划以及公共和社会资本的责任，一年后，盖尔国际（70.1%股份）和浦项制铁（29.9%股份）联合成立了伙伴关系组织——新松岛国际城市发展。在这个项目中，仁川市政府下属组织仁川自由经济区管理局作为市政府代理人，肩负着监管的主要任务，与社会资本进行谈判，负责实施计划的批准和合同监督，并要求社会资本提交季度报告。与此同时，仁川自由经济区管理局受到中央政府的直接监督和检查，而仁川市政府其他部门则负责为社会资本签订合同并提供土地及基础设施。

在松岛新城的建设中，中央政府和地方政府都开展监管活动，随着项目的推进对社会资本施加额外的限制和约束。例如，市政府利用权力提供公众批准和许可来规范项目。中央政府监督 PPP 项目的运营，并监督仁川市政府采取措施确保社会资本遵守合同。在社会资本无故拖延时，中央政府通过修改相关法律确保项目的开展。由此可见，韩国 PPP 项目的监管层级分明，中央政府主导，对项目的控制权较大，因此项目在遇到重大不利因素时也能保证其实施。

三、我国 PPP 项目监管现状

我国目前的监管体系主要分为两个部分，分别是一般监管和行业监管。一般监管由规划部、公安局、国土局等 12 个政府部门负责的公共事项监管,行政监管主要通过审批的方式进行,主要集中在项目建设初期的合同管理和运营期的一般性监管,或者突发事件下的监管,例如在项目立项阶段,需要将项目建议书提交给政府行政部门审批并决策。PPP 项目的行政审批从监管的纵向层级来看主要分为三个:中央管理层级主要是在整体发展规划、法律框架和技术管理标准方面对 PPP 项目进行监管;省级管理层级负责本省或直辖市的管理工作,包括与 PPP 有关的发展战略制定、项目筛选、审批与报送审批、监督管理 PPP 执行机构;市级主要是执行职能,包括 PPP 项目筹备委员会和执行中心,PPP 项目筹备委员会负责审批权限范围内的 PPP 项目并报送省级审批,PPP 项目执行中心则负责项目实施的具体工作,例如项目的识别与筛选、可行性研究、招标与谈判、合同管理等,与韩国的 IPMAC 的部分职能相似。

行业监管是由行业主管部门对项目的服务质量、安全进行监督管理,不同行业的 PPP 项目,其行业监管主体也有所差异,但总体差异不大。目前,涉及 PPP 项目较多的行业主要是能源、环境保护、市政工程、交通运输、水利、教育、科技以及旅游等需要大量投资的公共项目。

北京地铁四号线是公认的 PPP 项目的典型成功案例,众多学者认为该项目的成功得益于其完备的 PPP 项目监管体系(见图 4-7),明确了政府与市场的职

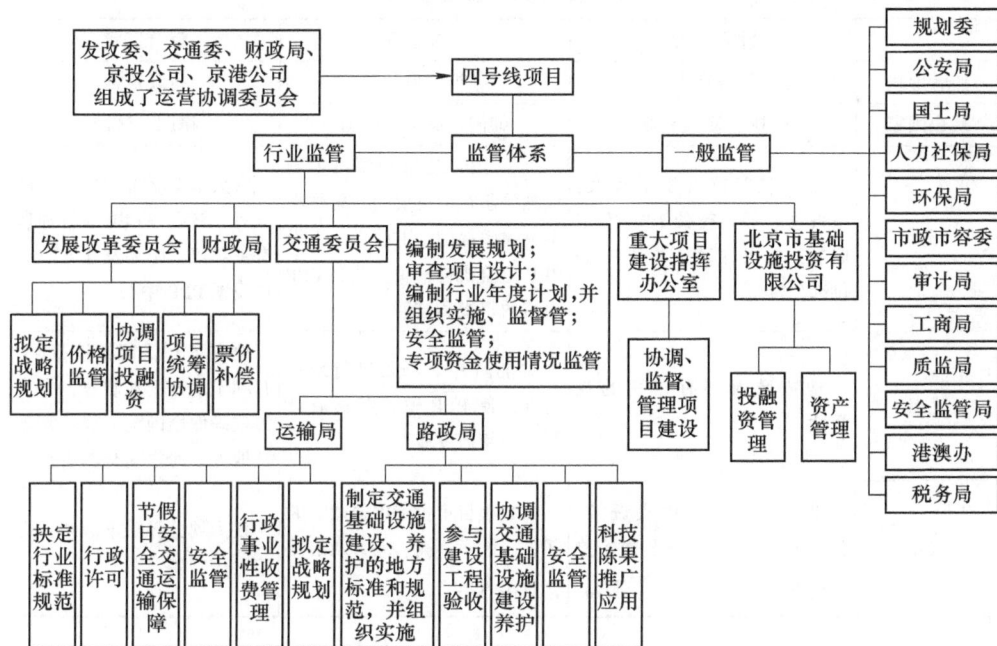

图 4-7 北京地铁四号线监管体系

(资料来源:国家发改委公开数据)

责。政府作为实施方和监管方，其积极协调各方工作也保障了项目的推进，北京市副秘书长牵头的领导小组在监管过程中发挥了重要的作用。在项目识别与采购阶段，作为小组成员，市发改委负责实施方案研究审批，市交通委负责特许协议谈判，京投公司负责具体操作和研究。在建设阶段，由北京市交通委员会负责安全监管、行政审批、拟定行业标准并组织实施，重大项目建设指挥办公室监督管理协调项目的建设，北京市基础设施投资有限公司进行投融资监管。运营阶段，由市发改委进行价格监管，财政局进行票价补偿。在项目实施过程中如果发生突发事件，则由北京市政府接管项目并协调。

在地铁4号线项目中，政府的监管主要体现在流程规范和领导牵头，在市政府副秘书长牵头协调下，各个部门之间的工作清晰明确，不同阶段的事前、事中、事后都得到了有效的监管，文件下达及时，审批规范高效，量化与细化相结合。

四、监管模式比较

根据行政审批权限大小，不同国家PPP项目政府监管主要可分地方监管、中央监管以及混合模式监管，具体如表4-2所示。

表4-2 各国PPP监管模式对比

	地方监管	中央监管	混合监管
监管形式	行政审批	行政审批	行政审批
代表国家	美国、澳大利亚	韩国、英国、中国	德国、法国
特点	地方政府审批权限较大，中央政府部门行使PPP宏观职能，如出台政策指引和提供部分资金	全国PPP政策和项目主导权被控制在中央层面，集中在中央财政部门，财政部门下设PPP监管机构，负责全国PPP项目的审批和监管	中央享有立法主导权，地方对经济事务和财政管理享有主导权；中央及地方政府均设置PPP中心
优点	地方政府拥有较高的灵活性	对全国PPP项目进行统一管理，使PPP模式能够有计划、均衡地发展	地方享有一定经济权限，有利于地方因地制宜；中央集权确保全国统一规范管理及地方政府之间交流借鉴
缺点	缺乏强有力的中央调控，各地政府PPP中心设置的差异较大，不便于统一管理	PPP项目审批程序繁琐、时间长、效率不高；地方政府缺少自主决策	权力划分界限不清晰，影响责任归属

韩国、英国等国的PPP项目审批权限主要集中在中央财政部门，体现在该国的PPP政策和项目领导上，主管部门和技术支持是相互独立的。中央财政部将设立负责全国PPP监管机构，对项目进行审批和监督，同时设立专门的PPP

中心，作为项目库，提供技术支持。这些有点类似于我国的 PPP 发展模式。从国家发展的角度看，中央大力推动、统一管理，使得地方 PPP 发展更加均衡。韩国在 PPP 监管的法律和制度安排上，通过针对性的 PPP 法实施监管。韩国的 PPP 中心独立于财政部之外，而英国及我国并没有对 PPP 单独立法，且 PPP 中心成立于财政部之下，PPP 中心的职责也有所不同。

第三节　PPP 监管体系总体评价

世界银行分别在 2017 年、2018 年、2020 年发布针对 PPP 采购的报告（见图 4-8），主要对各国的 PPP 监管体系进行评价，2020 年 *Benchmarking Infrastructure Development* 报告中对 140 个国家的 PPP 监管框架以及制度安排进行了调查，并从准备阶段、采购阶段、合同管理以及社会资本自主提议四个维度进行了打分。本节主要围绕世界银行近年来发布的 PPP 监管相关的报告，对比我国与其他国家 PPP 监管做法的一致性与不足，从国际角度分析我国 PPP 监管的优势与问题，为后续 PPP 监管提供经验及依据。

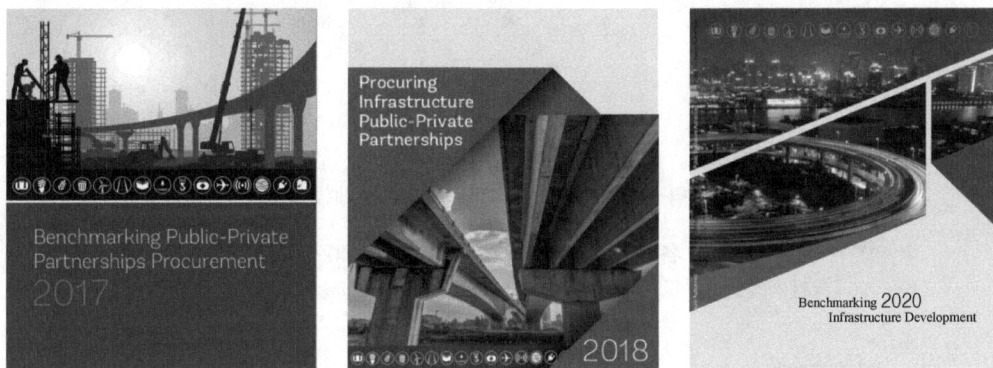

图 4-8　世界银行发布的 PPP 监管报告（部分截图）

一、监管框架

世界银行所定义的监管框架是指国家的 PPP 监管法律框架，不同国家的 PPP 监管框架存在一些区域差异。从全球来看，拥有 PPP 特定监管框架的国家占比 75%（见图 4-9），相较于 2018 报告中的 68% 有所增长，欧洲、亚洲以及拉丁美洲的国家占比较多，截至 2019 年 6 月，87 个国家正在进行或计划进行 PPP 改革，并通过了 PPP 特定法律，巴拿马 2019 年 9 月颁布新的 PPP 法律，菲律宾采用了 BOT（建造-运营-转让）法。还有一部分国家并没有单独的 PPP 监管法律，而是使用现有的一般采购法律法规对其进行监管，这一比例从 2018 年的 41%下降至 35%，主要由于 2014 年欧盟（EU）指令完全转变为一些欧洲国家的地方立法，将传统的公共采购和特许权分离。没有独立的 PPP 法并不一定意味着没有成熟的 PPP 市场。事实上，许多拥有成熟 PPP 市场的国家，如澳大利亚，在没有制定独立的 PPP 法的情况下，利用一般采购条例和 PPP 特定指南成功地制定了 PPP 计划。

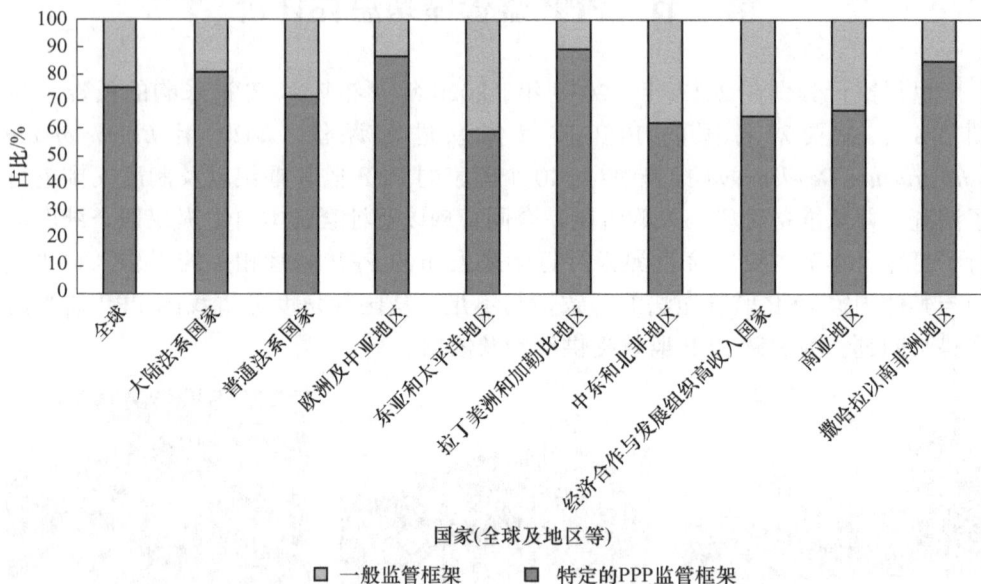

图 4-9　各国监管框架情况（样本量：140 个国家）

（资料来源：世界银行 2020 年 *Benchmarking Infrastructure Development* 报告）

二、制度安排

PPP 制度安排，是指为实施 PPP 项目及其监管而单独成立的机构。在大多数国家中，PPP 和传统政府采购项目的采购机构是相同的，只有少数国家拥有以 PPP 为单位的集中 PPP 采购机构。报告中指出，同一部门的 PPP 项目和传统政府采购项目的采购机构有所不同。以哥伦比亚为例，国家公路研究所是大多数传统政府采购项目的采购机构，而公路 PPP 的采购机构则是国家基础设施局。

PPP 项目复杂以及周期较长，使得大多数国家需要成立单独的机构来为 PPP 项目发展提供审批和技术支持，也被认为是建立新 PPP 框架的关键要素之一。例如，英国财政部下设的基础设施与项目管理局、韩国的公私参与基础设施投资管理中心、我国财政部政府与社会资本合作中心（PPP 中心）。乌兹别克斯坦最近颁布的 PPP 法和相关法规成立并授权公私合作发展局作为 PPP 领域的政府机构，其他通过改革建立新 PPP 机构的国家包括埃塞俄比亚、加蓬、黎巴嫩、波兰等。

世界银行指出，140 个被调查国家中，84%的国家拥有专门的 PPP 机构，仍有 16%的国家尚未成立 PPP 机构（见图 4-10）。但需要注意的是，与 PPP 监管框架相同，PPP 机构也不是 PPP 项目成功的充分条件。不同国家 PPP 机构的作用和职能可能不同，大多数机构承担咨询角色，主要承担着 PPP 监管和政策指导、其他政府实体的能力建设、PPP 项目推广、技术支持、PPP 实施监管，在发挥 PPP 机构咨询作用的 57 个国家中，PPP 机构也承担着批准、提供意见的职责，主要是参与 PPP 可行性研究的评估和批准。约 1/3 的 PPP 机构参与采购当局主导的 PPP 项目筛选和确定，只有不到 7%的受调查国家的 PPP 机构承担项目后评价和审计的角色。

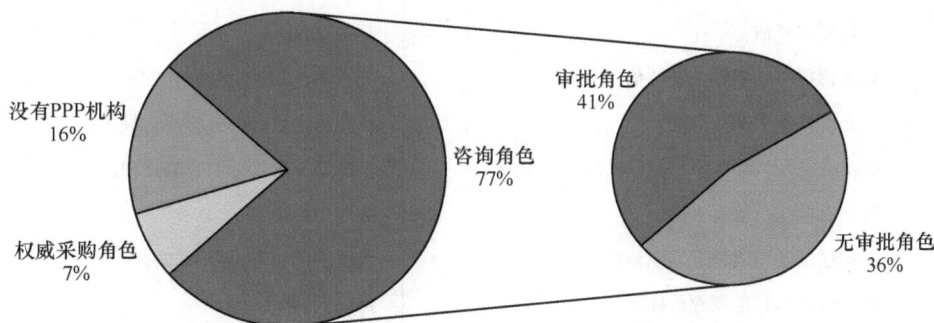

图 4-10　各国制度安排情况（样本量：140 个国家）
（资料来源：世界银行 2020 年 *Benchmarking Infrastructure Development* 报告）

最后，除了创建 PPP 机构外，20%的国家还设立了项目开发基金，以支持 PPP 项目的发展。

三、各国监管体系得分情况

世界银行 2019 年对 140 个国家展开了 PPP 项目监管评分问卷调查，从准备阶段、采购阶段、合同管理以及社会资本主动提议四个维度建立了共计 47 个指标的评价体系，具体见表 4-3。

（一）准备阶段

世界银行对准备阶段的评分主要是从"中央预算局批准""财政处置""PPP 优先次序与公共投资优先次序一致""经济分析评估""财政承受能力评估""风险识别""比较评估""财务可行性或可担保性评估""市场调查和/或评估""环境影响评估""列入招标书或招标文件评估""PPP 合同草案纳入

表 4-3　PPP 监管评价指标体系

阶段	指　　标	阶段	指　　标
准备阶段	中央预算局批准； 财政处置； PPP 优先次序与公共投资优先次序一致性； 经济分析评估； 财政承受能力评估； 风险识别； 比较评估； 财务可行性或可担保性评估； 市场调查和/或评估； 环境影响评估； 列入招标书或招标文件评估； PPP 合同草案纳入 RFP； 标准化公私伙伴关系示范合同或交易文件	采购阶段	评审委员会成员须符合特定资格； 采购部门发布的 PPP 公共采购通知； 获准外国公司参与 PPP 招标； 提交投标书的最短时间； PPP 的各种采购程序的可用性； 不可随意直接协商； 招标文件详述采购程序； 招标文件指定资格预审/入围标准； 采购通知和/或 RFP 的澄清问题； 标前会议； 与提案一起提交的财务方案； 仅根据已发布的标准评估提案； 仅收到一份投标书时的处理；
合同管理	PPP 合同执行管理制度； 工程进度及完成情况追踪系统； PPP 合同执行监测评价体系； 获准汇回收入的外国公司； 社会资本结构（利益相关者组成）的变化和/或转让受 PPP 合同监管； PPP 合同的修改/重新谈判（一旦合同签订）受到监管； PPP 合同有效期内可能发生的情况受监管； 争议解决机制； 贷款人的介入权； 终止 PPP 合同的理由	采购阶段	公布中标通知； PPP 采购过程结果通知； 停顿期； 与选定投标人的谈判受到限制； 合同的公布
		社会资本主动提议	对社会资本主动提议项目监管； 评估主动提议的评估； USP 的审查程序和/或预可行性分析； 评估 USP 与其他政府优先事项的一致性； USP 的竞争性 PPP 采购程序； 提交投标书的最短时间

RFP""标准化公私伙伴关系示范合同或交易文件" 13 个指标展开。根据收入划分不同国家类别并进行比较发现，收入越高的国家其 PPP 监管评分可能越高，近年来各收入群的评分差距有所缩小。可以看到，作为中高收入国家，我国的评分要比其他中高收入国家评分相对要高，且均高于样本总水平。准备阶段评分见图 4-11。

　　我国 PPP 项目准备阶段的监管在预算和会计报告处理、财政承受能力评估、

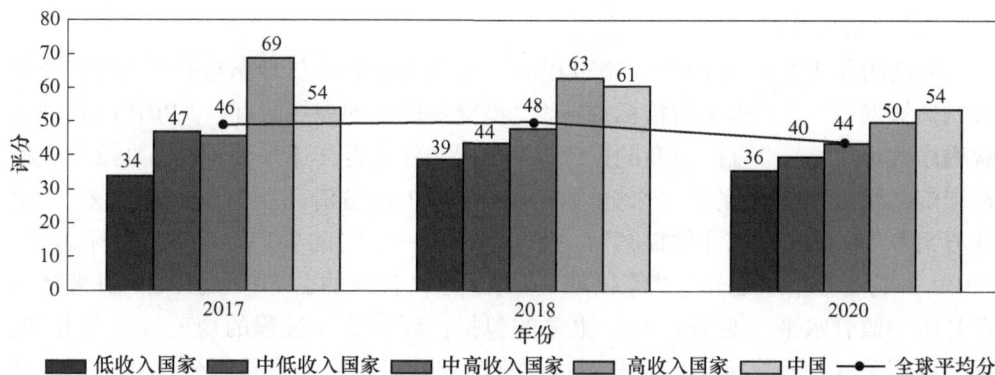

图 4-11　准备阶段评分

（由于 2017 年、2018 年、2020 年报告中的样本国家数量不同，因此平均分存在差异，下同）

风险识别、比较评估方面做得较好，制定了具体的评估方法，且公开公布招标文件并可从网上获取，但仍存在一些不足：仅在招标前进行中央预算局批准环节，且并未规定 PPP 优先次序与公共投资优先次序，缺少经济分析评估、环境影响评估、财务可行性或可担保性评估的具体方法。相比较之下，英国准备阶段的做法较为完善，准备阶段监管三年评分均接近满分，在招标前后以及合同前后均设置了中央预算局的审批，在评估过程还制定了具体方法进行 PPP 项目的环境评估以及经济分析评估，见表 4-4。

表 4-4　中英准备阶段监管对比

准 备 阶 段	中　　国	英　　国
中央预算局批准	仅在招标前	投标前和合同签署
财政处理 PPPs	预算和会计报告处理	只有特定的会计/报告处理
PPP 优先次序与公共投资优先次序一致	详细程序未作规定	已制定详细程序
经济分析评估	没有制定具体方法	已制定具体方法
财政承受能力评估	制定了具体方法	已制定具体方法
风险识别	制定了具体方法	已制定具体方法
比较评估	制定了方法	已制定具体方法
财务可行性或可担保性评估	没有制定具体方法	已制定具体方法
市场调查和/或评估	—	已制定具体方法
环境影响评估	没有制定具体方法	已制定具体方法
列入招标书或招标文件评估	—	可在网上查看
PPP 合同草案纳入 RFP	招标文件可在网上查看	可在网上查看
标准化公私伙伴关系示范合同或交易文件	—	—

（二）采购阶段

采购阶段主要是从 PPP 实施过程的"评审委员会成员合格审查""PPP 公共采购通知发布""外资参与招标许可""提交投标书的最短时间""PPP 的各种采购程序的可用性""直接协商的处理""招标文件是否详述采购程序""招标文件指定资格预审/入围标准""采购通知和/或 RFP 的澄清问题""标前会议""财务方案""发布的标准评估提案""投标单位仅一家时的处理""公布中标通知""PPP 采购过程结果通知""停顿期""谈判""合同的公布"共计 18 项指标考察各国的监管水平（见表 4-5）。更多的包括：评估监管过程的规范性、公开性，是否有相关处理程序标准以及是否按照规定监管，监管结果是否公正并是否公开披露。采购阶段评分见图 4-12。

表 4-5　中英采购阶段监管对比

采购阶段	中　国	英　国
评审委员会成员合格审查	详细会员资格和/或资格受监管	未作规定
PPP 公共采购通知发布	线上获取	线上获取
外资参与招标许可	允许	允许
提交投标书最短时间	21 个工作日	35 个工作日
PPP 的各种采购程序的可用性	竞争性对话和/或多阶段招标程序受到规范限制	公开程序（单阶段招标）、限制程序（竞争性具有资格预审阶段的程序）、竞争性对话和/或多阶段招标
直接协商的处理	否	是
招标文件是否详述采购程序	是	是
招标文件指定资格预审/入围标准	公开披露	公开披露
采购通知和/或 RFP 的澄清问题	公开披露结果	公开披露结果
标前会议	没有制定具体方法	是
财务方案	否	是
是否发布标准评估提案	是	是
仅一家投标单位时的处理	制定详细程序	制定详细程序
公布中标通知	线上获取	线上获取
PPP 采购过程结果通知	不包括入选理由	包括入选理由
停顿期	10 个工作日，中标通知中未规定的停顿期时	10 个工作日，中标通知中未规定的停顿期时
与中标人的谈判	是	是
合同的公布	线上获取	否

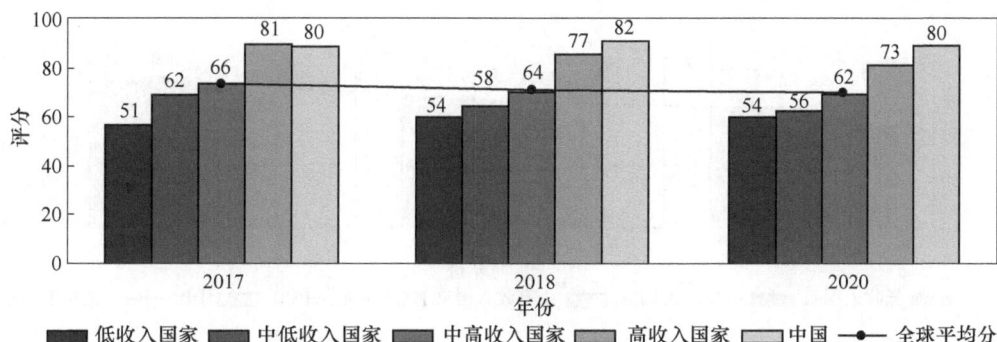

图 4-12　采购阶段评分

从全球平均水平来看，整体分数在 65 左右，呈现出收入越高的国家群其评分越高的趋势。我国属于中高收入国家，但我国 PPP 监管采购阶段的评分与高收入国家平均分基本持平，甚至在 2018 年及 2020 年均高于高收入国家的平均分，由此可见，我国采购阶段的监管制度及水平相较于其他大部分国家，已处于较高水平。

我国采购阶段的采购通知、中标通知以及合同均可在线上获取，并公开披露招标文件指定资格预审/入围标准、采购通知和/或 RFP 的澄清问题，也有相关规定明确了仅有一位投标人时的处理程序，但没有指定针对标前会议的具体方法，且 PPP 采购过程结果通知并未公开披露理由。

（三）合同管理

合同管理的评价包括"PPP 合同执行管理制度""工程进度及完成情况追踪系统""PPP 合同执行监测评价体系""获准汇回收入的外国公司""社会资本结构（利益相关者组成）的变化和/或转让""PPP 合同签订后的修改/重新谈判是否受到监管""PPP 合同有效期内可能发生的情况是否受监管""争议解决机制""贷款人的介入权""终止 PPP 合同的理由"10 项指标，评价侧重管理的制度和体系建设，并将绩效监管划分在合同管理的范畴中。从打分情况来看，我国合同管理的评分为 75 分（2017 年）、76 分（2018 年）、81 分（2020 年），高于高收入国家平均分，整体处于较高水平。合同管理评分见图 4-13。

在合同执行监测评价体系方面，我国与英国是一致的，根据既定标准进行绩效评估、社会资本提供定期信息、采购当局收集信息、业绩信息在线发布（见表 4-6）。2020 年 3 月，我国财政部专门针对绩效评估发布了《政府和社会资本合作（PPP）项目绩效管理操作指引》，对 PPP 项目全生命周期绩效政府实施方以及社会资本的绩效评估作出了指导与规范。除此之外，我国与英国在

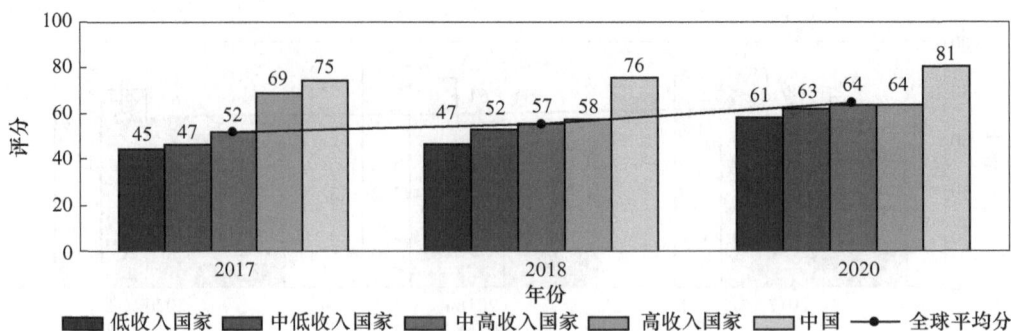

图 4-13　合同管理评分

获准汇回收入的外国公司、争议解决机制、贷款人的介入权、终止 PPP 合同的理由方面也保持着一致的做法。但是我国建立了 PPP 合同执行的管理制度，但是并未像英国那样建立专门的 PPP 合同管理团队。不足的是，我国合同管理不包括对社会资本结构（利益相关者组成）的变化和/或转让监管，PPP 合同有效期内可能发生的分包情况没有受到监管，而英国则对初期社会资本的变化以及承包商分包进行监管。值得一提的是，我国在再谈判中增加了对持续时间的变化的监管。

表 4-6　中英合同管理对比

合 同 管 理	中　　国	英　　国
PPP 合同执行管理制度	是	成立 PPP 合同管理团队
工程进度及完成情况追踪系统	信息在线发布	—
PPP 合同执行监测评价体系	根据既定标准进行绩效评估、社会资本提供定期信息、采购当局收集信息、业绩信息在线发布	根据既定标准进行绩效评估、社会资本提供定期信息、采购当局收集信息、业绩信息在线发布
获准汇回收入的外国公司	是	是
合同管理是否包括对社会资本结构（利益相关者组成）的变化和/或转让监管	否	初期社会资本的变化受到监管，且须符合法律要求
PPP 合同签订后的修改/重新谈判是否受到监管	需要其他政府机构的批准。规定：范围变更；风险分配的变化；经济平衡的变化；持续时间的变化；价格或关税的变化	规定：范围变更；风险分配的变化；经济平衡的变化；价格或关税的变化

合同管理	中　国	英　国
PPP 合同有效期内可能发生的情况是否受监管	不可抗力、重大不利的政府行为、法律的变化、再融资	不可抗力、重大不利的政府行为、法律的变化、再融资、分包
争议解决机制	国内仲裁、国际仲裁、投资者-国家争端解决	国内仲裁、国际仲裁、投资者-国家争端解决
贷款人的介入权	作为直接协议或 PPP 合同的一部分进行监管	作为直接协议或 PPP 合同的一部分进行监管
终止 PPP 合同的理由	明确规定终止的后果	明确规定终止的后果

（四）社会资本主动提议

社会资本主动提议是指由社会资本主动发起的项目，世界银行主要从"是否有对社会资本主动提议的项目进行监管""社会资本主动提议项目评估""审查程序和/或预可行性分析""评估主动提议项目与其他政府优先事项的一致性""竞争性 PPP 采购程序""提交投标书的最短时间" 6 个指标评估各国社会资本提议项目的监管情况，侧重社会资本提议项目监管的规范性以及是否具备与政府发起项目一致的监管流程。

从世界银行打分情况来看，我国得分近年来均低于 60 分，低于全球平均分，处于中低水平，社会资本主动提议项目的监管仍有待加强。社会资本主动提议项目评分见图 4-14。

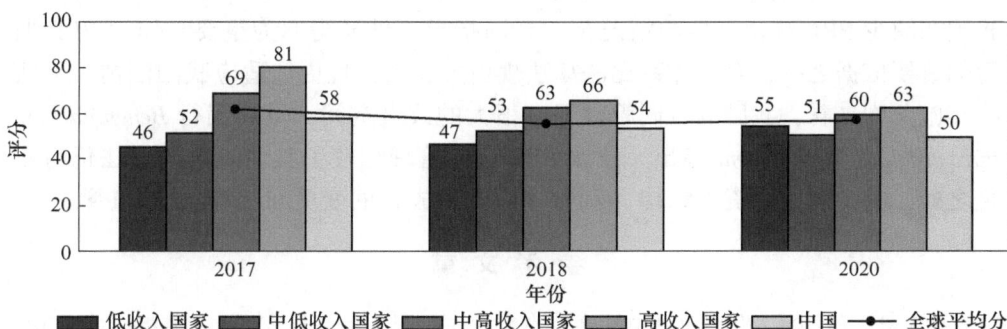

图 4-14　社会资本主动提议项目评分

社会资本主动提议层面，英国社会资本提议项目不受监管，整体来看，我国对主动提议项目有评估程序以及竞争性 PPP 采购程序（见表 4-7），但在评估社会资本提议与其他政府优先事项的一致性方面缺少详细的规定，审查程序和/或预可行性分析仍有待加强。

表 4-7　中英社会资本主动提议监管对比

社会资本主动提议	中国	英国
对社会资本主动提议项目监管	明确规定	不受监管，在实践中不会发生
对主动提议评估	是	—
USP 的审查程序和/或预可行性分析	否	—
评估 USP 与其他政府优先事项的一致性	未规定详细程序	—
是否有 USP 的竞争性 PPP 采购程序	是	—
提交投标书的最短时间	21 个工作日	—

综上所述，从世界银行的报告中可以看出，我国在采购阶段的监管以及合同管理较为领先，准备阶段的监管处于中上水平，社会资本主动提议项目的监管有待加强。总体来看，我国在制度安排以及监管流程等方面做法优于其他国家，但是在对某些具体做法的规定方面仍有待完善。特别是关于 PPP 项目的建设、运营和移交阶段的监管与合同密切相关。由于缺乏适用于 PPP 模式下的绩效考核机制和定价机制，致使监管部门未明确以何种方式、按照何种程序对项目服务水平和收费价格进行监督管理。尤其是缺少考虑风险与激励的绩效评价指标体系，由于政府所处的主导位置以及双方的信息不对称带来的风险不合理分配，加之合同的不完全性，可能会导致项目走向失败。另一方面，作为非大陆法系的国家，我国在缺少 PPP 法律框架的情况下，合同指导文件显得尤为重要。作为 PPP 监管的重要依据之一，合同体系比法律法规更加灵活，且更加适应我国国情。从实际实施角度来看，我国的合同管理仍有很大的改进空间，世界银行 *Benchmarking Infrastructure Development* 指出，我国 PPP 合同管理相较于其他阶段的做法仍有不足之处，缺少对社会资本结构（利益相关者组成）的变更和/或转让的监管。

参 考 文 献

[1] 梁彦红，陈怀泽 . PPP 项目中社会资本机会主义风险治理研究 [J]. 经济论坛，2019（3）：131-135.

[2] 薛松，张珍珍 . 基于 Fuzzy-DEMATEL 的 PPP 项目协同监管影响因素识别与分析 [J]. 软科学，2021，35（7）：104-109，115.

[3] 陈慧璇，李菊容 . 养老服务 PPP 项目政府监管国外经验及启示 [J]. 合作经济与科技，2021，4（1）：65-67.

[4] 汪嵘明 . 政府和社会资本合作（PPP）项目预算管理及风险控制研究 [J]. 中国集体经

济，2021，4（21）：34-35.

[5] 张静.论 PPP 项目监管的国外经验及启示 [J].中国政法大学学报，2019（6）：19-28，206.

[6] The National Council for Public-Private Partnerships of USA：Public-Private Partnerships Defined [EB/DL].https：//www.ncppp.org/ppp-basics/7-keys/，2017-12-18.

[7] 霍勤.南京某城镇综合开发 PPP 项目监管体系研究 [J].绿色科技，2019，4（24）：269-271.

[8] 陈尧.PPP 项目政府介入权法律研究 [J].现代商贸工业，2021，42（15）：117-118.

[9] 王春业.论政府与社会资本合作（PPP）的行政法介入 [J].社会科学战线，2020，4（11）：211-220.

[10] 杨柏，陈雨娇，王茹丹.PPP 项目 VFM 评价优化研究——基于珠三角地区入库项目 [J].经济视角，2021，40（3）：87-98.

[11] 何桂菊.PPP 项目物有所值评价体系国际经验借鉴 [J].财会通讯，2021，4（4）：172-176.

[12] 梁晴雪，胡昊.基础设施 PPP 项目物有所值评价应用挑战及对策 [J].当代经济管理，2018，40（6）：54-59.

[13] 史晓庆.PPP 项目建设中的政府监管研究 [D].济南：山东财经大学，2017.

[14] Jiawei Liu, Guanghong Ma. Study on incentive and supervision mechanisms of technological innovation in megaprojects based on the principal-agent theory [J]. Engineering Construction and Architectural Management, 2021, 28（6）：1593-1614.

[15] 方周妮.基于声誉模型的 PPP 项目监管机制研究 [J].会计之友（中旬刊），2010，4（1）：27-28.

[16] PPP Guide 2008-the Government of the Hong Kong Special Administrative Region, Chapter 8：Managing Performance.

[17] Infrastructure UK and HM Treasury. A new approach to Public Private Partnerships [EB/OL]. https：//www.gov.uk/government/publications/private-finance-2-pf2.

[18] 王俊豪，李阳.中国特色政府监管机构理论体系及其改革思路 [J].中国行政管理，2020（10）：6-13.

[19] 王守清，刘婷.PPP 项目监管：国内外经验和政策建议 [J].地方财政研究，2014，4（9）：7-12，25.

[20] 任志涛，雷瑞波，胡欣，等.不完全契约下 PPP 项目运营期触发补偿机制研究 [J].地方财政研究，2019，4（5）：51-57.

[21] 晨璐，陆亨伯，黄会，等.杭州亚运会主场馆 PPP 项目全生命周期监管研究——基于合同核心条款的分析 [J].浙江体育科学，2021，43（3）：1-6.

[22] 刘珈琪，刘继才，雷晓莹.PPP 项目政府激励与社会资本努力的演化博弈与仿真 [J].工业工程，2021，24（2）：77-84.

[23] Hong Zhang, Lu Yu, Wenyu Zhang. Dynamic performance incentive model with supervision mechanism for PPP projects [J]. Engineering Construction and Architectural Management,

2020, 27 (9)：2643-2659.

[24] 杜唯平，张茂轩，聂登俊. 建立绩效导向的 PPP 项目监管机制研究 [J]. 经济研究参考，2017, 4 (61)：59-64.

[25] Ameyaw E E，Chan A P C. Risk allocation in publicprivate partnership water supply projects in Ghana [J]. Construction Management and Economics，2015，33 (3)：187-208.

[26] 李小莉. 考虑声誉的公私合作项目监管演化博弈分析 [J]. 系统工程学报，2017, 32 (2)：199-206.

[27] 易欣. PPP 轨道交通项目多任务委托代理监管激励机制 [J]. 交通运输系统工程与信息，2016, 16 (3)：1-7.

第五章 PPP 合同不完全性分析

第一节 相关文献研究

一、不完全契约理论综述

不完全契约的思想是由科斯首先提出，指买方由于契约期限长、预测方面的困难、实现的可能性较小，不愿意做出明确的规定。格罗斯曼、哈特和摩尔提出的 GHM 模型开创了不完全契约理论的产权学派。GHM 模型认为契约是不完全的，再谈判是不可避免的。契约的不完全指合约双方信息是对称的，但合约双方与第三方之间的信息是不对称的。由于交易的双方存在机会主义的行为，剩余控制权的事前安排决定了再谈判的地位，所以控制权的事前安排是很重要的。控制权可以强化参与方的再谈判能力，从而影响参与方事前的专用性资产投资的积极性。他们认为拥有重要投资或重要人力资本的应该拥有控制权。假设履约者之间互相了解，具有完全信息以及对于未来的预期是不完全的。在这些条件下，签订合约时考虑到未来会出现的所有可能情况是不可能的。关系专用性投资的收益不仅取决于风险的大小，还取决于是否受到法律的保护，在某些假定下，如果合约双方同意一体化并且优先给予某一方特定的决策权，可实现关系特定投资的次优收益。根据聂辉华对于不完全契约理论相关文献的研究，不完全契约理论的发展分为三个阶段。第一个阶段的不完全契约理论，主要是 GHM 模型。不完全契约理论针对完全契约学派对此提出的交易费用与最优效率是无关的质疑在第二阶段提出了事后交易不是完全可证实的，只能部分证实，且证实的程度取决于参与方的履约方式的细致性，如果履约方式是粗糙的，法院可完全执行；但若履约方式是细致的，法院不能完全执行。还引入了参照点、自利偏见、互惠或报复的行为因素。契约被当作是一种参照点，在竞争性环境下签订的契约为双方的交易关系提供了一种关于各自权利感受的参照点。在事后，双方的权利感受影响了履约行为细致程度，由此确定事前的契约形式。第三阶段的不完全契约理论是以 GHM 模型为中心进行建模问题的突破。

不完全契约理论本质是研究不同财产权分配对剩余盈余在代理人之间分配的影响及激励他们投资的问题；多用来检验制度框架对契约设计的影响。不完全契约理论提出前，普遍接受的是完全契约理论。Coase 最早提及契约可能是不完全的——所签订契约的期限越长，越难在契约中规定有关行为。随后也有多位学者提到契约的不完全性。Hart 等人构建严格的数学模型、正式提出了不完全契约理论（GHM 理论），研究当合作中存在可观察但不可验证的信息时，如何通过财产权或剩余权利的分配来激励不可契约的投资。针对不完全契约会导致什么的问题，Tirole 等通过建立一个简单的两期采购模型，证明不完全契约会导致合作双方投资不足或过度。

"契约" 即合同，所以不完全契约也称不完全合同，具体在合同中可阐述为"合同不完全性"。PPP 项目运行期限长，参与主体多且合作双方目标不一致、有限理性，合作出现纠纷时难以裁决或者裁决时政府方占据优势地位等，最终导致 PPP 合同较其他商业合同而言更有不完全性。造成 PPP 项目合同不完全的原因众多，如张羽等将 PPP 项目划分为四个子过程后明确，信息不完全、缔约难、法律体系不完善是造成不完全合同的三大原因。此外，政府官员为了获取额外利益、存在腐败时，往往也会偏向签订更不完全的契约。

PPP 项目运行中存在着信用风险、融资风险、运营风险等，同时因为合同不完全性的存在，履约方不同的履约态度也会导致机会主义履约、字面履约以及完美履约三种履约结果。合同不完全性增加了 PPP 项目的履约难度，因此可从合同方面探索解决方式。

二、PPP 项目合同管理研究综述

PPP 项目的长期合同管理充满挑战，履约中发生再谈判是无法避免的，故 PPP 合同需要做好事前管理、合同也要具备灵活性。此外，要在长期 VFM 过程中建立高效的合作伙伴关系，需要对 PPP 合同管理本身有更高的投入。类似地，Demirel 等的论文中也表示要在 PPP 项目规划阶段就预测可能的变化，提供灵活的契约机制实现有效响应。PPP 合同中明确是否实施制裁对 PPP 项目绩效有着重大的影响。随着我国基础设施领域的大力发展，国内合同管理在工程建设领域的各种行为逐渐规范，国家发布了一系列合同示范文本，从最初的施工合同示范文本，到监理合同文本、勘察合同文本、造价咨询合同示范文本等，涉及参建单位越来越细致，也标明了合同管理发展的历程。

在 PPP 合同管理模式发展方面，2014 年国家发改委发布了《国家发改委关于开展政府和社会资本合作的指导意见》，作为政府与社会资本合作的专业指导文件。财政部于 2014 年公布《财政部关于规范政府和社会资本合作合同管理工作的通知》和《PPP 项目合同指南（试行）》。两份指南宗旨不同，合同指南介绍了 PPP 项目各个模式下的投融资、建设、运营和移交阶段，同时在合同管理方面对责权利分配、合同风险分担、违约责任、政府监管角色等方面进行了详细描述，规范了 PPP 项目的合同管理模式，对缔约方面和性能保证方面进行了关注，可简称为缔约指南。专业指南从 PPP 项目的全过程管理出发，更侧重专业上的指导，对项目前期规划用地、施工过程、运营方面等进行了阐述，给出了较为详细的意见。国家发改委和财政部发布的两份 PPP 指南的框架基本一致，财政部发布的合同指南对合同具体条款的约定更为细致。两者都强调政府和社会资本的公平和平等地位，都较为完整严格，对合同的制定进行指导。两份指南的内容不尽相同，可操作性的强度、结构体系、对项目参与方的规定和对通用性与特殊性的兼顾也不尽相同。两份指南还有细节上的不同点和相同点，相互指导和相互补充。

国内在合同管理方面仍存在许多不足之处，各参与方对合同并不太重视，容易忽视合同中条款的设置，对合同文本理解不够，即使出现违约行为也不认为是合同管理的问题，只是针对问题解决问题，而不是用合同思维去解决问题；对法律方面的认知存在不足，合同基本上由一方编制，容易出现责权利不平等；施工单位更看重工程建设，不重视合同管理，合同管理的风险较大。

基于此，众多学者认为应当规范或完善 PPP 合同内容，并提出了自己的解决方案。周海宝提出合同设计要贯穿项目的所有阶段、立足长期、关注后续，注重风险分担的均衡与利益分配模式的优化。吉富星建立合理的风险分担与激励相容机制，充分利用信息和激励，破解 PPP 项目合同不完全性导致的效率不确定性。更具体的，在风险分担方面，建议政府通过建立有效的补偿机制以实现"风险共担"。比如，当 PPP 项目运行中发生不可预测事件导致项目收益缩减时，政府对社会资本遭受的损失应承担适当补偿的责任，以完备的 PPP 项目政府补偿机制避免社会资本利益损失过大。而为了回答什么情况下政府应给予有效补偿的问题，任志涛等建议所建立的补偿机制应该是有触发、多层次、多阶段以及动态的。除了以上内容，PPP 合同管理还有研究项目全生命周期与主动管理。王远胜等提出政府应积极主动地进行 PPP 合同风险管理，通过动态协商和再缔约达到维持项目正常运行的目的。鉴于当前 PPP 合同不完全性，张丽俊甚至尝试引入一种新管理模式——Partnering 模式，将其与现行的合同管理模式相对比，突出应用该模式的必要性。

PPP 项目中不完全契约理论的应用总体而言还是集中在合同管理与合同设计方面，所选择切入的角度众多，而较多文献选择从剩余控制权与再谈判两个角度具体研究挖掘。

三、PPP 项目剩余控制权及再谈判研究综述

剩余控制权配置是不完全契约理论所研究的关键问题，PPP 模式多应用于基础设施与公共服务行业，因此剩余控制权的配置问题在 PPP 项目合作中尤其受

到学者关注。霍媛媛梳理了四个基于不完全契约的 PPP 控制权配置模型——GHM、HSV、BG、FM 模型，并在它们的基础上引入其他因素构建了考虑社会资本自利性和产品公共性的控制权配置模型。实际上，PPP 项目中剩余控制权不应该单一地配置给政府或者社会资本，分配给初始合同中项目收益分成更高的一方也不一定最优。因此很多文献从影响剩余控制权配置比例的因素展开研究，主要有：社会资本投资比例、初始契约中的控制权分配与收益分配情况、双方技术因素与不可替代程度、对预期收益的乐观度与满意度、能力与目标差异等。另外，由于 PPP 本身部分控制权与现金流权分离的特殊性，孙燕芳等为了规范 PPP 模式的运行，构建了以政府为控制人的 PPP 项目控制权与现金流权合理配置的概念框架，并提出合作双方应遵循风险共担、收益共享原则，并以成本效益为原则确定政府的担保水平。

除了剩余控制权配置问题外，因 PPP 项目具有长期性、复杂性的特点，再谈判的发生基本不可避免。再谈判这一概念属不完全契约领域，只有当初始合同为不完全契约、履约中对一些事项有争议或无现成约定时发生的协商才称为再谈判，最早就是为了解决交易中关系专用性投资引起的套牢问题，将再谈判引入了 GHM 理论。在 PPP 项目运行过程中，会出现一些不可预见的偶发事件，这些事件会导致再谈判，并影响 PPP 项目绩效。但再谈判的发生实质上是把成本转嫁给了用户，还增加了融资成本。并且当 PPP 合同中风险分配不够合理时，政府倾向于选择再谈判，而不是提前终止；所以社会资本可能会为了争取合同提出过低的价格，再在后续的合作中通过再谈判提高价格。因此，进行再谈判可能会导致一些不利的后果，但再谈判是无法避免的。要减少不利的影响，可以考虑增强 PPP 合同的稳定性、减少再谈判次数——选择良好的宏观商业环境、获得性的激励方案以及充分的政府支持。但再谈判也具有优势，它增强了 PPP 进行合同的灵活性，如 Domingues 等对 9 个欧洲 PPP 项目进行研究后发现，适当的激励措施、有效的监管框架、透明和基于信任的关系有助于再谈判发挥其优势，强化合同灵活性有助于适应 PPP 合同的不确定性。此外，为了对 PPP 合同的再谈判进行完善，Macário 等研究了较成功的 Fertagus 合同中的再谈判内容，认为交通类 PPP 项目应考虑到环境、模式特异性和可转让性。高天识别了 PPP 项目全生命周期再谈判触发事件，梳理了导致 PPP 项目发生再谈判的事件并提出控制建议。

针对某一行业进行绩效评价的研究，大多关注轨道交通、综合管廊、医疗养老等使用者付费项目，非收费公路等主要依靠政府补贴的行业绩效的研究较少。其次，当前多数绩效评价体系尚处理论研究阶段，绩效评价体系缺少可操作性。部分绩效评价指标的界定过于宽泛难以进行衡量，还有部分指标的实用意义略有欠缺。现在多数的评价指标体系中包含了定量指标和定性指标两种，两类指标都需要制定合理的评价标准。此外，评价 PPP 项目运行过程的指标较少，大部分以结果为导向，注重事后评价，可能忽视了中期评价的重要性。另外，鉴于 PPP 模式主要应用在基础设施和公共服务行业，除了关注项目自身效益，还应评价项目的社会绩效。最后，PPP 项目绩效评价体系应当关注 PPP 项目合同与协商效果。PPP 合同不完全性使项目运行存在较强的不确定性，影响项目绩效。

不完全契约理论是契约经济学的一个"比较年轻"分支，本身也还在进行发展探索。国外文献中，PPP 合同管理的重要性已得到重视。如再谈判，明确再谈判的触发因素，对再谈判的利弊均作出了客观的评价，并提出了再谈判优势发挥的关键。国内文献则倾向于将不完全契约理论应用在剩余控制权的分配、PPP 合同的管理与设计。以 GHM 模型为基础，运用博弈论研究影响剩余控制权配置的诸多因素，还分析了合同设计中风险分担、利益分配的激励作用。因此，之前的研究较少从 PPP 项目合同文本自身切入研究合同的不完全性和设计问题。另外，研究发现不完全合同在赋予项目运行的灵活性外，还会对项目造成不利影响。而由于 PPP 模式的长期性和复杂性特征，不可能完全消除 PPP 项目合同不完全性，但可以通过对不完全条款评价尽可能规范并完善合同。

第二节　PPP 项目合同文本研究

一、PPP 项目合同不完全性分析

不完全契约理论讨论了一种缔约双方难以预见履约过程中可能发生的所有事件并事先约定的契约。实际上，几乎所有契约都是不完全契约，但项目复杂性不同，合同不完全性程度也不同。如上节分析，PPP 项目存在长期性、复杂性的特点，合同不完全性更应重视。不完全契约理论在 PPP 项目中的应用有剩余控制权与再谈判两类。由于 PPP 项目所涉及的有关主体多，受人的有限理性影响大；项目周期长，预见成本、缔约成本高；项目主要用于基础设施与公共服务行业，事前不可缔约、事后可观察但不可证实的事项多，因此 PPP 项目实际运行中合同不完全性特征突出，需要对 PPP 项目合同不完全性做进一步研究。而具体的研究可以从以下几点切入：合作双方控制权配置问题；合同不完全性使合作中发生合同中未明确约定的事件时，双方一般选择通过再谈判商议。

首先，关于剩余控制权的应用。根据不完全契约理论，与合同相关的控制权可以分为特定控制权、剩余控制权两类。特定控制权是经过项目合同明确约定、清晰界定的权利；而剩余控制权涉及 PPP 项目合同中未作出明确约定事件的处置权利，是用于解决合同签订后发生未作约定事件的权利。同时，社会资本是 PPP 项目的实际操作者，对项目最终的运行效果起着至关重要的作用。而社会资本的目的是获取项目收益，因此剩余控制权配置会影响政府和社会资本的合作效率、项目顺利运行。合作中需要通过合理配置剩余控制权保持对社会资本的激励，令其发挥自身优势，也要保证政府能够有效监管项目、保障公众利益。理论上，剩余控制权配置应考虑双方投资比例、技术不可替代性、项目运行效果等因素。

其次，关于再谈判的应用。项目运行中的软预算约束、项目监管、特许经营期限、政府履约情况、政策或市场变化等都会导致再谈判的发生，PPP 项目合作中，再谈判无法避免。再谈判是为了解决双方合作中出现的重大变动或矛盾争端，但它最终对项目绩效的影响并不相同。一方面若再谈判触发是因为社会资本的道德风险，其中的机会主义行为会降低项目绩效，而再谈判导致的成本增加也会施加至使用者；另一方面若再谈判以增加双方利益、提高合作剩余为目的，则再谈判将对项目绩效存在良性作用或者说负效应极少。

因此接下来将结合 PPP 项目合同文本，以剩余控制权与再谈判为切入点研究合同不完全性，分别从期限调整条款、费用相关条款与其他协商条款分析"不完全性"条款。其中，期限调整条款主要指因突发事件、设计变更、提前竣工等事件影响 PPP 项目建设工期，需要就项目建设期与运营期时间节点调整问题加以约定的条款。费用相关条款是指因违约、设计变更等事件导致非预期的较大费用增减条款，或其他与费用有关且明确需要双方协商的条款。而其他协商条款则是指 PPP 项目合同中不直接协商期限、费用的条款。具体逻辑如图 5-1 所示。

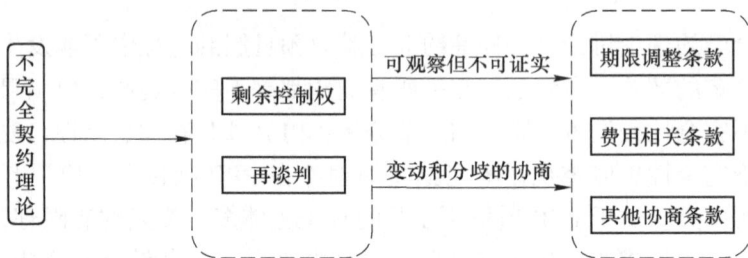

图 5-1 不完全契约理论与 PPP 合同条款关系图

二、PPP 项目合同不完全性研究思路

基于上述分析，本书将分别从期限调整条款、费用相关条款、其他协商条款出发，结合合同文本分析 PPP 项目合同不完全性。首先，确定 PPP 项目合同的行业与项目库级别；其次，以"可观察但不可证实"或"变动和分歧的协商"为标准，筛选出合同中的"不完全性"条款，并分为期限、费用、协商三类；最后，从词频和条款两个角度分析合同不完全性。通过这种方法，既能用高频词客观反映这类条款普遍约定的事宜与处理方式，又能具体地分析这类条款存在的共性问题。具体思路如图 5-2 所示。

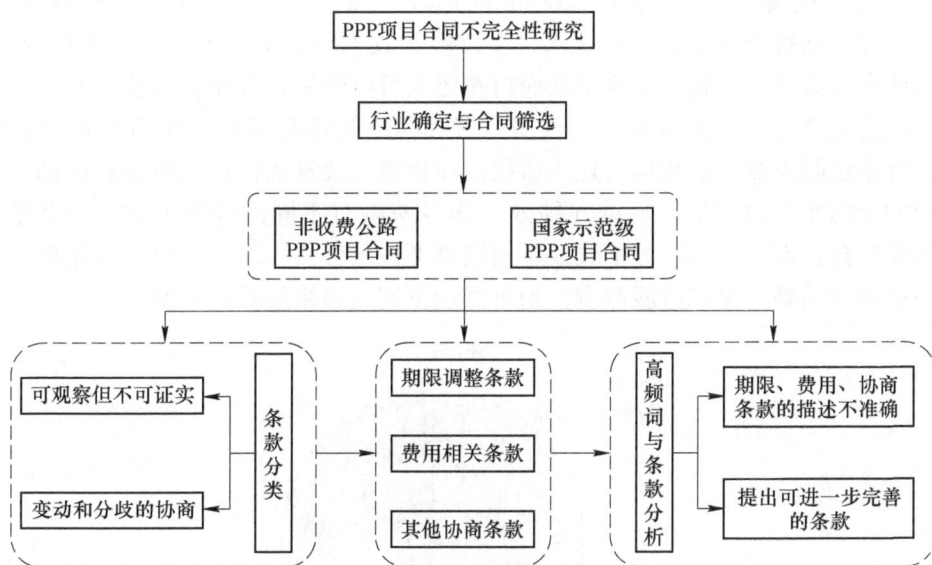

图 5-2　PPP 项目合同不完全性研究思路图

三、PPP 项目合同样本选择与高频词构建

（一）样本选择

选取非收费公路 PPP 项目为研究对象，主要考虑此类项目的代表性、广泛性、特殊性。第一，不管是项目数量还是项目投资额，市政工程 PPP 项目和交通运输 PPP 项目在财政部 PPP 项目管理库中都占较大比例，而这两类 PPP 项目中都包含有非收费公路 PPP 项目，有一定的代表性。第二，根据交通部对国家公路交通的规划，未来将以非收费公路为主体，非收费公路里程将占公路总里程的 97％。第三，以非收费公路 PPP 项目为代表的无收益类 PPP 项目因没有稳定使用者付费，很少在国外实行，也是 PPP 模式中国化的一个体现，具有研究价值。第四，非收费公路 PPP 项目因无使用者付费，监管体系中的公众监管尤其不足，急需健全非收费公路 PPP 项目的绩效评价体系，做好项目监管工作。

在财政部 PPP 项目管理库选择"交通运输"与"市政工程"并以"路""道"作为关键词查找处于执行阶段的、属国家示范级的非收费公路 PPP 项目并下载合同。另外，为了便于下一阶段的词频分析，筛去了下载的合同文件转换格式后内容错漏过多的项目合同。最终分析 55 份非收费公路 PPP 项目合同，具体项目清单见附录。

如图 5-3 所示，非收费公路 PPP 项目的回报机制以政府付费为主，占项目数量的 78.2％，剩下的 21.8％项目则均采取可行性付费的方式。即使部分非收费公路 PPP 项目的建设运营内容还包括相应的综合管廊或享有公交站广告投放收入、综合管廊入廊费及管廊服务费收入、车位停放收入等，依旧无法覆盖项目成本，更无法令社会资本盈利。不论是政府付费还是可行性缺口补贴，社会资本来自政府的收益主要由建设阶段的可用性服务费和运维阶段的运维（绩效）服务费组成。可用性服务费一般在项目建成后根据项目竣工决算的建设总投资与内部收益率于约定的年份内付清。运维（绩效）服务费则有不同的计算方式：一是根据运营期社会资本方支出、内部收益率与运维考核服务费支付；二是直接根据运营期绩效考核结果支付相应服务费，物价浮动不调整运维绩效服务费。

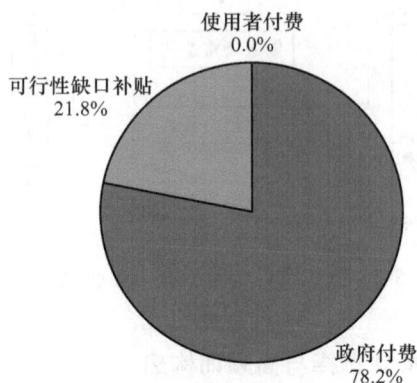

图 5-3 筛选后非收费公路 PPP 项目回报机制分布图

如图 5-4 所示，55 个非收费公路 PPP 项目中近七成合作期限在 10～15 年之间。此外，合作期限在 15～20 年的 10 个 PPP 项目中，有 8 个项目的合作期限为 15 年，剩下的 2 个项目则是 17 年。即非收费公路 PPP 项目的合作期限大量分布在 10～15（含）年，究其原因是近些年大部分央企、国企由于集团过会、投资决策红线设置等因素，要求无收益类项目期限不得超过 10～15 年，且大多数市政项目合作期限也选择在 10～15 年之间。其中"湖南省常德市沅江过江隧道 PPP

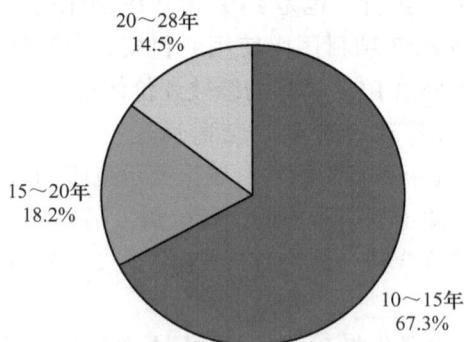

图 5-4 筛选后非收费公路 PPP 项目合作年限分布图

项目"合作期限最长为 28 年，以政府付费为回报机制。

（二）PPP 项目合同文本高频词获取

通过精读选取的 55 份非收费公路 PPP 项目合同，分别提取"约定了发生重大变动"或"分歧后与期限调整""资金"以及"协商"相关的条款。利用 R 语言的 jieba 包对条款分词、统计词频。首先，增加如表 5-1 所示的工程项目、PPP 项目专业词汇为保留词，防止分词时这类词汇被拆分影响后续的词频结果。

表 5-1　额外增加的保留词（部分）

保　留　词				
特许经营权	估算	工程建设其他费	绩效考核	仲裁机构
特许经营期	总投资	资金链	不可预见费	履约担保金
投融资	货币	债务性资金	涨跌价	投资回报率
独占性	资本金	移交保证期	措施费	开工日
超额收益	项目公司	会议纪要	附加费	运维期
政府方	可行性缺口	物有所值	统计局	社会资本
社会资本方	全生命周期	财政承受能力	缺陷责任期	合作期限
政府付费	全寿命周期	移交日	临时接管	保函
附属设施	履约担保	折现率	法律法规变更	运维
可研	履约保证金	盈亏平衡点	法律变更	设计变更
行为方	工程变更	台班	运营期	股东方

其次，将"条款""合同""各项"等合同常用词汇以及其他与研究无关的词汇加入到停用词表（见表 5-2）。

表 5-2　额外增加的停用词（部分）

停　用　词						
甲方	发出	并且	规定	执行	行为	包括
乙方	一方	对本	工程	有效	实际	机构
双方	上述	严重	约定	采取	日期	条款
合同	根据	引起	时间	意向	范围	进行
协议	减少	给予	文件	部门	达成	如果
相应	完成	原因	措施	情形	日内	其他
未能	全部	影响	事件	确定	条件	项下
按照	视为	提出	程序	不得	另一方	通知
任何	甲乙	增加	指定	确认	直至	情况
导致	变化	项目	万元	各方	该项	不能

接下来，进行分词，获得词频统计结果，并依据词频结果合并同义词。最后，确定高频词的词频阈值。刘奕杉等研究发现高频词阈值选取的基本方法有自定义选取法、高低频词界定公式选取法、普赖斯公式选取法。第一种自定义选取法最为常用，但自行选取高频词无法保证科学性与可信性，自选前 N 位词为高频词忽视了词频信息。第二种高低频词界定公式选取法依据的是公式 $T = (-1 + \sqrt{1 + 8I_1})/2$，其中 I_1 代表词频为 1 的词数。而这种方法依赖于词频为 1 的关键词，不易操作。第三种普赖斯公式选取法以公式 $M = 0.749 \sqrt{N_{max}}$（其中 M 代表高频词阈值，N_{max} 代表最高词频的频数）确定高频词词频阈值。普赖斯公式最先用于确定领域核心文献，改进后将 N_{max} 从被引次数的最高值改为最高词频数即可判断高频词阈值。因此，出于科学性、可信性、可操作性的考虑，本书选取第三种普赖斯公式选取法确定高频词阈值。

四、期限调整高频词及条款分析

（一）期限调整高频词

根据期限调整条款的分词和词频统计结果，合并同义词后，最高词频为"延长"词条的 252 次，则该类条款的高频词阈值为 12 次，得到了 54 个关键词，具体如表 5-3 所示，图 5-5 是相应的词云图。

表 5-3　期限调整条款高频词表

关键词	词频	关键词	词频	关键词	词频	关键词	词频
延长	252	甲方原因	41	损失	27	迟延	15
延误	176	费用	38	变更	26	调整	14
不可抗力	128	延期	37	同意	26	考古	14
建设	98	工程进度	36	合理	25	移交	14
建设期	90	用地	34	索赔	25	价值	13
工期	89	相关	34	归责	24	设计变更	13
有权	68	支付	33	乙方原因	22	违约责任	13
合作期	65	运营	33	补偿	21	经营期	12
进度	55	额外费用	30	合作期限	21	实质性的损失	12
完工	54	变动	30	文物	20	化石	12
期限	48	受阻	29	开工	17	历史文物	12
运营期	47	法律	29	验收	16	违反	12
承担	45	违约	29	宽展	16		
法律变更	44	适当	28	经营	16		

图 5-5　期限调整条款高频词词云图

从词频结果可以看出以下三点：第一，期限调整条款主要针对建设阶段的工期延误事宜。建设期因不可抗力、甲方原因、法律变更、设计变更、发现文物这类非乙方原因导致工程建设进度延误的，乙方即社会资本或项目公司有权申请延长建设期并顺延运营期。第二，部分合同中与期限调整有关的条款还约定了乙方有权因该类建设延误向甲方索赔，除顺延合作期外，甲方还应给予相应的经济补偿。第三，在用词描述上，这部分条款多数只做了最基本的约定。如"有权"是对责任的明确，"相关""适当""实质性的损失"是宽泛的描述。后续有关事件发生后，双方仍要对具体的处理方案采取协商谈判。

（二）条款分析

从高频词的分布来看，可以发现所选的这 55 份非收费公路 PPP 项目合同期限调整条款集中关注非乙方原因导致工期延误时，甲方在合作期限和经济方面的补偿。同时多数合同明确，如"工程进度如果因下列情况受阻，上述进度日期可相应顺延"，虽然在后续内容中说明了几种可顺延的情况，但合同中未提及如何确定顺延期限。即使按不可抗力等事件的实际阻工时间同等顺延，在乙方提交申请时阻工也许并未结束，在确定顺延期限方面有出现分歧的可能。另外，合同未约定甲方是否承担乙方因延期造成的损失，如工程延期、经营期顺延，则社会资本获取可用性服务费、运维服务费的时间也相应后移，增加了乙方的融资成本。所以建议合同中增加条款"导致建设期延长，由此产生的利息和损失由甲方承担"。

该部分高频词中未出现"提前"等类似词条，说明对提前竣工情况进行约定的合同不多。若缩短工期是基于甲方要求，所产生的费用能否计入项目总投资。乙方主动提出的缩短工期，应先与甲方协商，并采取措施确保工程质量。若项目提前竣工并验收通过，项目是否需要调整运营期、能否提前进入运营期。

因此，期限调整条款除了对合作期限可顺延的事宜作出约定外，还应包括以下部分：

（1）除因乙方原因导致工期延误的，首笔年可用服务费支付日期不变；

（2）若因非乙方原因导致工期延误且乙方按规定申请的，可适当延长项目合作期，延长的期限应等同于该事件对建设造成影响的实际期限，并经充分评估论证后确定；

（3）若因甲方原因导致乙方未能如期开工或停工，且在 15 天以上的，甲方除予以顺延工期外，还应支付乙方由此而产生的直接经济损失，具体金额以相应实行的定额为准；

（4）若是甲方提出缩短工期的合理要求，所产生的费用不再计入项目建设全部成本（或按实际支付）；

（5）如工程提前完工并验收通过，甲方应允许项目提前进入运营期，乙方有权要求甲方相应提前支付可用性服务费。

（三）费用相关高频词及条款分析

1. 费用相关高频词分析

根据费用相关条款分词和词频统计结果，合并同义词后，最高词频为"损失"，共计出现 538 次，该类条款的高频词阈值为 18 次，最终得到了 76 个关键词，具体如表 5-4 所示，图 5-6 是相应的词云图。

从高频词条的分布来看，费用相关条款主要关注对"损失""赔偿""补偿"等内容的约定，围绕"不可抗力""法律变更""设计变更"等引起项目成本费用变化的事件。同时在补救措施方面，原则上要求以上事件发生时，有关方应努力采取合理的补救措施以尽量减少损失、降低损害。具体的损失认定金额，则是在相应补救、降损措施已经采取的基础上，双方依据责任方、支出费用、增加成本赔偿金额，并一般以"达到与之前基本相同的经济状况"为标准协商具体的补偿金或赔偿金。此时，若产生争议，双方可协商后聘请"第三方"机构对具体金额做公正客观的评估，且该评估结果应被双方共同接受。而该高频词表中之所以会出现"工期延误""竣工"等与合作期限有关的词条，是因为合同中设计变更的相关条款会约定延期损失、延误后的顺延。

2. 条款分析

非收费公路 PPP 项目合同中，与资金约定相关的条款数量较多。本研究基于剩余控制权与再谈判的特点，剔除合同中明确说明"合作期内不调整可用性绩

表 5-4　费用相关条款高频词表

关键词	词频	关键词	词频	关键词	词频	关键词	词频
损失	538	扣除	85	额外费用	39	经营性业务	27
有权	289	服务费	85	批准	38	保险	26
不可抗力	271	违约方	82	第三方	38	征用	26
费用	224	移交	81	同意	38	设计变更	25
赔偿	210	保函	72	争议	37	乙方原因	24
补偿	202	减轻	69	标准	36	经济状况	24
协商	199	合理措施	69	另有约定	34	基本相同	24
承担	191	损害	65	评估	34	尽快恢复	23
支付	185	受损害方	64	验收	34	事先	23
终止	172	减少损失	63	收益	33	损坏	23
金额	164	支出	59	修改	33	比例	23
法律变更	147	延长	50	进度	33	分享	22
违约	142	修复	48	索赔	32	缺陷	21
合理	125	降低	47	扩大	32	利益	20
调整	119	设施	45	尽量减少	31	适当	20
投资	112	成本	43	公共利益	30	补救	20
相关	100	违约金	43	违约责任	30	终止补偿	18
工期延误	95	经济损失	43	相应顺延	29	经常性支出	18
变更	90	竣工	43	资产	27	工程量	18

图 5-6　费用相关条款高频词词云图

效服务费"的条款，也筛去对运维绩效服务费付费方式及因物价变动、贷款基准利率改变而调整服务费的条款。首先，这部分与资金有关的条款中不可抗力、法律变更、其他变更等依旧需要重点关注。因为这类事件的发生会引起项目成本、支出变化，而造成的损失很难认定，并最多只能就损失承担主体进行约定，如不可抗力条款中约定"双方各自承担不可抗力造成的损失"。

其次，为有效降低不可抗力、违约、变更而造成的损失，PPP 项目合同要求有关方"始终尽一切合理的努力，以减轻或降低花费的支出和发生的损失"，并提出"如果受损害方未能采取可以降低损失的措施，违约方可以请求从赔偿金额中扣除应能减少的损失金额"或"违约赔偿时可扣除由于受损害方的作为或不作为造成的损失或者应由受损害方承担的损失"实际上，该类条款中的"尽一切努力""受损害方造成的损失"等的相应金额很难确定，合同中也没有相应条款明确该部分金额的认定方法。但部分合同约定若双方难以就损失达成一致，最终以"双方委托的第三方机构所确定的金额"为准。

再次，PPP 项目合同中关于提前竣工给予奖励以及双方对额外收益、项目未来经营性收益等与收入相关的条款也不明确，多数是对双方在签订项目合同时甲方未将广告、命名权等作为项目公司的经营性收入内容，后续需要针对性的协商。但由"分享"的词频发现这类条款数量不多。原因有二：一方面双方已经在合同中确定了有关收益的分享比例，因此在选择条款时未提取类似条款；另一方面确实有部分合同完全没有这类条款。

最后，约定设施损坏、道路损毁等的条款。如建设阶段有关设施损坏的，乙方应以不低于该设施的标准进行修补并补偿；若项目大修与车辆超载有直接关系，项目公司提交有关证据后，政府可负责部分大修费用；为后期需对项目设施缺陷或损害修复无法实施或过于昂贵的，则甲方有权获得补偿。

因此，费用相关条款虽不能准确约定，但依旧可以通过以下条款增强完备性。

（1）因不可抗力导致本合同解除的，由甲方收回项目相关资料等，并给予适当补偿，补偿数额以甲方和乙方共同委托的具有相应资质的评估机构对项目已形成的固定资产确认的资产评估额为依据。项目已形成的固定资产是指在项目土地使用区域范围内的公路及公路附属设施。

（2）因不可抗力造成的甲方可得利益损失，由甲方承担；因不可抗力造成的乙方投资额与资产评估额的差额损失以及投资回报的损失，由乙方承担。

（3）发生甲方介入或临时接管的，若是乙方原因造成的，乙方应以正常履行情况下的服务费作为违约金赔偿损失；若是非乙方原因导致的，政府应依旧支付乙方正常履行情况下的服务费。

（4）因乙方提出的变更而节约的投资数额报政府相关部门审核后，甲乙双方按 4∶6 的比例分配该部分收益。

（5）损失的认定时以受损害方或第三方造成的直接经济损失为准，若有关方无法就损失赔偿金额达成一致的，可共同委托省外或市外具有相应资质的第三方机构鉴定评估确定金额。

（6）若项目公司计划就有关可达的经营性业务开展收费工作的，需要与甲方就收费标准达成一致，并经价格主管部门审核批准。当收费标准不能取得一致时，通过组织开展成本调查、专家论证、委托第三方工程咨询机构评估等形式，为有关方面协商确定收费标准提供依据。若政策另有规定，按规定执行。

（7）如果任何一方对服务费金额有异议，双方应为解决异议进行协商，协商期自甲方提出异议之日起七个工作日或按双方届时约定的更长期间。但甲方应按本合同约定时间及时支付无争议的金额。

（8）在项目施工过程中，对有关设施造成损坏的，乙方应当积极与产权人进行协商予以修复或给予相应的经济补偿。

（9）如果为符合本合同规定的标准所需进行的对本项目设施缺陷或损害及环境污染责任的修复无法实施或不合理地增加负担或过于昂贵，则甲方有权因本项目的性能指标降低而获得补偿。

五、其他协商条款高频词及条款分析

（一）其他协商条款高频词分析

根据其他协商条款的分词和词频统计结果，合并同义词后，最高词频为"协商"词条的 546 次，则该类条款的高频词阈值为 18 次，得到了 49 个关键词，具体如表 5-5 所示，图 5-7 是相应的词云图。

表 5-5　其他协商条款高频词表

关键词	词频	关键词	词频	关键词	词频	关键词	词频
协商	546	清单	63	提前	34	更改	22
争议	225	会谈	56	标准	34	接收人	22
不可抗力	195	协调委员会	51	提前终止	33	定期	22
终止	181	法律变更	46	第三方	30	损失	21
移交	163	违约	43	仲裁	29	失效	21
解决	117	费用	42	索赔	27	裁决	21
移交委员会	86	验收	42	整改	27	终止补偿	20
终止意向通知	86	协商期	39	转移	23	效力	20
修改	84	资产	38	重大	23	运营维护	20
变更	84	移交日	36	利益	23	变动	19
商定	82	约束力	35	纠正	22	工程项目	18
解除	64	批准	35	支付	22	移交程序	18

图 5-7　其他协商条款高频词词云图

这部分条款高频词与前两部分条款高频词的最大区别在于，该高频词表涉及较多与程序有关的关键词，如"移交委员会""终止意向通知""协调委员会""移交程序"等。因为涉及移交、争议等事宜，往往需要成立相应机构或第三方机构参与，进行仲裁、移交资产。这也表明，PPP 项目合同中无法就这类事宜事先提出有效的解决方案。而从"终止""移交""违约"等词条中可以了解协商的易发环节。同时，高频词分布上也有与之前类似的，也受"不可抗力""法律变更""变更"等双方不可控事项的影响。另外该高频词表中出现了"终止补偿"这一涉及费用的词条，因为部分合同条款明确将是否终止的谈判与终止补偿的协商一起商讨——同一条款中既涉及"终止"，也涉及"终止补偿"。

（二）其他条款分析

与高频词表反映的现象一致，PPP 项目合同中其他协商条款主要就"变更""移交""争议"等事宜做基本的约定。如"出现变更或发生不可抗力事件后是否继续履行合同""项目临近移交时成立移交委员会商议确定移交清单""若合作中出现争议，如何协商争议"等。因此虽然规范这类条款无法解决 PPP 合同不完全性问题，但依旧能对有关程序做出约定，更高效地解决问题与争端。因此，其他协商条款部分应完备，包括以下条款：

（1）如果在本合同生效后，因法律变更、政府行为及不可抗力影响履行合同义务且长达 90 天以上的，双方应尽力就继续履行本合同进行协商，若不能达成一致，则一方可向另一方发出终止意向通知。若在协商后的 90 天内仍无法达成一致的，任何一方有权给予另一方书面通知后立即终止本合同。

（2）因解释或履行本合同过程中产生的任何争议由项目协调委员会进行协商解决，项目协调委员会的一致决议对双方均有约束力。

（3）如移交时任一方对是否达到移交标准有异议的，则由移交委员会聘请第三方机构进行评定，第三方机构的聘请费用由提出异议的一方承担。

（4）在特许经营期的最后一年内，涉及项目的固定资产处置的重大经营、财务决策应由甲方和乙方双方共同商定。

（5）发出的任何终止意向通知均应同时向贷款人发出一份复印件。在终止意向通知发出之后，双方应在30天内协商避免本协议终止的措施。如果乙方和甲方就将要采取的措施达成一致意见，或者涉及方在相应的协商期或双方可能同意的更长的时间内纠正了违约事件，终止意向通知即自动失效。

参 考 文 献

[1] 聂辉华．不完全契约理论的转变［J］．教学与研究，2011（1）：71-78.

[2] Coase R. The nature of the firm［J］．Economica, 1937, 4（3）：386-405.

[3] Grossman S J , Hart O D . The Costs and Benefits of Ownership：A Theory of Vertical and Lateral Integration［J］. Journal of Political Economy, 1986, 94（4）：691-719.

[4] Hart O , Moore J . Property Rights and the Nature of the Firm［J］. Journal of Political Economy, 1990, 98（6）：1119-1158.

[5] Tirole J. Procurement and Renegotiation［J］. Journal of Political Economy, 1986, 94（2）：235-259.

[6] 费方域．不完全合同、产权和企业理论［M］．上海：上海人民出版社，2011.

[7] 王志刚，郭雪萌．PPP项目风险识别与化解：基于不完全契约视角［J］．改革，2018（6）：89-96.

[8] 闫明星，范君晖．养老PPP项目治理机制研究——基于不完全契约理论［J］．中国发展，2018，18（1）：66-72.

[9] 张羽，徐文龙，张晓芬．不完全契约视角下的PPP效率影响因素分析［J］．理论月刊，2012（12）：103-107.

[10] Iossa E , Martimort D . Corruption in PPPs, Incentives and Contract Incompleteness［J］. SSRN Electronic Journal, 2014, 44：85-100.

[11] 娄迪．不完全契约理论下PPP项目风险分配研究——以G市地下综合管廊PPP项目为例［J］．管理观察，2019（24）：9-11.

[12] 马行耀．PPP模式下不完全契约风险分析及对策研究［J］．科技经济市场，2019（2）：70-73.

[13] Hodge G, Boulot E, Duffield C, et al. After the Ribbon Cutting: Governing PPPs in the Medium to Long Term [J]. Australian Journal of Public Administration, 2017, 76 (3): 330-351.

[14] Hodge G A, Greve C, Boardman A E. International Handbook on Public-Private Partnerships [R]. Cheltenham: Edward Elgar, 2010.

[15] Demirel H C, Leendertse W, Volker L, et al. Flexibility in PPP contracts-Dealing with potential change in the pre-contract phase of a construction project [J]. Construction Management and Economics, 2017, 35 (4): 196-206.

[16] Klijn E H, Koppenjan J. The impact of contract characteristics on the performance of public-private partnerships (PPPs) [J]. Public Money & Management, 2016, 36 (6): 455-462.

[17] 周海宝. 不完全契约视角下 PPP 合同最优设计研究 [J]. 法制与经济, 2017 (7): 58-59.

[18] 吉富星. 不完全契约框架下 PPP 项目效率困境与规范创新研究 [J]. 当代财经, 2018 (4): 36-44.

[19] 张硕宇, 任志涛, 胡欣. 不完全契约视角下 PPP 项目政府补偿机制研究 [J]. 项目管理技术, 2017, 15 (8): 15-19.

[20] 任志涛, 雷瑞波, 胡欣, 等. 不完全契约下 PPP 项目运营期触发补偿机制研究 [J]. 地方财政研究, 2019 (5): 51-57.

[21] 王远胜, 周中举. 论政府实施部门 PPP 项目合同风险管理——基于不完全契约理论的分析 [J]. 西南民族大学学报 (人文社科版), 2017, 38 (4): 99-105.

[22] 张丽俊. 基于不完全契约的 PPP 项目 Partnering 模式研究 [D]. 成都: 西南石油大学, 2018.

[23] 霍媛媛. 基于不完全契约的 PPP 控制权配置模型构建 [J]. 现代经济信息, 2014 (22): 40-41.

[24] 张晓玲. 基于不完全契约理论的养老服务 PPP 模式研究 [D]. 济南: 山东财经大学, 2018.

[25] 汪雪琦. 不完全契约视角下 PPP 项目契约特征、地方政府清廉度与私人部门投资水平研究 [D]. 大连: 东北财经大学, 2018.

[26] 张淑华, 李潘武. PPP 项目剩余控制权配置对合作效率影响的模型研究 [J]. 项目管理技术, 2019, 17 (3): 17-22.

[27] 孙慧, 卢言红. PPP 项目剩余控制权配置的影响因素研究 [J]. 武汉理工大学学报 (信息与管理工程版), 2014, 36 (1): 91-94.

[28] 孙慧, 叶秀贤. 不完全契约下 PPP 项目剩余控制权配置模型研究 [J]. 系统工程学报, 2013, 28 (2): 227-233.

[29] 张云华, 丰景春, 薛松. 水利基础设施 PPP 项目剩余控制权优化配置模型 [J]. 科技管理研究, 2017, 37 (1): 189-193.

［30］孙燕芳, 张晓璇, 高宏洁 . PPP 项目控制权与现金流权的合理配置方法研究 ［J］. 建筑经济, 2016, 37 (2): 27-30.

［31］Tirole J. Incomplete Contracts: Where Do We Stand? ［J］. Econometrica, 1999, 67 (4): 741-781.

［32］Xiong W, Zhao X X, Wang H. Information Asymmetry in Renegotiation of Public-Private Partnership Projects ［J］. Journal of Computing in Civil Engineering, 2018, 32 (4): 04018028.

［33］Fernandes C , Oliveira Cruz C , Moura F . Expost evaluation of PPP government-led renegotiations: Impacts on the financing of road infrastructure ［J］. The Engineering Economist, 2019: 1-26.

［34］Ortega A , Maria D L A B , Vassallo J M . Contractual PPPs for Transport Infrastructure in Spain: Lessons from the Economic Recession ［J］. Transport Reviews, 2016, 36 (2): 187-206.

［35］Crocker K J, Reynolds K J. The Efficiency of Incomplete Contracts: An Empirical Analysis of Air Force Engine Procurement ［J］. Rand Journal of Economics, 1990, 24 (1): 126-146.

［36］Soecipto R M, Verhoest K. Contract stability in European road infrastructure PPPs: how does governmental PPP support contribute to preventing contract renegotiation? ［J］. Public Management Review, 2018, 20 (8): 1145-1164.

［37］Domingues, Sérgio, Zlatkovic D. Renegotiating PPP Contracts: Reinforcing the 'P' in Partnership ［J］. Transport Reviews, 2015, 35 (2): 204-225.

［38］Macário, Maria Do Rosário Maurício Ribeiro, Costa J D , Ribeiro, Joana André Matias. Cross-sector Analysis of Four Renegotiated Transport PPPs in Portugal ［J］. Transport Reviews, 2015, 35 (2): 226-244.

［39］高天 . 基于再谈判的 PPP 长期合同研究 ［D］. 天津: 天津理工大学, 2019.

［40］Hart G O D . The Costs and Benefits of Ownership: A Theory of Vertical and Lateral Integration ［J］. Journal of Political Economy, 1986, 94 (4): 691-719.

［41］Cruz C O , Marques R C . Exogenous Determinants for Renegotiating Public Infrastructure Concessions: Evidence from Portugal ［J］. Journal of Construction Engineering and Management, 2013, 139 (9): 1082-1090.

［42］刘婷, 赵桐, 王守清 . 基于案例的我国 PPP 项目再谈判情况研究 ［J］. 建筑经济, 2016, 37 (9): 31-34.

［43］Brux J D . The Dark and Bright Sides of Renegotiation: An Application to Transport Concession Contracts ［J］. Utilities Policy, 2010, 18 (2): 77-85.

［44］Ho S P, Tsui C W. The transaction cost of public-private partnerships: Implications on PPP governance design ［J］. The Lead 2009 Conference, 2009.

［45］Hasselgren B, Makovsek D, Perkins S. Public Private Partnerships for Transport Infrastructure;

Renegotiations, How to Approach Them and Economic Outcomes [C] // International Transport Forum Discussion Papers. OECD Publishing, 2015：1-20.

[46] 刘奕杉，王玉琳，李明鑫. 词频分析法中高频词阈值界定方法适用性的实证分析 [J]. 数字图书馆论坛，2017（9）：42-49.

第六章　PPP 项目监管动态绩效指标体系构建

第一节　绩效评价指标体系构建原则与思路

一、绩效评价指标体系构建原则

绩效评价指标体系构建时需要全面考虑有关因素、选取明晰可评判的指标、得到具有较强可操作性的指标体系。PPP 项目较一般项目更加复杂、项目期限更长，指标选取也应更加严谨周全，在构建绩效评价指标体系时要有明确的原则。本书选择"4E"理论指导构建指标体系。"4E"即经济性、效率性、效果性和公平性。最早由 Fenwick 在 1995 年提出"3E"理论，Flynn 在此基础上增加了"公平性"指标，最终形成了"4E"理论。"4E"理论最初被用于政府绩效审计，但它"结果为导向，兼顾多维度目标"的特点使其适合对 PPP 项目绩效做全面长远的评价。

（一）经济性原则

经济性在于评价 PPP 项目投入合理、成本控制有效。多数 PPP 项目投资额大，用更少的成本完成高质量的项目建设运营是评价 PPP 项目因素之一。不论是货币投入还是其他资源投入，都要进行合理的计划管理，在保证项目质量的前提下以相对合理的成本完成项目设计建造、做好项目运营维护。

（二）效率性原则

效率性侧重于评价 PPP 项目投入产出比等类似指标。PPP 项目全生命周期中涉及的有关对象众多，总体工作量大，需要投入大量的人力、物力、财力。因此，在评价 PPP 项目时，要考虑到一定投入水平下项目产出、价值是否最优。

（三）效果性原则

效果性主要评价 PPP 项目的产出与贡献是否符合预期，确保 PPP 项目能够正常运转。PPP 模式的应用是为了解决政府无法全力承担基础设施建设与公共服务成本的难题，因此无论建设运营时成本管理的效果如何，都需要从项目最终的价值、产出等方面评价项目。

（四）公平性原则

公平性评价 PPP 项目运行中收益风险的分配情况，另外还包括 PPP 项目对社会的影响。PPP 项目合作中双方风险分担、利益分配、剩余控制权分配与公平性有关；社会公众作为 PPP 项目的使用者能否有效地从中获得便利、满足需求也是公平性的判断因素。

二、绩效评价指标体系构建思路

PPP 项目绩效评价的文献较丰富，构建绩效指标评价体系的方法也多样，如平衡计分法、全生命周期法、关键绩效指标法等。而 PPP 项目具有复杂性、长期性特点，需要全生命周期的动态的绩效评价体系。另外，考虑到 PPP 项目合同不完全性以及合同对项目绩效的影响，将绩效评价指标体系分合同不完全性和协商效果评价指标、项目运行绩效评价指标两部分。其中，合同不完全性评价指标围绕"期限调整""费用相关""其他协商"三方面，评价多数非收费公路 PPP 项目合同中缺少但仅需较低的成本便可完善的"不完全性"条款。协商效果评价指标则将分别评价不可抗力与变更事宜、其他需要协商事宜的处理效率。项目运行绩效的评价指标和评价内容主要通过文献研究获得。具体思路如图 6-1 所示。

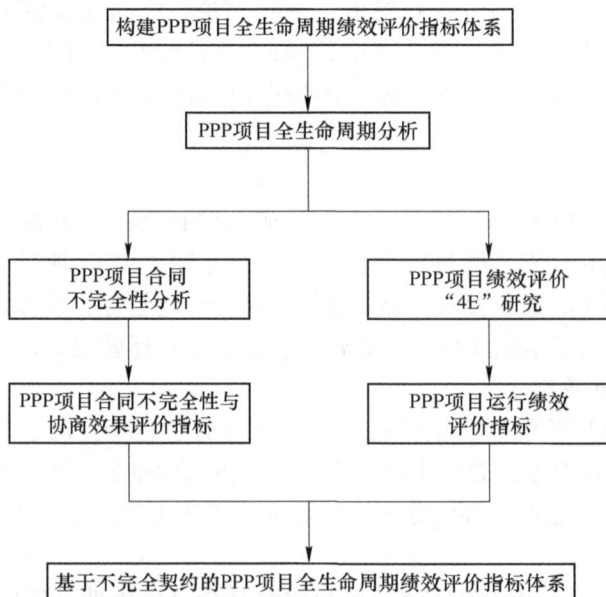

图 6-1 基于不完全契约的 PPP 项目全生命周期绩效评价指标体系构建思路图

三、绩效评价指标体系划分

虽有部分学者采用全生命周期法评价 PPP 项目绩效，但对阶段的划分则各有侧重，表6-1罗列了几类常见的划分方式。当前文献对项目阶段的划分总体与《政府和社会资本合作模式操作指南（试行）》或《政府和社会资本合作（PPP）项目绩效管理操作指引》中划分的类似，但存在部分差异。第一，是否合并识别阶段和准备阶段为立项阶段；第二，是否将采购阶段分为招标阶段和特许权授予阶段；第三，是否将执行阶段分为建设阶段与运营阶段。本书对有关文献进行梳理，结合研究目的，考虑到项目采购前识别准备可评价的内容有限、招投标阶段与特许权授予阶段分开评价的意义不大、执行阶段中建设期与运营期的评价指标有一定的相似，将PPP项目全生命周期绩效评价指标体系划分为准备阶段、采购阶段、执行阶段、移交阶段。

表6-1 PPP项目绩效评价全生命周期划分梳理表

序号	文　献	全生命周期划分
1	养老PPP项目全过程绩效评价体系研究	识别阶段、准备阶段、采购阶段、建设阶段、运营阶段、移交阶段
2	PPP模式下基础设施建设项目绩效评价研究	立项阶段、招投标阶段、特许权授予阶段、建设施工阶段、运营阶段、移交阶段
3	基于利益相关者理论的PPP项目绩效评价研究	决策阶段、执行阶段、移交阶段
4	PPP项目绩效评价体系研究——以A项目为例	立项、招标阶段、特许权授予、建设实施、运营、移交
5	城市轨道交通PPP项目全生命周期绩效评价研究	立项准备阶段、招标阶段、融资谈判阶段、建设阶段、运营维护阶段、移交阶段
6	我国PPP项目绩效评价模型构建与实证研究	立项、招投标、建设施工、项目运营、项目移交
7	L公司污水处理PPP项目全生命周期绩效评价设计研究	建设期、运营期、移交期
8	基础设施PPP模式运行绩效评价研究	构思、主体选择、特许授权、建设、运营、移交
9	我国医疗卫生领域PPP模式的绩效评价研究	前期准备-立项阶段、合作方筛选-确定阶段、施工-结束阶段、运营-移交阶段
10	平衡计分卡在Y智慧城市PPP项目绩效评价中的应用研究	项目识别、项目准备、项目采购、项目执行、项目移交

序号	文　献	全生命周期划分
11	综合管廊 PPP 项目全生命周期绩效评价体系研究	决策阶段、建设阶段、运营移交阶段
12	基于"五位一体"的 PPP 项目绩效评价体系设计及应用	前期准备阶段、建设阶段、运营阶段、移交阶段

第二节　合同不完全性和协商效果与绩效评价指标识别

一、协商效果评价指标识别

（一）采购阶段

由于 PPP 合同文本是在准备及采购阶段就已基本确定，所以在采购阶段设置 PPP 合同不完全性评价指标，评价 PPP 项目合同条款设置的完备性。具体评价 PPP 项目合同在期限调整条款设置上的完备程度、PPP 项目合同在费用相关条款设置上的完备程度、PPP 项目合同在其他协商条款设置上的完备程度。由于 PPP 模式的特点，初始合同是项目后续合作的重要文件，虽然它的不完全性不可避免，但可减弱其不完全性。经过上一章的分析发现，合同不完全性多集中在"期限调整条款""费用相关条款"以及"其他协商条款"部分。而部分条款通过补充或完善，便可降低合同不完全性对项目的影响。

（二）执行阶段

（1）不可抗力、变更等事宜的处理效果。因 PPP 项目的复杂性、长期性与 PPP 项目合同的不完全性，项目执行阶段政府和社会资本将就发生的不可抗力事件、法律变更、设计变更等事宜再谈判，而谈判的内容多是关于调整合作期限与费用。所以可从因不可抗力、法律变更、设计变更等关于合作期限、费用分摊等协调效果的角度分析双方的处理这些事宜的效果与效率。

（2）其他执行阶段协商事宜的处理效果。项目执行阶段中，除了期限、费用外还有关于提前终止、争议调解、甩项验收等在 PPP 项目合同中未做出明确约定事项的协商。这类事宜的处理效果可以用因同一事件对是否提前终止、争议调解、甩项验收等处理方式的协调效果评价。

（三）移交阶段

分析发现，PPP 项目合同对移交事宜的约定较少，移交的不确定程度大。移交前恢复性大修、移交标准认定到移交资产确定、移交时间的安排等均约定不完全，相应对移交标准、移交日期等产生争议的可能性也高，影响着项目后续的运行绩效。因此,这一指标以商定时就移交事宜协调的效果作为评价内容。

二、运行绩效评价指标识别

PPP 项目运行绩效评价指标识别则主要以 "4E" 理论为指导,选择文献研究法并同时针对实施机构与项目公司进行评价确定各二级指标。中文文献的检索主要借助中国知网,检索篇名含 "PPP" "绩效评价",筛取删去与交通基础设施建设无关的文献;再检索篇名含 "PPP" "绩效评价" 且主题含 "全生命周期" 的文献。英文文献则以摘要中含有 "PPP"、篇名含 "evaluation" 为条件检索。另外,在指标体系的构建中还参考了最新发布的《政府和社会资本合作(PPP)项目绩效管理操作指引》,其分别对项目实施机构和项目公司进行绩效评价。因此根据研究目的,本书最终的 PPP 项目全生命周期运行绩效评价指标体系分别针对实施机构、项目公司选择评价指标,如表 6-2 所示。

表 6-2　PPP 项目全生命周期绩效评价指标

评价对象 评价阶段	实施机构	项目公司
准备阶段	准备阶段规范可行 PPP 项目库级别	
采购阶段	采购阶段规范性	社会资本选择的合理性
执行阶段	政府资金到位情况	建设进度管理 建设质量管理 建设成本管理 维护效果 运营安全 运营成本管理 缓解交通压力
移交阶段	移交后项目运营状况	维修担保

(一)准备阶段

准备阶段包括项目识别与立项,从项目发起到最终实施方案的审核。该阶段要进行物有所值评价、财政承受能力论证、实施方案的编制与审核等。物有所值评价和财政承受能力论证是判断项目是否适合采取 PPP 模式的手段,实施方案是依据前期的调研与论证情况编制的含项目概况、风险分配基本框架、PPP 项目运作模式、交易结构、合同体系、监管架构以及采购方式的招商方案。

1. 准备阶段规范可行

准备阶段是 PPP 项目的起点,其相关的工作内容为项目的后续运行奠定基础，需要对该阶段的操作是否规范可行加以评价。准备阶段规范可行指标评价具体是物有所值评价、财政承受能力论证、发起人的 PPP 项目经验。依据准备阶段物有所值评价中定性评价专家打分结果与定量评价物有所值指数判断 PPP 模式对该项目的适合度，依据财政承受能力论证中项目预算支出占一般公共预算支出的比例判断当地政府对该项目财政支出的承受能力。PPP 模式要求发起人具备有关的法律政策等知识以及管理经验，同时发起人经验对项目成功至关重要，关系到项目的进展速度，故依据发起人的 PPP 经验粗略判断发起人的 PPP 项目运作能力。发起人的 PPP 经验转化为发起人参与实施的 PPP 项目数指标量化后评价。

2. PPP 项目入库级别

为规范 PPP 模式发展，财政部与国家发改委均建立了相应的 PPP 项目管理库。从财政部与国家发改委对 PPP 项目的审批约束作用来看，合格的 PPP 项目均需要在两个部门的项目管理库中。其中，财政部 PPP 项目管理库还依据项目所处阶段与项目质量分为储备项目库、执行项目库、国家级项目库、省级项目库、市级示范项目库几种。因此，以 PPP 项目是否同时入财政部与国家发改委项目库且选入哪一级别的财政部 PPP 项目管理库评价项目的入库级别，借此反映项目质量、准备阶段工作的充分性。

（二）采购阶段

采购阶段若选择公开招标，需要先对申请的社会资本进行资格预审并判断项目能否获得响应实现充分竞争。当至少有 3 家社会资本通过资格预审时，可进行下一步采购文件编制，由评审专家评审。最后发起方按照评审确定的社会资本排名依次谈判，选择率先达成一致的作为中选者，并签署 PPP 项目合同。

1. 采购阶段规范性

包括项目采购阶段所历时长、所选采购方式的合理性。采购阶段的程序从资格预审开始，经过采购文件编制、响应文件评审后，以谈判与合同签署结束。可见采购阶段不管是从工作内容还是从工作效果上考虑，都存在一个合理的时间区间，过短的采购时长也许导致无法选出适宜合作的社会资本，过长的采购时间又说明实施机构、招标代理机构的运作效率低下或项目本身存在一些问题。此外，PPP 项目的采购方式有公开招标、邀请招标、竞争性谈判、竞争性磋商和单一来源采购。虽然多数非收费公路 PPP 项目选择公开招标，但不同的 PPP 项目适合不同的采购方式，需要据项目选择采购方式。

2. 社会资本选择的合理性

社会资本选择的合理性评价内容是项目最终中标价或成交价是否适中、社会资本曾参与 PPP 项目的次数与履约情况。采购阶段，社会资本的选择至关重要：社会资本良好的 PPP 项目运行管理能力不仅能够保证项目不因社会资本资金、清算、违法等因素提前终止，还能够正确应对各种突发事件，同时其丰富的行业经验可使项目建设运维保持在较高水准。因此，从中标价或成交价适中、社会资本的 PPP 项目经验与履约情况评判 PPP 项目合作的社会资本。

（三）执行阶段

项目的执行阶段需要由社会资本出资成立项目公司，而政府方也会指定有关机构参股。项目融资则是以社会资本或项目公司的名义进行，政府方会有相应机构监督。在项目的建设运营阶段定期监测绩效指标，进行中期评估，实行按效付费并及时公示绩效评价结果，及时整改。

1. 政府资金到位情况

在非收费公路 PPP 项目中，政府资金包括项目资本金、可用性服务费、运维服务费或者其他双方协商后确定的政府资金。政府资金能否及时到位关系着项目能否顺利开展、项目公司是否能够按计划偿还债务等问题。因此在执行阶段也需要就政府资金到位情况进行评价，评价内容为政府资金到位率。

$$政府资金到位率 = \frac{实际到位资金}{政府承诺资金} \times 100\%$$

2. 建设进度管理

不论是传统的政府采购，还是 PPP 模式的政府采购，都会关注项目的建设进度。PPP 合同中也对项目进度的开工日、竣工日等做出约定，并对因乙方原因导致工期延误提出了相应的违约赔偿要求。可见建设进度管理在项目中的地位，是绩效评价需要关注的指标之一，因此用项目建设进度完成率衡量该指标。

$$进度完成率 = \frac{实际进度}{计划进度} \times 100\%$$

3. 建设质量管理

项目建设质量管理指标评价社会资本或承包方对项目的建设效果。PPP 模式将项目建设与项目运营捆绑由一家社会资本负责，保障项目建设质量可降低后续的运营成本、减少不必要的运营开支。合同中也明确甲方在项目建设期的监管内容，因此直接通过竣工验收时甲方要求乙方整改的项数评价。

4. 建设成本管理

以非收费公路为例的非经营性 PPP 项目，社会资本建设成本的回收多数来自甲方的可用性服务费支付。而可用性服务费金额的认定以竣工后的审计结果与签约时商定的内部收益率为准。因此，需要进行合理的建设成本管理，可以用建设成本控制率衡量。

$$建设成本控制率 = \frac{实际建设成本}{预期建设成本} \times 100\%$$

5. 维护效果

非收费公路 PPP 项目难以用项目收益反映项目公司在项目运维阶段的绩效，

因此只能从项目日常的维护效果评价。具体的评分参照监管机构对项目的考核分数，包括日常维护和现场检查两部分。

6. 运营安全

非收费公路 PPP 项目需要承担区域交通运输任务，运营中的安全管理不可忽视。若公路上交通事故频发，且事故严重、影响大，一定程度上反映了 PPP 项目公司在运营的安全管理方面存在问题。因此，该指标用百万辆车事故率、事故处理效率衡量。

$$百万辆车事故率 = \frac{当年交通事故次数}{当年日均车流量 \times 365} \times 100\%$$

7. 运营成本管理

高速公路运营支出主要包括路产折旧、养护成本、财务费用、征收成本，非收费公路的运营成本集中在路产折旧、养护成本与财务费用支出。部分 PPP 项目合同中明确约定运营阶段政府支付的服务费与运营成本有关，项目公司能否合理控制运营成本也应作为绩效评价的一方面，具体可选运营成本控制率衡量。

$$运营成本控制率 = \frac{实际运营成本}{预期成本} \times 100\%$$

8. 缓解交通压力

非收费公路因建设周期不长，一般为 2 年左右，且运维期需要的人员不多，故不考虑该类项目对增加就业人数的效果。而公路项目的首要目的是改善区域交通拥堵情况、缩短通行时长，所以非收费公路 PPP 项目的社会效益评价可以直接通过缓解交通压力，具体以项目建成对地区交通堵塞、通行时间的改善程度和日均车流量年增长率衡量。

$$日均车流量年增长率 = \frac{当年日均车流量 - 上一年日均车流量}{上一年日均车流} \times 100\%$$

（四）移交阶段

特许经营期满或项目提前终止后将进入项目移交阶段。由政府组建的项目移交工作组根据合同约定的移交内容、方式、标准、补偿开展移交方案的审查、资产清查、支出台账建立工作，完成资产交割工作。移交完成后，政府会再对项目产出、效益、可持续性等进行绩效评价并公示。

1. 移交达标情况

PPP 项目移交范围包括相应土地使用权、有关设施设备权益、约定的各种文件档案资料。移交达标包括移交物品权益等的范围达标，也包括移交设施设备等的质量达标。完备的移交材料保证项目后续运营顺畅，优良的设施设备质量是移交后运营的基础。移交范围由移交委员会成员协商后确定并列出清单，移交质量认定则需要移交验收。因此，对移交达标情况的评价内容可以是移交设施资产技术完备、质量达到约定的移交标准。

2. 维修担保

维修担保是指移交完成后社会资本在一定时间内对项目设施资产提供的保修业务。移交过程中双方会就缺陷责任期的长度、提供维修担保的资产清单进行协商。一般而言，社会资本提供维修担保业务的设施资产越多，对项目的运行绩效更有利。同时，社会资本在缺陷责任期中的设施资产修复效果越好，表明该 PPP 项目的运行绩效越佳。因此，维修担保指标的评价内容分为对路面、设备等的维修担保率与缺陷责任期的修复效果。

$$路面、设备等的维修担保率 = \frac{提供路面、设备等的维修担保的设施数}{总的设施数} \times 100\%$$

综上所述，最终得到基于不完全契约的 PPP 项目全过程绩效评价指标及评价内容如表 6-3 所示。

表 6-3　PPP 项目全生命周期绩效评价指标评价内容

项目阶段	评价指标	评价内容
准备阶段	准备阶段规范可行（A1）	物有所值定性评价专家打分结果与定量评价物有所值指数； 财政承受能力论证中项目预算支出占一般公共预算支出的最高比例； 发起人参与实施的 PPP 项目数
	PPP 项目入库级别（A2）	是否同时入财政部与国家发改委项目库以及入选财政部 PPP 项目库级别
采购阶段	采购阶段规范性（A3）	开始采购到所需协议签署完成的时间合理性； 所选采购方式的竞争性程度
	社会资本选择的合理性（A4）	中标价或成交价适中； 社会资本曾参与 PPP 项目的次数与履约情况
	PPP 合同不完全性（A5）	PPP 项目合同在期限调整条款设置上的完备程度； PPP 项目合同在费用相关条款设置上的完备程度； PPP 项目合同在其他协商条款设置上的完备程度
执行阶段	政府资金到位情况（A6）	政府资本金与服务费等的到位率
	建设进度管理（A7）	项目建设进度完成率
	建设质量管理（A8）	验收整改情况
	建设成本管理（A9）	建设成本控制率
	维护效果（A10）	日常维护； 现场检查
	运营安全（A11）	百万辆车事故率； 事故处理效率

项目阶段	评价指标	评价内容
执行阶段	运营成本管理（A12）	运营成本控制率
	缓解交通压力（A13）	对地区交通堵塞、通行时间的改善程度； 年日均车流量增长率
	不可抗力、变更等事宜的处理效果（A14）	因不可抗力、法律变更、设计变更等关于合作期限、费用分摊等协调效果
	其他执行阶段协商事宜的处理效果（A15）	因同一事件对是否提前终止、争议调解、甩项验收等处理方式的协调效果
移交阶段	移交达标情况（A16）	移交设施资产技术完备、质量达到约定的移交标准
	维修担保（A17）	对路面、设备等的维修担保率； 缺陷责任期的修复效果
	移交事宜的商定效果（A18）	商定时就移交事宜协调的效果

第三节　PPP项目绩效评价指标赋权

PPP项目绩效评价指标权重的计算方法有层次分析法、熵权法、主成分分析法、结构方程模型等。层次分析法（AHP）依据专家对指标重要性的两两比较结果后得到各因素权重，但该方法对专家要求较高且受专家主观判断影响大。熵权法（EWM）以指标变异性大小判断其所含信息量，进一步确定权重，但同时由于熵权法实质得出的是指标变异性，因此有时候熵值更大的不一定代表指标更重要。主成分分析法（PCA）基于信息浓缩原理，以方差解释率计算权重，但本书指标按阶段划分，不适合将指标降维后得出权重的方法。

结构方程模型（SEM）则是将具体的评价指标作为潜变量，计算误差并修正后得到权重。而且首先，结构方程模型在计算指标权重时能够允许测量误差存在于自变量与因变量，还可判断模型的拟合情况并检验模型适配度；其次，结构方程模型对数据量要求更大，进一步减弱主观性的影响；最后，通过结构方程模型可以得到指标间的相互关系。基于以上分析，本书利用SPSS和AMOS以结构方程模型计算指标权重。

一、理论模型与问卷调查

基于所提出的绩效评价指标体系，主要以PPP项目准备阶段、采购阶段、执行阶段、移交阶段构建 PPP 项目全生命周期绩效评价的结构方程理论模型，如图 6-2 所示。并提出以下四个假设：

H1：准备阶段的评价指标对 PPP 绩效有正向影响。

H2：采购阶段的评价指标对 PPP 绩效有正向影响。

H3：执行阶段的评价指标对 PPP 绩效有正向影响。

H4：移交阶段的评价指标对 PPP 绩效有正向影响。

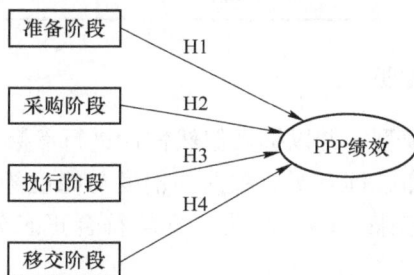

图 6-2　PPP 项目全生命周期绩效评价理论模型

通过问卷调查验证假设，得到指标权重，问卷见附录。问卷发放对象为 PPP 项目从业者。问卷主要在线上发放收集，具体渠道有：PPP 项目相关的 QQ 群、微信与微信群、各大论坛、邮箱、公众号等，最终回收有效问卷 208 份。问卷填写对象的基本情况如表 6-4 所示。

表 6-4　被调查者基本信息表

	分　类	频数	比例	累计比例
工作单位类型	政府部门或事业单位	36	17.3%	17.3%
	PPP 咨询公司	74	35.6%	52.9%
	建筑施工企业	29	13.9%	66.8%
	其他与 PPP 有关的企业	21	10.1%	76.9%
	高校或学术研究机构	28	13.5%	90.4%
	金融机构	5	2.4%	92.8%
	其他单位	15	7.2%	100.0%
从事 PPP 项目工作年限	3 年及以下	49	23.6%	23.6%
	3～5 年	92	44.2%	67.8%
	5～10 年	48	23.1%	90.9%
	10 年及以上	19	9.1%	100.0%

	分 类	频数	比例	累计比例
参与 PPP 项目数	0 个	12	5.8%	5.8%
	1~3 个	74	35.6%	41.3%
	3~5 个	45	21.6%	63.0%
	5 个及以上	77	37.0%	100.0%

二、描述性统计与检验

研究采用结构方程模型，并以极大似然估计进行参数拟合。而极大似然估计要求数据属多元正态分布，即各指标数据的偏度与峰度绝对值均小于2。根据描述性统计的偏度与峰度结果，18 个评价指标均符合正态分布（见表6-5），可以使用结构方程模型。

表 6-5　绩效评价指标描述性统计

指标	均值	标准差	方差	偏度	峰度
A1	3.98	1.033	1.067	−0.828	−0.012
A2	3.92	1.076	1.158	−0.823	−0.035
A3	4.16	0.921	0.849	−1.294	1.908
A4	4.23	0.800	0.640	−0.946	0.890
A5	4.25	0.850	0.722	−0.991	0.303
A6	4.32	0.837	0.701	−1.054	0.572
A7	4.21	0.874	0.764	−1.205	1.648
A8	4.30	0.844	0.713	−1.098	0.786
A9	4.24	0.895	0.802	−1.227	1.453
A10	4.26	0.786	0.618	−0.916	0.757
A11	4.27	0.914	0.835	−1.250	1.306
A12	4.14	0.862	0.742	−1.015	1.066
A13	4.08	0.861	0.742	−0.708	0.091
A14	4.02	0.882	0.777	−0.688	0.231
A15	3.95	0.891	0.794	−0.681	0.435
A16	4.20	0.833	0.693	−1.003	1.139
A17	4.10	0.876	0.768	−1.025	1.247
A18	3.94	0.951	0.905	−0.768	0.363

通过信度检验判断可靠性，以 Cronbach's α 系数评判，数值越接近 1 代表信度越高。总量表与分量表信度检验结果见表 6-6，总量表 Cronbach's α 系数0.906 >0.8，分量表 Cronbach's α 系数均大于0.6，通过信度检验，数据可靠。

表 6-6 绩效评价指标信度检验结果

量表	项数	Cronbach's α
准备阶段	2	0.720
采购阶段	3	0.640
执行阶段	10	0.864
移交阶段	3	0.712
总量表	18	0.906

为判断问卷数据的有效性，研究采用 KMO 检验和 Bartlett 球形检验效度。据表 6-7，除准备阶段分量表因只有 2 项 KMO 值为 0.500 外，其余各量表 KMO 值均大于 0.6，Bartlett 球形检验 P 值也均为 0，效度检验通过，数据有效。

表 6-7 绩效评价指标 KMO 检验和 Bartlett 球度检验结果

量表	项数	KMO 检验	Bartlett 球形检验 P 值
准备阶段	2	0.500	0.000
采购阶段	3	0.635	0.000
执行阶段	10	0.871	0.000
移交阶段	3	0.666	0.000
总量表	18	0.901	0.000

三、结构方程模型构建

在 AMOS 上绘制模型，以极大似然法得到各路径的标准化回归系数。图 6-3、图 6-4 为 AMOS 分析结果。判断结果有无违犯估计——测量变量显著、误差方差为正、标准化估计参数在 (0.5，0.95) 区间内。由表 6-8 可知，测量变量显著、误差方差为正且标准化参数估计在 (0.538，0.918) 之间。

接下来，进行模型拟合度检验，判断模型可用性。模型拟合度越高，可用性越强。拟合度指标有三类：绝对拟合指标、增值拟合指标、简约拟合指标。根据文献，GFI、AGFI 和 NFI 拟合指标受样本量影响较大，因此只要这三个指标大于 0.85 即可接受。具体的拟合指标、评判界限与检验结果如表 6-9 所示，部分指标未能通过检验，需修正模型。

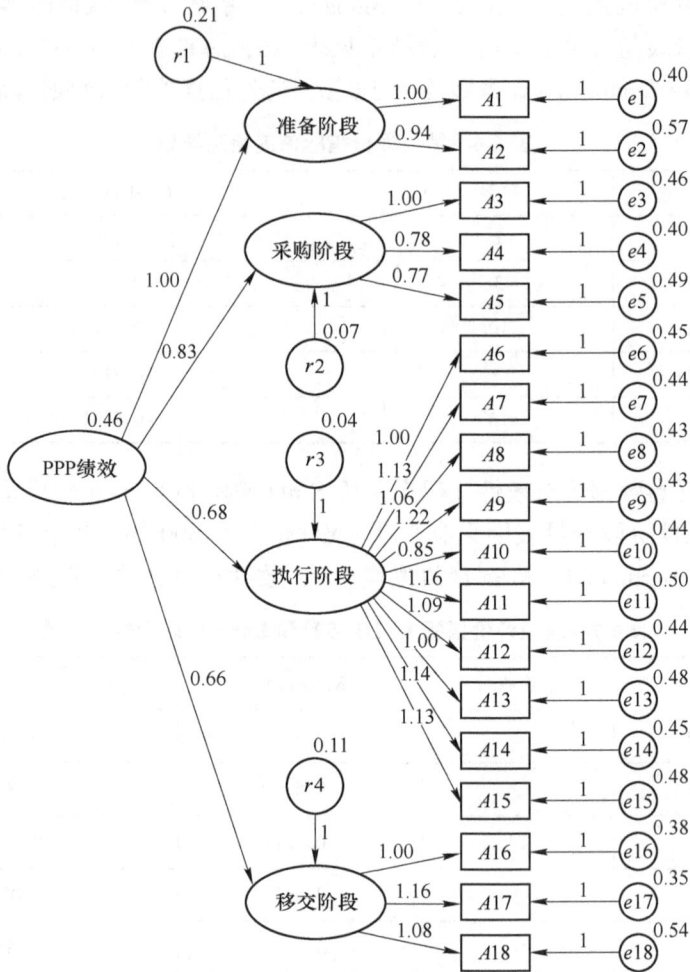

图 6-3　非标准化模型图

　　最后，根据 MI 值与指标相互关系逐步修正。修正后的标准化模型参数估计如图 6-5 所示。增加 e3 与 e11、e11 与 e12、e13 与 e16、e14 与 e15、e15 与 e18 共五条相关性路径：（1）采购阶段签订的协议与采购方式恰当（A3），签订的协议与中标的社会资本将直接保证项目后续的运营安全（A11）；（2）要保证项目的运营安全（A11），社会资本需选择合适的管养单位以规范要求为最低标准进行管养，一定程度上增加了项目的运营成本（A12）；（3）项目建成后越能缓解交通压力（A13），对项目的后续运维要求越高，移交达标情况（A16）也更难判定；（4）不可抗力、变更等事宜的处理效果（A14）与其他执行阶段协商事宜的处理效果（A15）是对项目合作中不同内容的协调效果的评价，因协调主体大致相同，也存在一部分的相关；（5）类似地，移交事宜的商定效果（A18）即项目即将终止时的协调效果评价，与其他执行阶段协商事宜的处理效果（A15）之间存在相关关系。根据表 6-10，最终各拟合指标基本通过检验（见表 6-11），模型可用。

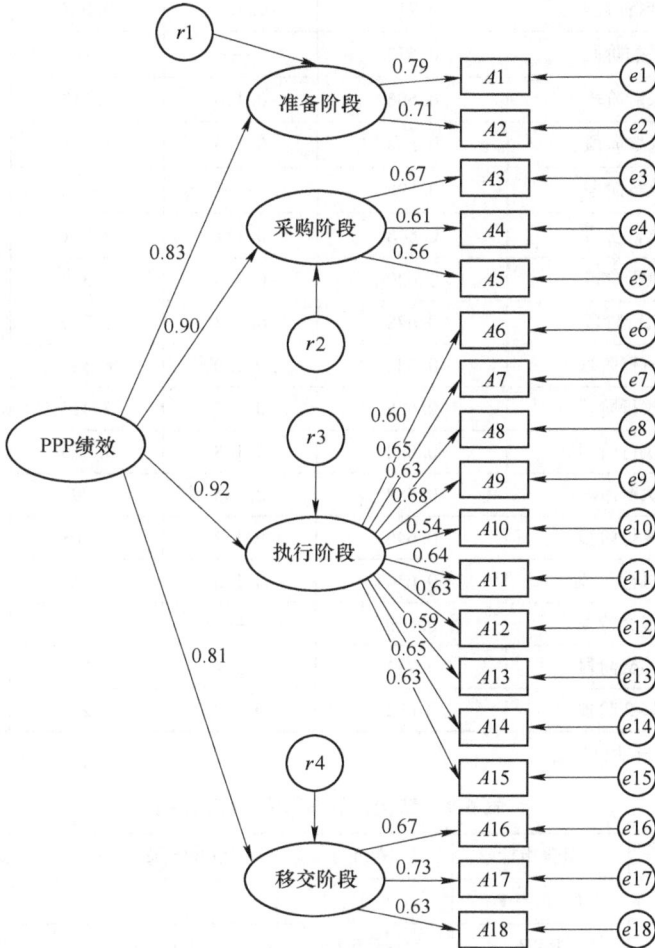

图 6-4 标准化模型图

表 6-8 标准化模型参数估计值表

	标准化参数估计	S. E.	C. R.	P
准备阶段 <---PPP 绩效	0.830	—	—	—
采购阶段 <--- PPP 绩效	0.905	0.111	7.446	* * *
执行阶段 <--- PPP 绩效	0.918	0.097	6.951	* * *
移交阶段 <--- PPP 绩效	0.807	0.096	6.906	* * *

续表 6-8

	标准化参数估计	S. E.	C. R.	P
A1 <--- 准备阶段	0.790	—	—	—
A2 <--- 准备阶段	0.713	0.108	8.659	＊＊＊
A3 <--- 采购阶段	0.673	—	—	—
A4 <--- 采购阶段	0.606	0.110	7.113	＊＊＊
A5 <--- 采购阶段	0.563	0.115	6.695	＊＊＊
A6 <--- 执行阶段	0.596	—	—	—
A7 <--- 执行阶段	0.648	0.151	7.521	＊＊＊
A8 <--- 执行阶段	0.629	0.145	7.358	＊＊＊
A9 <--- 执行阶段	0.678	0.157	7.770	＊＊＊
A10 <--- 执行阶段	0.538	0.130	6.531	＊＊＊
A11 <--- 执行阶段	0.635	0.157	7.415	＊＊＊
A12 <--- 执行阶段	0.632	0.148	7.385	＊＊＊
A13 <--- 执行阶段	0.588	0.145	6.993	＊＊＊
A14 <--- 执行阶段	0.646	0.152	7.508	＊＊＊
A15 <--- 执行阶段	0.630	0.153	7.369	＊＊＊
A16 <--- 移交阶段	0.669	—	—	—
A17 <--- 移交阶段	0.734	0.144	8.021	＊＊＊
A18 <--- 移交阶段	0.632	0.148	7.281	＊＊＊

注：＊＊＊表示结果显著。

表 6-9 结构方程模型拟合度评判

类别	拟合指标	标准	检验结果	是否通过
绝对拟合指标	CMIN/DF	小于 5	2.523	是
	RMR	小于 0.05	0.052	接近 0.05
	RMSEA	小于 1.0	0.086	是
	GFI	大于 0.85	0.845	接近 0.85
	AGFI	大于 0.85	0.798	否
增值拟合指标	NFI	大于 0.85	0.784	否
	CFI	大于 0.9	0.855	否
	IFI	大于 0.9	0.857	否
简约拟合指标	PNFI	大于 0.5	0.671	是
	PGFI	大于 0.5	0.732	是

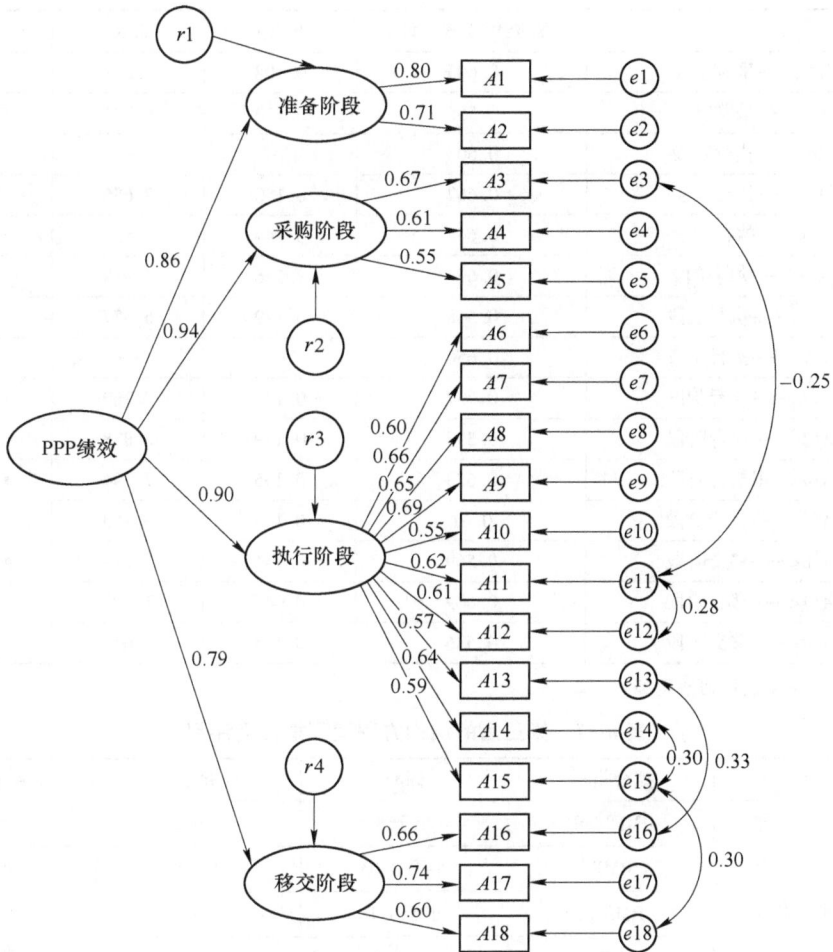

图 6-5　修正后的标准化参数估计

表 6-10　修正后标准化模型参数估计值表

	标准化参数估计	S. E.	C. R.	P
准备阶段<---PPP 绩效	0. 856	—	—	—
采购阶段<---PPP 绩效	0. 941	0. 106	7. 789	＊＊＊
执行阶段<---PPP 绩效	0. 899	0. 090	7. 120	＊＊＊
移交阶段<---PPP 绩效	0. 785	0. 090	6. 810	＊＊＊
A1<---准备阶段	0. 797	—	—	—
A2<---准备阶段	0. 707	0. 104	8. 850	＊＊＊
A3<---采购阶段	0. 673	—	—	—

续表 6-10

	标准化参数估计	S. E.	C. R.	P
A4<---采购阶段	0.605	0.108	7.251	* * *
A5<---采购阶段	0.553	0.113	6.721	* * *
A6<---执行阶段	0.603	—	—	—
A7<---执行阶段	0.662	0.150	7.656	* * *
A8<---执行阶段	0.648	0.144	7.539	* * *
A9<---执行阶段	0.694	0.156	7.919	* * *
A10<---执行阶段	0.548	0.129	6.627	* * *
A11<---执行阶段	0.656	—	—	—
A12<---执行阶段	0.737	0.152	7.769	* * *
A13<---执行阶段	0.598	0.149	6.878	* * *
A14<---执行阶段	0.623	0.155	7.294	* * *
A15<---执行阶段	0.61	0.145	7.183	* * *
A16<---移交阶段	0.569	0.141	6.864	* * *
A17<---移交阶段	0.609	0.148	7.187	* * *
A18<---移交阶段	0.586	0.145	7.010	* * *

注: * * *表示结果显著。

表 6-11 修正后的结构方程模型拟合度评判

类别	拟合指标	标准	检验结果	是否通过
绝对拟合指标	CMIN/DF	小于 5	1.971	是
	RMR	小于 0.05	0.048	是
	RMSEA	小于 1.0	0.069	是
	GFI	大于 0.85	0.883	是
	AGFI	大于 0.85	0.841	接近 0.85
增值拟合指标	NFI	大于 0.85	0.837	接近 0.85
	CFI	大于 0.9	0.911	是
	IFI	大于 0.9	0.913	是
简约拟合指标	PNFI	大于 0.5	0.690	是
	PGFI	大于 0.5	0.750	是

四、结果输出

通过对修正后模型的标准化参数估计进行归一化处理,获得指标权重,如表 6-12 所示。

表 6-12 PPP 项目全生命周期绩效评价指标各级权重

项目阶段	权重	评价指标	权重
准备阶段	0.240	准备阶段规范可行（A1）	0.526
		PPP 项目入库级别（A2）	0.474
采购阶段	0.262	采购阶段规范性（A3）	0.365
		社会资本选择的合理性（A4）	0.329
		PPP 合同不完全性（A5）	0.306
执行阶段	0.265	政府资金到位情况（A6）	0.096
		建设进度管理（A7）	0.104
		建设质量管理（A8）	0.101
		建设成本管理（A9）	0.109
		维护效果（A10）	0.086
		运营安全（A11）	0.102
		运营成本管理（A12）	0.102
		缓解交通压力（A13）	0.095
		不可抗力、变更等事宜的处理效果（A14）	0.104
		其他执行阶段协商事宜的处理效果（A15）	0.101
移交阶段	0.233	移交达标情况（A16）	0.329
		维修担保（A17）	0.361
		移交事宜的商定效果（A18）	0.311

依据权重结果，项目四个阶段的权重分布较为趋近，而采购阶段（0.262）、执行阶段（0.265）权重更大。说明在 PPP 项目全生命周期绩效评价中，采购阶段、执行阶段的评价尤为重要，需重点把控。接下来分析各阶段的权重结果。

准备阶段的"准备阶段规范可行（A1）"指标权重更大，因该指标的评价内容包括了物有所值评价结论、财政承受能力论证结论、发起方的 PPP 项目经验，评价的范围广、内容全面。"PPP 项目入库级别（A2）"虽能反映项目完备性与可操作性，但在全面性、客观性方面有所欠缺。

采购阶段中，与准备阶段相似，如"采购阶段规范性（A3）"的评价规范性指标权重最大。但"PPP 合同不完全性（A5）"指标权重与之相差不多，表明 PPP 合同不完全性对 PPP 项目绩效有较大影响，在 PPP 项目绩效评价中不应忽视该项内容，指标增加具有实际意义。

执行阶段中，"建设成本管理（A9）"权重位居第一。因非收费公路 PPP 项目中多数投资用于项目建设，且项目的建设成本不低，做好建设成本管理对项目绩效评价而言尤其重要。该阶段各项指标均比较重要，如"建设进度管理（A7）""建设质量管理（A8）""不可抗力、变更等事宜的处理效果（A14）""其他执行阶段协商事宜的处理效果（A15）"等 6 个评价指标权重在 0.1 以上。证明项目执行阶段中，建设运营的各个方面都应重视。同时也应关注各事项的处理效果，在尽可能完善 PPP 项目合同的基础上提高协商效率。

移交阶段的绩效评价指标的权重为"维修担保（A17）"最大，说明项目移交后社会资本对有关设施所提供的维修担保服务对项目运行绩效有一定影响。虽然"移交事宜的商定效果（A18）"权重略小，但二级指标权重仍旧接近 1/3，也验证了该指标在 PPP 项目绩效评价中的重要性。

第四节 案 例 分 析

本节将前文提出的基于不完全契约的 PPP 项目全生命周期绩效评价体系应用于两个采购方式、社会资本类型等完全不同的非收费公路项目中，以验证其可靠性。通过座谈会、问卷调研的方式获取两个案例的有关数据及评分，进行项目综合绩效评价，根据绩效评价并结合两项目的异同点分析结果存在差异的原因。

一、案例一——A 项目绩效评价项目概况

A 项目为隧道建设项目，是一条位于城市西部、实现南北贯通的城市主干道，令两地通行时间由 45min 降低至 20min。项目全线含隧道、匝道、桥梁、地面接线道路、管理用房以及地下过街设施。为 A 项目的建设运营，政府有关部门采用 BOT 模式，并以单一来源采购的方式与某市政府直属国企 CT 集团协商确定合作细节并签约。商定总投资 45.5 亿元，合作期限 23 年，其中建设期 3 年，运营期 20 年。CT 集团负责项目融资、建设、运维等工作，建设完成后政府回报专营补贴（类似前文提到的"可用性绩效服务费"）并支付管养费用（类似前文提到的"运维绩效服务费"）。此外，合同约定，CT 集团在运营期享有隧道冠名权、广告经营权、入廊费收取权。大修方案由 CT 集团编制并按程序报批，费用通过公开招标确定，并在当年城建城管计划中安排。其他时期的各类维修费用由 CT 集团自行负责。

项目于 2012 年 12 月开工，2016 年 8 月通车。主线设计时速 60km/h，匝道设计时速 30km/h。后因车流量与群众投诉，在 2018 年 12 月进行了一次提速改造，主线提速至 80km/h，匝道提速至 40km/h。运营期内，由 CT 集团下属养护企业负责项目的日常养护，市政设施监管中心监管项目运营情况。其后因某些原因，政府于 2019 年 4 月启动项目的回购。回购完成后，A 项目的运营维护管理

从 PPP 项目模式转为普通的市政设施模式，由市政设施监管中心直接管理项目运营。

二、A 项目阶段性绩效评价

（一）准备阶段评价

A 项目于 2012 年由政府相关部门发起，发起时财政部尚未印发《政府和社会资本合作项目财政承受能力论证指引》（财金〔2015〕21 号）、《PPP 物有所值评价指引（试行）》（财金〔2015〕167 号），因此 A 项目未曾进行财政承受能力论证、物有所值评价。A 项目发起方为该市城乡建设委员会，在此之前未曾发起过 PPP 项目。同时，全国政府和社会资本合作（PPP）综合信息平台管理库建立于 2014 年，因此无法判断 A 项目的入库级别。因此，准备阶段最终的调研打分结果如表 6-13 所示。

表 6-13　A 项目准备阶段评分结果

评价指标	评价内容	评价数据/方式	评分
准备阶段 规范可行（A1）	物有所值定性评价专家打分结果与定量评价物有所值指数	未进行	—
	财政承受能力论证中项目预算支出占一般公共预算支出的平均比例	未进行	—
	发起人参与实施的 PPP 项目数	0 次	1
PPP 项目 入库级别（A2）	是否同时入财政部与国家发改委项目库且入选财政部 PPP 项目库级别	未进行	—

注：—表示无该项评分内容。

（二）采购阶段评价

因 A 项目的采购方式为单一来源采购，是一种非招标的、缺乏竞争性的采购方式。因此，项目采购阶段中政府方在确定合作的社会资本方为 CT 集团的基础上，与 CT 集团协商具体事宜。因此采购时间较短，即 2012 年 9 月双方开始谈判，2012 年 12 月正式签约。因成交价为经过商谈后的定价，认定合理。在选择的社会资本方面，CT 集团在参与 A 项目前未曾参与运行 PPP 项目，也不存在违约记录。

依据合同 3.3.2 条中总结的期限调整条款，A 项目合同在 7.2.4 条还约定了若项目通车时间提前或延误 90 天以上，则专营补贴支付日期以每满 90 天为一个周期作相应提前或延期；该条款涉及了第（1）、（5）项内容。合同 8.3.9 条还约定了因不至于解除合同的乙方原因导致建设期延误的，运营截止时间顺延，但每年的专营补贴金额不变；13.3 条则说明了当发生不可抗力并对履行相应义务产生影响按产生影响的相同时间顺延；涉及第（2）项内容。而合同中没有提及第（3）、（4）项内容，即未约定当甲方原因导致乙方未能如期开工时的期限顺延、损失赔偿细则，以及甲方提出缩短工期要求的费用处理方式。

依据 3.4.2 条中总结的费用相关条款，A 项目合同在 11.5.4 条中提到若社会资本方在移交期满 90 天内仍无法完成移交的，双方共同选定一家评估机构进行该无法移交部分的价值评定；为避免争议，以选定的评估机构为价值评定标准，但合同其他部分未涉及（1）中不可抗力下补偿（若有）认定、（5）中损失认定评判。6.1.3 条中略有提及不可抗力下双方损失以保险赔偿覆盖，同时政府也有权获得相应的损失赔偿金额；则第（1）项内容无需再进行约定，第（2）项内容则因合同以保险作为不可抗力的唯一赔偿获取方式，对双方的赔偿认定尚未明确。10.6.2 条对临时接管期间的费用、专营补贴事项进行约定，支付的专营补贴中相应扣除政府因临时接管导致的费用；涉及第（3）项内容，条款虽未对临时接管的原因进行分类，但基本约定清晰。3.1 条专营权授予中包括隧道冠名权、广告经营权、入廊费收取等权利，且均要求经有关部门审批认可；涉及第（6）项内容，但实际操作中 A 隧道社会资本未实现有关权利的行使。17.1 条概括性地提及若双方出现争议优先协商解决，但未似第（7）项详细约定协商期与协商期间专营补贴的支付问题。综上，A 项目合同未约定（4）乙方变更所节约的费用分配、（7）政府拨款金额出现争议的协商期与按时支付、（8）设施损坏后与产权人协商、（9）非不可抗力情况下项目无法修复或修复费用过高时的处置。

对于其他协商条款，合同 13.7 条中写明不可抗力事件阻止一方履行合同且超过 90 天的，双方可协商继续履行或终止履行；虽未对法律变更、政府行为等进一步约定，但也涉及了第（1）项内容。17.1 条是双方合作中争议解决处理，若双方在合作中出现争议可先协商，协商不成的提出仲裁；涉及第（2）项内容。另外的几项内容，如（3）移交标准异议评定处理、（4）移交前重大经营决策共同商定、（5）发出终止意向通知后的处理等内容在合同中未进行明确约定。

A 项目采购阶段评分结果如表 6-14 所示。

表 6-14 A 项目采购阶段评分结果

评价指标	评价内容	评价数据/方式	评分
采购阶段规范性（A3）	开始采购到所需协议签署完成的时间合理性	历时 3 个月	4
	所选采购方式的竞争性程度	单一来源采购	1
社会资本选择的合理性（A4）	中标价或成交价适中	45.5 亿元	5
	社会资本曾参与 PPP 项目的次数与履约情况	0 次	2

评价指标	评价内容	评价数据/方式	评分
PPP 合同 不完全性（A5）	PPP 项目合同在期限调整条款设置上的完备程度	缺少 2 项	3
	PPP 项目合同在费用相关条款设置上的完备程度	缺少 4 项	3
	PPP 项目合同在其他协商条款设置上的完备程度	缺少 3 项	3

（三）执行阶段

A 项目于 2012 年 12 月正式进入建设期，计划工期 36 个月，但因前期动迁耗时过长，最终的通车时间为 2016 年 8 月。A 隧道验收质量均达标，养护公司正式接手隧道运营工作后因设备不佳而更换部分设备。因此即使其验收时无整改项，评价时仍下降一个档次。项目建设完成后的结算金额为 31.75 亿元，很大程度上缩减了成本。到了运营阶段，根据调研结果，A 项目进入运营阶段后政府资金按合同约定分别于每年的 1 月、7 月支付约定的专营补贴。在项目的维护效果评价方面，以市政设施监管中心在 2019 年第三季度对 A 项目的考核结果作为评分依据——日常维护得分 46.5，满分 50；现场检查得分 47，满分 50。交通事故率的评价以百万辆车事故率的增减为标准，A 项目 2018 年百万辆车事故率为 23.50，2019 年百万辆车事故率为 21.14，因此 A 项目在 2019 年的百万辆车事故率减少了 10.05%。而事故处理效率以专家打分作为评判。项目运营成本管理应涉及公司商业，由运营管理人员评估运营成本控制率所处范围后得到最终评分。A 项目的建设目的是缓解区域交通运行压力，改善相关路段堵塞状况、缩短通行时间，因此选择时常通行于该隧道的使用者对评价这一内容。2018 年日均车流量 55254 辆，2019 年日均车流量 64148 辆，因此 2019 年日均车流量增长 16.10%。不可抗力、变更等事宜的处理效果评价与其他执行阶段协商事宜的处理效果评价以专家打分的方式得到评分，见表 6-15~表 6-17，问卷见附录。

表 6-15 A 项目执行阶段评分结果

评价指标	评价内容	评价数据/方式	评分
政府资金到位情况（A6）	政府资本金与服务费等的到位率	均及时拨款	5
建设进度管理（A7）	项目建设进度完成率	推迟竣工 8 个月	1
建设质量管理（A8）	验收整改情况	设备不佳	4
建设成本管理（A9）	建设成本控制率	成本缩减 69.78%	5

评价指标	评价内容	评价数据/方式	评分
维护效果 （A10）	日常维护	93 分	4
	现场检查	94 分	4
运营安全 （A11）	百万辆车事故率增长	−10.05%	4
	事故处理效率	专家打分	4.33
运营成本管理 （A12）	运营成本控制率	管理人员评价	4
缓解交通压力 （A13）	对地区交通堵塞、通行时间的改善程度	使用者评价	5
	年日均车流量增速	16.10%	5
不可抗力、变更等事宜的处理效果 （A14）	因不可抗力、法律变更、设计变更等关于合作期限、费用分摊等协调效果	专家打分	2.67
其他执行阶段协商事宜的处理效果 （A15）	因同一事件对是否提前终止、争议调解、甩项验收等处理方式的协调效果	专家打分	3.33

表 6-16 A 项目专家打分表

评价内容	专家 1	专家 2	专家 3	专家 4	专家 5	专家 6
事故处理效率	4	4	4	5	4	5
因不可抗力、法律变更、设计变更等关于合作期限、费用分摊等协调效果	4	3	2	4	2	1
因同一事件对是否提前终止、争议调解、甩项验收等处理方式的协调效果	4	2	2	3	4	5

表 6-17 A 项目使用者打分结果表

评价内容	使用者 1	使用者 2	使用者 3	使用者 4	使用者 5	使用者 6
对地区交通堵塞、通行时间的改善程度	5	5	5	5	5	5

（四）移交阶段

虽然项目的回购在 2019 年 4 月启动，但截至目前移交尚未完成，因此暂不对移交阶段的指标进行评价。

三、A 项目绩效评价结果分析

根据上一部分的评分，准备阶段中项目未进行物有所值评价、财政承受能力评价与项目入库,评价内容不足,因此本次绩效评价只针对采购阶段与执行阶段进行。最终的绩效评价分数通过指标权重乘指标得分率的方式求得,则采购阶段与执行阶段的得分为 35.75 分(总分 52.70 分),将分数扩大为百分制后的得分为 67.84 分。具体的绩效评价得分汇总表如表 6-18 所示。

表 6-18 A 项目绩效评价得分汇总表

项目阶段	评价指标	评分统计	指标总分	指标得分
采购阶段	采购阶段规范性(A3)	2.5	9.57	4.79
	社会资本选择的合理性(A4)	3.5	8.62	6.03
	PPP 合同不完全性(A5)	3	8.01	4.80
执行阶段	政府资金到位情况(A6)	5	2.54	2.54
	建设进度管理(A7)	1	2.76	0.55
	建设质量管理(A8)	4	2.68	2.14
	建设成本管理(A9)	5	2.89	2.89
	维护效果(A10)	4	2.29	1.83
	运营安全(A11)	4.17	2.71	2.25
	运营成本管理(A12)	4	2.69	2.15
	缓解交通压力(A13)	5	2.51	2.51
	不可抗力、变更等事宜的处理效果(A14)	2.67	2.75	1.47
	其他执行阶段协商事宜的处理效果(A15)	3.33	2.68	1.79

A 项目采购阶段与执行阶段在百分制的情况下综合绩效评价得分不到 70,说明其在较多指标方面表现不佳,以下依据表 6-18"评分统计"列,就主要指标进行分析。五分制下单项评价指标得分最低的是"建设进度管理(A7)",得分 1。不同于现在的多数非收费公路 PPP 项目,前期工作由政府负责、前期费用由社会资本负责,A 项目前期工作也由社会资本进行,政府只提供必要的审批协助等工作。因此,项目在建设前期因征地拆迁问题拖延太久,导致工期延误。同时项目要求在该市召开的某国际会议前通车,因此工期紧张、无法按实际受到影响的日期顺延,甚至后期土建、机电、强弱电、绿化等单位共同施工。次低的指标是"采购阶段规范性(A3)",得分 2.5。该指标是对采购时间合理性、采购方式竞争性的评判,但 A 项目是直接由政府方与 CT 集团谈判协商确定建设运营的细则,为最缺乏竞争性的单一来源采购,且采购时间短。第三低的指标是"不可抗力、变更等事宜的处理效果(A14)",得分 2.67。说明在合作过程中管理人员认为在执行阶段因不可抗力、法律变更、设计变更等就关于合作期限、费用等再谈判的效果不佳,亟需改善。

四、案例二——B 项目绩效评价项目概况

B 项目由区管委会主导，采用 BOT 模式，经过"公开招标+竞争性谈判"的采购流程后，区政府确定与某私企 WX 签订项目投资主体协议。协议涉及的隧道主体工程总投资 14.32 亿元，隧道计划在 42 个月内建成，建成后有 20 年的运营期。为利于该 PPP 项目的运行，政府与 WX 共同成立一个项目公司，以该项目公司为运行主体，负责项目的融资、建设、运营、移交。运营期内，项目公司拥有隧道冠名权以及隧道用地范围内的广告经营权（含地表，地表的使用仅限于广告经营权）和因第三方于隧道用地范围内铺设电力、电信线路而享有的向第三方收取租金或有偿使用费用的权利。此外，区管委会还会在运营期向项目公司支付专营补贴和管养费用。其中，隧道大修任务也委托给养护单位，养护单位在每年年底提交大修方案经项目公司审批后于次年实行该计划。

B 项目是该市第一个采用 BOT 模式建设的市政设施基础项目，在 2007 年 7 月签约，2010 年 12 月通车。项目建设单位为成立的项目公司，施工单位、设计单位、养护单位都由项目公司采购确定。2017 年 3 月，WX 以项目公司的专营权合同收益为基础资产进行资产证券化，相当于提前获取了项目收益。与 A 项目类似，B 项目在 2016 年 12 月也进行了提速改造工作，部分路段从原来的 60km/h 提速到 80km/h，提速后交通事故率明显提高，增加了项目运维工作量。

五、B 项目阶段性绩效评价

（一）准备阶段评价

B 项目于 2006 年发起。因发起时间过早，有关财政承受能力论证、物有所值评价政策尚未出台，因此 B 项目未曾进行这两类评价，也未被纳入全国政府和社会资本合作（PPP）综合信息平台管理库。B 项目是该市第一个市政设施 BOT 项目，发起方区管委会之前也无 BOT 经验。因此，准备阶段最终的调研打分结果见表 6-19。

表 6-19 B 项目准备阶段评分结果

评价指标	评价内容	评价数据/方式	评分
准备阶段规范可行（A1）	物有所值定性评价专家打分结果与定量评价物有所值指数	—	—
	财政承受能力论证中项目预算支出占一般公共预算支出的平均比例	—	—
	发起人参与实施的 PPP 项目数	0 次	1
PPP 项目入库级别（A2）	是否同时入财政部与国家发改委项目库且入选财政部 PPP 项目库级别	—	—

注：—表示无该项评分内容。

（二）采购阶段评价

非单一来源采购的 PPP 项目的采购阶段以资格预审作为开始，签订 PPP 项目合同作为结束，而 B 项目资格预审时间为 2006 年 11 月、签约时间为 2007 年 6 月，采购阶段大约历时 7 个月。B 项目选择了"公开招标+竞争性谈判"的采购方式降低总投资。可通过招标时的最高和最低投资估价判断中标价的适中程度：最高投资报价为 19.10 亿元，最低报价为 11.93 亿元，竞争性谈判后的签约金额为 14.32 亿元，价格适中。WX 在此之前没有 PPP 项目经验。

B 隧道主体 BOT 协议中期限调整条款的结构设置与 A 项目的类似。合同 4.3.3 条约定通车日的提前或延误超过 90 天，则专营补贴的支付时间以 90 天为一周期提前或延误；涉及（1）工期延误时专营补贴支付的处理、（5）项目提前竣工时专营补贴支付的处理。而 6.2.9 条与 11.3 条均允许社会资本在项目运行中受到非自身原因影响的情况下可按事件产生影响的实际日期顺延合作期限。另外，以下两项内容未在合同中进行说明：（3）甲方原因导致项目延迟开工或停工 15 天以上的，甲方是否需要赔偿损失；（4）若甲方提出缩短工期，所增加的费用的处理约定。

该合同中费用相关条款的设置已较为完善。14.4.5 条指出若合同因部分原因提前终止则甲方应按时支付补偿（如有）；涉及第（1）项，对提前终止情况下社会资本是否有额外的损失补偿进行说明。5.1.4 条与 11.3 条分别约定了获得保险赔偿后社会资本需保证政府方得到其应有的赔偿份额，同时合作双方各自承担不可抗力下的支出；涉及了第（2）项内容。8.5.1 条明晰了发生临时接管后对专营补贴发放、政府方支出费用扣除的处理方式；涉及了第（3）项内容。4.6 条约定当双方对专营补贴、专营补贴调整、重大变更费用有异议时，优先协商，协商不成的采取仲裁；涉及第（5）、（7）项内容。虽项目公司享有隧道命名权、广告运营权、入廊费收取，但 5.1.9 条要求运营期间铺设非隧道运营所需管线应经政府方认可；涉及第（6）项内容。5.1.15 条明确要求项目公司在参与项目运行中造成的环境污染等损害、损失负责，对政府方予以经济赔偿；涉及第（8）项。综上，第（4）项因乙方提出变更所节省费用的处置方式、第（9）项非不可抗力情况下项目无法修复或修复费用过高时政府方对社会资本方的处置方式等内容未约定。

合同还有涉及其他协商条款部分的内容，如 11.7 条提到当不可抗力事件的发生影响某一方的义务履行超 90 天的，双方协商后确定是否继续履行协议，若 180 天内无法协商一致的，可终止合同；涉及第（1）项内容。15.1 条对双方合作中的争议进行了大体上的约定，即协商优先，协商不成的选择仲裁；涉及第（2）项内容。其他的与 A 项目合同类似，B 项目主体协议缺少第（3）、（4）、（5）项内容的关键点。

B 项目采购阶段评分结果见表 6-20。

表 6-20 B 项目采购阶段评分结果

评价指标	评价内容	评价数据/方式	评分
采购阶段规范性（A3）	开始采购到所需协议签署完成的时间合理性	历时 7 个月	5
	所选采购方式的竞争性程度	公开招标+竞争性谈判	5
社会资本选择的合理性（A4）	中标价或成交价适中	价格适中	5
	社会资本曾参与 PPP 项目的次数与履约情况	0 次	2
PPP 合同不完全性（A5）	PPP 项目合同在期限调整条款设置上的完备程度	缺少 2 项	3
	PPP 项目合同在费用相关条款设置上的完备程度	缺少 2 项	4
	PPP 项目合同在其他协商条款设置上的完备程度	缺少 3 项	3

（三）执行阶段

B 项目于 2007 年 6 月开工，2010 年 12 月通车，历时 42 个月，按时竣工、未超出计划工期。项目验收时，土建、机电、设备等均一次性通过验收，没有需要进行整改的内容。建设成本控制评价因项目数据保密需要，由相关管理人员直接对该项评分。根据 B 项目的 PPP 协议，每年的 7 月 25 日及次年 1 月 25 日分别支付年补贴的 1/2；实际运营期间政府方均能按时支付款项。项目的维护效果评价也按市政设施监管中心在 2019 年第三季度对 B 项目的考核结果作为评分依据——日常维护得分 47.5，满分 50；现场检查得分 43，满分 50。2018 年 B 隧道内的百万辆车事故率为 22.21，2019 年为 17.82，即 2019 年的百万辆车事故率较上一年减少了 19.76%。事故处理效率以专家打分作为评判。项目运营成本管理应涉及公司商业，由运营管理人员评估运营成本控制率后判断其所处范围得到最终评分。B 隧道联结两地交通，大大降低了两地来往的通行时间，使用者评价均为极好。2018 年日均车流量 45145 辆，2019 年日均车流量 50572 辆，日均车流量即将达到 6 万辆的设计车流量，而 2019 年日均车流量增长 12.02%。不可抗力、变更等事宜的处理效果评价与其他执行阶段协商事宜的处理效果评价以专家打分的方式得到评分，见表 6-21~表 6-23。

表 6-21 B 项目执行阶段评分结果

评价指标	评价内容	评价数据/方式	评分
政府资金到位情况（A6）	政府资本金与服务费等的到位率	按时竣工	3
建设进度管理（A7）	项目建设进度完成率	一次性验收	5

评价指标	评价内容	评价数据/方式	评分
建设质量管理（A8）	验收整改情况	管理人员评价	3
建设成本管理（A9）	建设成本控制率	均及时拨款	5
维护效果（A10）	日常维护	95分	5
	现场检查	86分	2
运营安全（A11）	百万辆车事故率增长	-19.76%	5
	事故处理效率	专家打分	4.17
运营成本管理（A12）	运营成本控制率	管理人员评价	4
缓解交通压力（A13）	对地区交通堵塞、通行时间的改善程度	使用者评价	5
	年日均车流量增速	12.02%	4
不可抗力、变更等事宜的处理效果（A14）	因不可抗力、法律变更、设计变更等关于合作期限、费用分摊等协调效果	专家打分	2.67
其他执行阶段协商事宜的处理效果（A15）	因同一事件对是否提前终止、争议调解、甩项验收等处理方式的协调效果	专家打分	3.67

表6-22 B项目专家打分表

评价内容	专家1	专家2	专家3	专家4	专家5	专家6
事故处理效率	4	4	4	5	4	5
因不可抗力、法律变更、设计变更等关于合作期限、费用分摊等协调效果	4	3	2	4	2	1
因同一事件对是否提前终止、争议调解、甩项验收等处理方式的协调效果	4	4	2	3	4	5

表6-23 B项目使用者打分表

评价内容	使用者1	使用者2	使用者3	使用者4	使用者5	使用者6
对地区交通堵塞、通行时间的改善程度	5	5	5	5	5	5

（四）移交阶段

项目运营期共20年，当前已运营10年，且政府未对项目启动提前回购，因此绩效评价不涉及移交阶段。

六、B项目绩效评价结果分析

与A项目类似，B项目在准备阶段也未进行项目的物有所值评价、财政承受能力评价与项目入库，评价内容不足，因此本次绩效评价只针对采购阶段与执行阶段进行。可得采购阶段与执行阶段的得分为 41.74 分（总分 52.70 分），将分数扩大为百分制后的得分为 79.20 分。具体的绩效评价得分汇总表如表 6-24 所示。

表 6-24　B 项目绩效评价得分汇总表

项目阶段	评价指标	评分统计	指标总分	指标得分
采购阶段	采购阶段规范性（A3）	5	9.57	9.57
	社会资本选择的合理性（A4）	3.5	8.62	6.03
	PPP 合同不完全性（A5）	3.33	8.01	5.34
执行阶段	政府资金到位情况（A6）	5	2.54	2.54
	建设进度管理（A7）	3	2.76	1.66
	建设质量管理（A8）	5	2.68	2.68
	建设成本管理（A9）	3	2.89	1.73
	维护效果（A10）	3.5	2.29	1.60
	运营安全（A11）	4.59	2.71	2.48
	运营成本管理（A12）	4	2.69	2.15
	缓解交通压力（A13）	5	2.51	2.51
	不可抗力、变更等事宜的处理效果（A14）	2.67	2.75	1.47
	其他执行阶段协商事宜的处理效果（A15）	3.67	2.68	1.97

B 项目采购阶段与执行阶段的综合绩效评价得分接近 80，表明项目整体完成度较好，但从表 6-24 分析，有部分指标评分较低。如"不可抗力、变更等事宜的处理效果（A14）"，得分 2.67。即管理人员认为合作双方在就不可抗力、法律变更、设计变更等事宜进行再谈判的时候，谈判效果不好、效率不高。在合同 5.1.20 条中约定项目公司需同意政府借用隧道用地范围内用地，目前已有较多用地被政府收回、隧道管理用房面积大大缩小，而项目公司或社会资本没有协商的余地。也包括 2016 年的隧道提速改造工作，社会资本与项目公司被要求进行提速改造，而改造提升的款项以类似大修费用的方式下拨，因而只对隧道内必要部分进行了改造。同时，"建设进度管理（A7）""建设成本管理（A9）"两个指标评分为 3 分，建设进度与建设成本基本在预算内。分析认为，这个结果与合同中缺少激励条款有关，社会资本缺乏加快进度、节约成本的动力。

七、比较分析

A、B 两隧道 PPP 项目，均属非收费公路范畴，但合作的社会资本性质不同，在采购阶段与执行阶段的综合绩效评价得分分别为 67.84 和 79.20。接下来从具体的评价指标分析两项目得分差异。两项目具体的绩效评价得分如表 6-25 所示。

表 6-25 A、B 项目绩效评价得分对比表

项目阶段	评价指标	指标总分	A 项目得分	B 项目得分
采购阶段	采购阶段规范性（A3）	9.57	4.79	9.57
	社会资本选择的合理性（A4）	8.62	6.03	6.03
	PPP 合同不完全性（A5）	8.01	4.80	5.34
执行阶段	政府资金到位情况（A6）	2.54	2.54	2.54
	建设进度管理（A7）	2.76	0.55	1.66
	建设质量管理（A8）	2.68	2.14	2.68
	建设成本管理（A9）	2.89	2.89	1.73
	维护效果（A10）	2.29	1.83	1.60
	运营安全（A11）	2.71	2.25	2.48
	运营成本管理（A12）	2.69	2.15	2.15
	缓解交通压力（A13）	2.51	2.51	2.51
	不可抗力、变更等事宜的处理效果（A14）	2.75	1.47	1.47
	其他执行阶段协商事宜的处理效果（A15）	2.68	1.79	1.97

A、B 项目"采购阶段规范性（A3）"指标得分差别较大，因 A 项目为单一来源采购，B 项目为"公开招标+竞争性谈判"；且 A 项目单一来源采购耗时 3 个月，B 项目经过公开招标与竞争性谈判共历时 6 个月，A 项目的采购时间偏短。同时，"PPP 合同不完全性（A5）"指标也有一定差距，尤其是在费用相关条款部分，A 项目合同条款的设置较不完备，未约定竣工后节约的建设期投资分配方式、政府拨款金额出现争议的一般处理等内容。从调研的情况看，A 项目之所以在采购阶段表现更差，是因项目发起时间短、选择的采购方式竞争性不足、社会资本为市政府直属的 CT 集团，集团项目负责人的主动权不足、决策偏向政府方意愿。同时，采购时间过短，对相关事宜的协商不足，导致合同不完全性程度高。甚至在项目运行时，A 项目的政府方和 CT 集团未成立项目公司，仅由 CT 集团综合部管理后又转由工程部负责。

另外，执行阶段中，"建设进度管理（A7）""建设质量管理（A8）"指标也差别较大，均为 A 项目的表现更差。A 项目未按时竣工是由于前期动迁工作耗时过长，导致后期工期紧张；同时也正因为工期过于紧张，部分机电、监控设备质量不佳，养护单位正式接管后还更换了部分设备。而"建设成本管理（A9）"

指标则是 A 项目的得分更高，A 项目竣工后节约了近30%的建设资金，但因合同中未约定这类资金的处置方式，最终该笔资金由政府支配。CT 集团丧失这部分资金的处置权，除了合同中未进行约定外，可能还与其为市政府直属国企有关。

根据调研结果，两项目若使用传统的绩效评价体系分别衡量两项目建设阶段与运营阶段的绩效，A、B 项目均表现优异。再从实际意义来看，A 项目的建设运行极大地改善了项目周边交通情况，也为板块发展提供支持；B 项目担当了该市在隧道领域的多个第一，同时联结了两个城市新中心，为城市未来发展提供支持。但依据前文 PPP 项目绩效评价体系对采购阶段和执行阶段的评价结果，两项目最终得分均不高。这也说明，PPP 项目与普通的基础设施或公共服务项目适用的绩效评价体系不同。因为 PPP 项目涉及的对象众多、历时长，评价时侧重于某一参与方或只关注某一阶段将导致结果出现偏颇，难以全面综合地评价项目绩效。

参 考 文 献

[1] 唐莎. 基于"4E"理论的 PPP 模式下合同制治理绩效评价指标体系研究 [D]. 广州：广州大学, 2019.

[2] 姚晔. 高速公路运营成本分析与控制 [J]. 经济师, 2010 (8)：240-241.

[3] 冯之倩. 养老 PPP 项目全过程绩效评价体系研究 [D]. 北京：北京建筑大学, 2019.

[4] 王凯, 陈方尧, 谭铭, 等. 一种新的评价结构方程模型拟合效果的校正拟合指数 [J]. 中国卫生统计, 2018, 3：349-354.

[5] Bentler P M . Comparative Fit Indices in Structural Models [J]. Psychological Bulletin, 1990, 28 (2)：97-104.

第七章 基于风险分担的 PPP 项目激励设计

第一节 PPP 项目风险分担与激励概述

一、PPP 风险识别

国内外学者对 PPP 项目风险进行研究，主要分为根据内容把类似的风险进行划分以及根据风险所处项目的不同阶段进行划分。部分学者将风险按照类别进行划分。柯永建将识别出的 37 个风险进行分类，14 个归为国家级风险、7 个归为市场级风险，16 个归为项目级风险，有助于参与方辨别风险级别。乌云娜等学者将 PPP 项目的风险因素分为政治、法律、金融、建设前期、建设、生产运营、第三方、项目公司风险、不可抗力 10 大类，并利用 ISM-HHM 混合方法构建了风险间的层次关系框图，使得风险分担关系更为明确。

为了研究全寿命周期不同阶段或不同风险归属的识别，学者们将风险按阶段划分。田萤从文献中梳理出了 40 个常见的风险并对其进行排序，分为关键风险、重要风险以及次要风险，有助于参与方辨别不同风险大致的主要与次要关系。聂明等学者根据 PPP 项目特许经营期的不同阶段将风险进行了更详细的划分，有助于参与方辨别风险发生的不同时期。杨足等学者结合 PPP 项目全寿命周期，将风险划分为项目决策阶段、准备阶段、实施阶段、运营阶段，分阶段识别基础设施 PPP 项目的风险，有助于参与方辨别风险在全寿命周期的发生阶段。

本书参考以上文献将风险按阶段划分，依据"4E"原则，以 PPP 项目四个阶段——准备阶段、采购阶段、执行阶段、移交阶段，将执行阶段分为建设阶段和运营阶段，将 PPP 项目分为准备阶段、采购阶段、建设阶段、运营阶段以及移交阶段，以柯永建识别出的风险为主，列出对应阶段的风险供后文分阶段讨论分析。从政府角度出发将风险进行分类，具体风险如表 7-1 所示。

表 7-1 分阶段 PPP 项目风险分类

风险阶段	风险因素	风险定义
准备阶段	政府干预风险	包括审批不及时等
	法律不健全风险	指相关社会法律不健全，如《招标投标法》《预算法》《合同法》等
	融资风险	包括融资困难、信用风险等
	通货膨胀风险	指通货膨胀带来的风险

风险阶段	风险因素	风险定义
采购阶段	招投标风险	包括投标单位资质风险等
	合同风险	采购合同条款不够详尽；合同文件内容问题；合同管理差等社会资本原因
建设阶段	完工风险	指项目完工达不到社会效益预期或超出工期未完成
	项目实践经验不足风险	包括投资人项目实践经验不足、组织协调经验不足等
	责任界定不合理风险	包括公私双方各自责任界定不合理、双方责任分配不清晰等
	建设成本超支风险	包括工作人员工资上涨、材料设备成本超支、资源利用效率低下、管理不规范等
	现场施工安全风险	包括施工人员安全问题、施工安全问题、施工机械和设备安全问题等
	信用风险	包括社会资本信用缺失、社会信用体系不完善等
	地质灾害风险	指由施工引起的坍塌等地质灾害
运营阶段	运营成本超支风险	包括货币购买力下降、维护成本超支等
	费用支付风险	指政府资金不足，无法及时支付运维补贴
	征用/公有化风险	包括政策变化、自然灾害导致的征用等
	残值风险	指设备等的过度使用使得材料消耗过多，影响项目接下来的运营
	特许经营期不合理风险	指约定好的特许经营期过长使项目收益不足等
	运行质量	运行的质量达不到标准
	公众利益	公众的利益受到损害
移交阶段	移交后设备状况风险	指移交设备状况给移交阶段带来的风险
	违约风险	指由于合作方地位不对等和政府诚信问题造成的违约；由于政府监管能力不高导致的社会资本和第三方违约

资料来源：文献[6]。

二、PPP 项目风险分担

PPP 项目是由政府和社会资本合作，目的是取得项目效益最大化，但在实际项目操作中往往存在风险分担不合理的问题，由于不合理的风险分担机制可能打击参与方的积极性，影响项目的最终效益。因此，合理的项目风险分担需要有一定根据与基本原则：

（1）风险共担原则。风险共担指项目参与各方共同承担指定的风险。政府想通过 PPP 模式减轻财政负担问题，并借助社会资本先进的技术与管理能力提供传统上本应由政府建设的公共设施或提供公共服务，社会资本则想通过参与项目的建设获取一定的收益。项目参与双方都想从项目中获得收益，便应该承担相应的项目风险，且参与双方共同承担风险还能减少承担风险的综合成本。

（2）风险分配与承担能力相协调原则。项目的参与双方在进行风险分配协商时除了考虑自身风险承受能力外，也要考虑到对方的风险承受能力，如政策方面的风险，政府能够更快速准确地感受到政策带来的影响，因此由政府承担更多；而由于社会资本能够更加敏感地感受到市场的变化，则市场变化的风险由社会资本承担更多。让对这些风险有更大承受能力的参与方去承受，有利于处理好各种项目风险，提高项目的整体效益。

（3）风险与收益相匹配原则。参与方获得的收益应与其承担的风险成正比，对承担风险较大的参与方也应给予其同等的收益以激励其行为，才能共同控制好项目中的风险，才能使得公共设施的建设更成功，公共服务的提供更为有效，才能维持健康可持续的合作关系。如果所得收益与所担风险不匹配，必然会打击某个参与方的积极性，阻碍项目的正常顺利运行。

（4）风险上限原则。不同项目参与者对于不同风险的承受能力是不尽相同的，部分风险是超出这个参与者的承担能力的，一旦这项风险发生，带来的损害超过承受范围，那么将影响项目的进展。这种类型风险让该参与者承担过多对其来说是不公平的，同时也会打击该参与方的建设积极性，所以参与各方承担的风险都要有上限，不能由一方承担超出其承受能力的风险。

PPP 项目风险分担原则只是一个大致的原则，针对具体的 PPP 项目，可能需要制定更加具体的标准，从而使得该项目的风险分担原则更有针对性，才能使得项目风险的分配更加合理有效。

因此基于以上风险分担原则，政府和社会资本共同承担的风险应由双方协商谈判以确定最终分配额度，使有意愿且有能力的一方承担较多风险。这一过程与平常市场交易中的讨价还价行为类似，因此，使用讨价还价博弈可以较好地解决 PPP 项目中政府与社会资本之间的风险分担问题。鲍海君、李林、王红平等学者利用博弈论，分别使用特许权期决策的 Bargaining 模型、讨价还价博弈模型以及随机合作博弈的风险分担决策模型，在 PPP 项目参与方地位非对称情况下，分析参与方的风险分担情况求出纳什均衡，为项目风险评估提供了政策建议与方法指导。本书选择讨价还价博弈对 PPP 项目中政府与社会资本之间合理的风险分担比例进行研究。

三、风险归属

按照风险分担理论，在实际 PPP 项目建设的过程中，收益与风险是不可分割的，实际项目在确定合作关系签订合同的过程中，各参与方之间的风险分担同样是谈判的重要内容。不合理的风险分担比例将会对参与各方建立的合作关系起到负面的影响。无论是在项目进行过程的哪个阶段，各参与方对于风险的态度都是谨慎的，希望能够通过一定方法来控制或防范风险，尽可能减少因风险发生时造成的经济损失或声誉损伤。在 PPP 模式当中，为了确保项目建设的成功，政府和社会资本都会积极地控制风险减少损失。

现有对于风险识别以及分担的研究，更多的是对项目建设过程当中所存在的风险进行分析，在此基础上，根据各参与方的风险承担能力的实际情况以及项目需要科学合理地对参与各方进行风险合理分配。在传统的采购模式中，经常将政治、法律以及特许经营权设置等风险全部分配给政府，又将养护维修等风险全部分配给社会资本，使得政府或社会资本难以全面有效地控制全部风险。因此，在 PPP 项目建设全过程中，需要对各类风险进行分类研究，并结合参与双方的承受能力与需要，合理分配各个参与主体应承担的风险分担比例。

PPP 项目建设过程中各类风险的归属都应结合项目实际情况，而不是按照统一标准进行分配。杜亚灵和尹贻林基于不完全契约视角研究了风险再分担，并构建了 PPP 项目风险分担整体框架研究风险的归属，有利于提高项目风险分担的效率和效果。然而，通过定性分析得出的研究结论并不能为政府提供直接有效的方法，在实际的 PPP 项目中只能描述出各参与方承担的风险比例"过高"或"过低"，无法提出准确的修正标准。而在定量分析风险分担的研究中，部分研究为了操作方便，政府和社会资本往往各承担一半，然而政府和社会资本对于同一项风险的承受能力，各方的风险偏好程度不同，不能用同一套标准去衡量。表7-2 为文献风险分类及部分归属。

表 7-2　风险分类及归属

风险分类		Lam (2007)	Ng (2007)	Li (2005)	Arndt (1998)	Wang (2000)	NTSA (2004)	VDTF (2001)	结论一致性
准备阶段	政府干预风险			2	0		0	2	×
	法律不健全风险	0	2	0	0	0	0	1	×
	融资风险			2	2				√
	通货膨胀风险		0		0	0			√

风险分类		Lam（2007）	Ng（2007）	Li（2005）	Arndt（1998）	Wang（2000）	NTSA（2004）	VDTF（2001）	结论一致性
采购阶段	招投标风险								
	合同风险								
建设阶段	完工风险	2	2	2	2	2	2		√
	项目实践经验不足风险	2		2		1			×
	建设成本超支风险		2	2	2	2	2	2	√
	现场施工安全风险	2						2	
	信用风险								
	地质灾害风险		2	2	2	2	2	2	√
运营阶段	运营成本超支风险		2		2		2		√
	费用支付风险		1		1		1	1	√
	征用/公有化风险			1	1		1		√
	残值风险				2		2	1	×
	特许经营期不合理风险								
	运行质量								
	公众利益								
移交阶段	移交后设备状况风险								
	违约风险	1		1		2	0		×

注：0 为共同承担；1 为政府承担；2 为社会资本承担。

资料来源：文献［6］。

四、风险分担研究方法

在风险因素的分担上，学者们运用了文献统计分析、数学模型、问卷调查法以及案例分析等方法（见表 7-3）。

文献分析法是研究风险分担的一种常用方法，通过对收集到与研究主题相关的文献进行研究，明确自己文章的研究对象与研究方法。王中和通过对近年文献进行归纳整理，分别从项目风险分担的本质、研究的类型等方面出发对现有研究成果进行综述，发现现有的风险分担因素需要深入研究，且对于风险分担的定性研究较多，需要在风险分担的定量研究方面下功夫。

表 7-3　风险分担研究方法

研究方法	解释或分类	优点	缺点	文献
文献统计分析	对大量文献的观点进行统计分析后得出普遍认同的结论	综合多个文献意见，得到观点较有权威性，可以得到普遍认同	通常采取多数人的观点作为风险分担结论，直接忽略了少部分人的观点，而且采用此方法大多只能进行定性分析，可能会使结论不够完善	王中和，2015；芦明一，2014
案例分析	结合具体案例进行风险分担分析	使分担方案得以具体说明，并对分担方案合理性加以验证	仅局限于某一特定工程项目，不具备普遍性	Arndt，1998；Wang，2000；Zhang，1998；芦明一，2014
问卷调查法	依靠专家的知识和经验，由专家通过调查研究对问题作出判断的方法	综合绝大多数专家观点，得到结论较具有权威性	受专家知识、经验和占有资料的限制，可能出现遗漏	张雯，2011；柯永建，2008；王雪青，2007
数学模型法	人工神经网络	可以将分担结果进行量化，结果可靠性强	部分文献仅给出方法，未给出具体分担比例，应用较为复杂	Obaid，2001；王先庆，2019
	Shapley 值理论法			翟永威，2016；王蕾，2017
	结构方程模型			杜亚灵，2014；赵华，2012
	博弈论			章昆昌，2011；Hurst，2004；王雪青，2007

案例分析方法，是对有代表性的案例深入地进行研究并总结从而获得一些结论。目前有许多学者结束实际案例对风险分担进行分析，归纳总结了许多实际案例的风险分担情况与实际的分配方法。例如，R. H. Arndt、S. Q. Wang、W. R. Zhang 等人借助实际墨尔本 CityLink 项目、广西某电厂的项目以及上海延安东路项目的案例研究项目风险分担情况，并对其提出相应的建议，有助于后来者更具体地了解风险分担。芦明一采用了案例研究法并结合文献将实际案例中的方法进行了比较研究，借鉴了先进国家和地区的经验，对我国的轨道交通领域轨 PPP 项目改革提出建议。

问卷调查法是学者在对风险分担进行研究时最为常用的一种方法，主要是向专家学者或者参与项目的人员发放问卷或者直接访谈得到需要的信息以此来分析参与各方对风险分担的倾向。张雯分析廉租房 PPP 项目建设中可能出现的风险因素，对风险因素进行识别，结合我国廉租房的情况设计了问卷，对风险重要性进行研究。

定性分析能够说明参与方的风险分担情况，但是却无法量化分析政府和社会资本如何分担风险、分担多少风险，基于此原因许多的学者开始通过数学模型等定量研究方法来研究各参与方最优的风险分担比例。人工神经网络法是一种预测方法，是通过计算机网络系统构成基本网络结点所组成的一种信息处理系统，Obaid 用人工神经网络法来识别建设项目中的风险，并对风险分担进行研究。博弈模型是较多学者使用的方法，杨卫华从政府、社会资本、消费者这三个利益主体出发建立多方合作博弈模型，求解各参与方的均衡状态。翟永威根据 Shapley 值理论计算出初始风险分担比例，引入风险分担影响因素对初始分担比例 Shapley 值进行修正，分辨风险是否达到上限及风险承担方的风险控制力等因素，提出合理的风险分配。杜亚灵用结构方程模型的方法对构建的集合风险初次分担、再分担以及管理绩效的风险分担整体框架概念模型进行检验。结构方程模型具有能够同时研究多个自变量对多个因变量的影响，容许自变量和因变量存在测量上的误差的优点，可以检验各变量之间的因果关系及影响大小；人工神经网络方法是从信息处理的角度对人脑神经元网络进行抽象，建立某种简单模型，按不同的连接方式组成不同的网络，由大量的神经元之间相互联接构成的运算模型。每个神经元代表一种特定的激励函数。每两个神经元之间的连接都代表一个对于通过该连接信号的权重，这相当于人工神经网络的记忆。主要应用于模式识别、自动控制、信号处理、辅助决策、人工智能等众多研究领域。而博弈论能够研究在一种特定的情况下，利益相关的各参与者之间，如何选择最优的策略使其收益最大化的问题，是研究参与者如何在合作中进行理性选择的方法，比起结构方程模型和人工神经网络更适合对 PPP 项目的风险分担问题进行研究。

五、PPP 项目中激励机制研究现状

(一) PPP 项目激励形式

激励是指通过信息沟通，来激发、引导、保持和规范个人或组织的行为，使其朝着设定的目标进行努力。激励主要有五个要素，分别为主体、客体、目标、激励因素以及激励环境，激励主体通过设计合适的奖惩形式在恰当的工作环境中，以一定的行为规范有效地实现目标的过程。主体一般指施加激励的组织和个人，在本书中指政府；客体一般指受到激励的个人或组织，本书中指的是与政府进行合作的社会资本；目标指主体期望客体达到的标准；激励因素指的是主体用

以激励客体的物质手段或精神手段；激励环境指的是主体与客体所处的自然环境和社会环境等。

根据国内外学者对管理学中激励理论的研究，主要分为研究激发激励客体的行为产生动机的内容型激励；研究激励过程中影响客体行动决定的关键因素的过程型激励；研究提高激励对象的积极性，完成激励目的的行为改造激励，以及同时考虑内部激励和外部激励作用的综合型激励理论。

本书研究的 PPP 项目激励，与研究如何使社会资本积极参与建设 PPP 项目不同，是在社会资本已经与政府成功建立合作关系的基础上，政府通过寻求促使社会资本更为努力的因素，有效提高项目整体效益。PPP 项目中的激励，是设置一种有效的激励手段，使得社会资本在建设项目的过程中发挥社会资本技术与管理上的优势，在满足自身收益需求的同时，又能够提高项目的整体效益，造福社会公众。政府对社会资本的激励可以分为内部激励和外在激励两部分。

（1）内部激励。社会资本参与 PPP 项目公共设施建设的内部合作需求是其参与具体 PPP 项目的直接动机，可以分为社会资本对项目成本投入能够收回的收益保障的需求、社会资本希望与政府沟通更加了解相关项目相关信息并希望对方设置更为合理的激励的信息沟通的需求，以及鉴于项目长期性和复杂性，社会资本渴望政府和自己共同分担风险的风险进行分担的需求。内部激励方式政府可以从收益保障、沟通以及风险分担这三个需求出发，使用有效的激励方法实现社会资本的内在需求。

（2）外部激励。社会资本参与 PPP 项目公共设施建设的外部需求可以分为：市场认可的需求、投资环境的需求以及社会资本声誉的需求。社会资本以 PPP 模式参与公共设施建设除了需要稳定的投资环境来保障其收益外，还是为了扩大其影响力，以此提高自身的价值，提高社会资本的声誉。政府可以实施各种激励措施，优化社会资本的投资环境的方式增强其投资信心，并通过发布新闻、公告等方式来宣传社会资本的 PPP 项目建设成果，提高社会资本的声誉，提升社会资本的价值。

（二）激励机制研究

激励机制是指激励主体通过特定的方法与管理体系，将激励客体的承诺最大化达到目标的过程。国内外学者对 PPP 项目的激励机制问题已有不少理论研究，主要从抑制社会资本的机会主义行为、政府的奖惩行为以及补偿行为等方面出发研究并构建激励机制。

部分学者从抑制社会资本的机会主义行为角度出发进行研究，社会资本的机会主义行为在项目中主要表现为基于信息不对称的"道德风险"和"逆向选择"行为。不少学者的研究证明合适的激励方法能够有效抑制社会资本投机行为，袁义淞等从政府的角度出发以委托代理理论为基础，分析了政府在不同风险规避方式的情况下社会资本的努力水平是否发生变化，并给出政策建议。曹启龙等将社会资本的公平感知因素加入激励模型，研究表明政府的激励方式取决于社会资本的行为结果的观测性。石莎莎等基于系统动力理论分析内部契约治理机制产生的内外诱因及其诱导原理，得出政府监督行为能够有效抑制社会资本的机会主义行为的结论。Liu、Mohamed、GRECO 等学者的研究以委托代理理论为基础，建立了包含激励的博弈模型，证明了有效的监督机制、激励强度的增加以及收益分享比例的提高都可以有效地抑制社会资本的机会主义行为，为政府如何选择激励方式和监督水平提供了理论依据。

部分学者从政府的奖惩行为角度出发进行研究。如柯永建等的研究表明政府的激励方式包括政府直接投资、政府帮助社会资本进行融资的协助以及税收优惠等措施，这些措施都能有效提高项目的效益且税收的方式最受欢迎，而社会资本需对政府提出的激励措施进行客观评估，避免项目失败。曹启龙等学者在委托代理理论的基础上，引入了政府的监督因素，构建了含有奖惩因素的 PPP 项目激励监督模型，并分析了政府对社会资本的奖惩力度和监管力度对社会资本在项目建设过程中努力水平的影响，提出在不同情况下更加有效的奖惩与监督建议，为政府的激励方式与监管力度提供理论上的依据。

还有一部分学者从政府的补偿行为方面出发进行研究。柯永建等学者的研究表明，政府对社会资本进行融资与政策上的帮助相对于直接补贴是更为有效的激励措施。曹启龙等学者以激励理论为基础，从 PPP 项目中"补建设"和"补运营"的角度出发，将补贴行为进行分类，并求解出不同情况下社会资本的最优努力水平以及对应的政府最优激励系数，通过对比提出政府最佳激励方式。

（三）风险分担与激励的研究

对 PPP 项目的风险分担与激励共同的研究中，主要从风险偏好角度以及协同效应角度进行研究，对税收优惠、补偿措施等激励方面的研究也在不断发展。任志涛等研究了不同公平偏好情况下，以及参与双方信息不对称情况下，政府和社会资本的风险分担与激励机制问题，认为政府激励方式可以分为政府给社会资本直接投资的资金、政府帮助社会资本进行融资的协助以及税收优惠等措施，为参与各方防范合作风险有效合作提供了建议。

王颖林以行为经济学为基础，构建了基于项目参与方风险偏好的演化博弈模型，研究 PPP 项目中参与双方的风险分担问题及政府的激励策略。分析各参与方的风险偏好对风险分担结果的影响，并以委托代理理论为基础建立了激励模型，结合算例分析了相对于预期收益的不同成本与收益情况下政府的监督选择以及激励手段的有效性。

吕庆平提出在 PPP 模式中项目参与双方应充分发挥自身的优势，政府项目确定初期发挥整体规划的优势，社会资本在建设项目的过程中发挥其先进的技术与管理上的优势，在满足社会资本自身收益需求的同时，又能够提高项目的整体效益，使得社会公众的利益得到保障，达到双赢，这是双方协同共同努力的结果。而以往的研究分别考虑了各参与方的风险分担、政府的激励和监督，并没有考虑整体的协同，可能造成项目中政府和社会资本不合理的风险分配以及无效的激励和监督策略。因此本研究以协同理论和委托代理理论为基础，构建包含风险分担和激励因素的博弈模型，为各参与方的风险分担以及政府激励策略提供参考。

（四）文献述评

综合国内外对于 PPP 项目风险的研究可以看出，虽然有大量的研究涉及 PPP 项目的风险，但还不够全面和系统。例如，当前在 PPP 风险的研究已有较多的成果在风险识别与分担方面已经做了系统的研究；在激励机制研究方面已经做了大量的研究，但我国 PPP 模式研究的系统性和深入性仍显不足。

国内学者从不同的角度出发研究了 PPP 项目中风险分担的问题。王守清、邓小鹏、李启明等学者的研究提出了 PPP 项目各参与方确定风险分担时应遵循的原则，并指出了 PPP 项目风险分担的评价方法、确定风险分担的比例以及风险分担与其他方面的关联关系是现有研究中存在的不足之处，但大部分文献在进行研究时将所有的 PPP 模式视为同一形式，没有将不同模式的 PPP 项目风险分担的情况区分开来，也没有考虑到不同阶段中政府与社会资本的地位不对称。PPP 模式风险分担研究程度仍存在深入探索的可能性。

国内外学者对税收优惠、补偿措施等激励方面的研究也在不断地发展。王守清、任志涛等学者研究了信息不对称条件下及不同公平偏好下政府和社会资本的激励问题，并提出了激励措施的各种方式，包括资金激励、税收减免以及帮助融资等措施，提出了政府与社会资本共同组建 PPP 项目公司并对其进行共同建设、运营和管理的机理、机制，为政府与社会资本的合作规避了风险并提供理论支撑。但是，就目前从政府的角度出发进行的激励研究来说，现有的文献还存在很多的不足之处。如现有的文献研究中，从政府出发的研究 PPP 激励问题的研究比较少，同时将风险分担融入 PPP 模式激励机制的研究较少。

本书同时考虑 PPP 项目中的风险分担以及激励机制，纳入 PPP 项目风险分担模型，使用前人已识别出的风险，选择其中适合本研究的风险并结合全寿命周期按阶段进行分类，先使用讨价还价博弈的方法对风险分担进行分析，之后在委托代理模型的基础上，建立 PPP 激励模型，讨论在较为合理的风险分担比例下风险分担结果、激励行为对项目参与各方以及项目整体效用等产生的影响。研究如何激励社会资本在运营阶段付出较高的努力，并在合理风险分担比例的基础上，研究社会资本达到最优努力系数时政府应设置的最优激励系数，从而提升

PPP 项目的整体效益。结合实际的案例，用专家的专业知识以及项目的实际数据对建立的风险分担模型以及激励模型的可用性进行验证。为政府对社会资本的激励措施提供一项选择及其理论依据，并在此基础上为政府在合同签订阶段确定风险分担比例，以及在运营阶段制定有效的激励措施提出相关的对策建议。

第二节 不完全信息条件下的讨价还价博弈过程

不完全信息指 PPP 项目的参与者，即政府与社会资本对对方的信息只掌握部分，此信息包括参与者在 PPP 项目全寿命周期各个阶段中的信息与各参与者在此阶段拥有的信息。PPP 项目各参与者根据自己了解的信息以及对方给出的信息分析并做出选择的过程中，信息掌握的多少以及对信息分析的准确与否会影响决策的结果。在现实的讨价还价过程中，博弈双方之间掌握的信息同样是不全面的，在不同的阶段中，参与者掌握的信息不同，对信息的分析也有所不同，作出的选择也会有所不同，因此掌握更多信息及具有较高地位的参与者可能比掌握更少信息地位较低的参与者更有优势。在政府和社会资本对风险分担进行讨价还价的过程中也是一样的，政府为了保障大众利益可能会以强势地位向社会资本施压，那么此过程中优势方便为政府；同样地，社会资本也可能为了在项目中获得更多的收益或是减少成本的投入，而向政府隐藏一些自身技术与管理方面的信息，导致双方信息不对称，使得社会资本在某个 PPP 项目的阶段中便更有优势。因此，在不完全信息条件下的讨价还价博弈模型中，更多地了解对方以及项目的信息并隐藏自己的信息，利用好信息不对称可能在谈判中占据优势。

针对不同阶段的风险，政府和社会资本获取的信息以及其掌握的资源程度是不一样的，这些信息与资源的掌握程度在谈判中便是参与方相对地位高低的体现，也可以称其为地位的非对称性。地位的高低不仅取决于信息与资源的掌握，还取决于各个参与方在谈判过程中需要付出的成本，包括谈判时花费的时间金钱成本以及其他成本。在风险分担的谈判过程中，地位更高的一方可能会利用自身的强势地位去逼迫另一方承担超过他本应承担的那部分风险比例，以此降低自身的风险，使自己在项目中更占优势。在实际的 PPP 项目中，政府为社会资本的建设运营提供补贴或税收等政策上的支持，具有更高的相对地位。因此，在风险分担谈判中，政府相对社会资本来说在各个阶段的风险地位都是不对称的，它主要体现在讨价还价过程中，政府会向社会资本转移更多风险的比例，并且政府相对于社会资本地位的影响将会随着谈判回合数的增加而降低。

在博弈过程中参与双方利用各自的信息优势进行讨价还价，如图 7-1 所示，第一回合政府首先提出风险分担比例，如果社会资本不接受，则由社会资本提出分担比例，如果政府接受则为第二回合博弈结果；如果政府不满意该结果提出拒绝，则继续提出新的风险分担比例，由此得出第三回合博弈结果。在讨价还价的博弈过程中需要参与双方承担时间、人力、金钱等成本。从讨价还价博弈理论上讲，如果有一方始终不能接受博弈结果，那么讨价还价的博弈过程可无限进行，直至一方提出另一方满意的比例为止。然而，由于在实际的项目谈判中，时间是有限的且还有其他谈判的成本，因此每一方在出价时都会经过考虑希望及早促成合作，得到一个满意的风险分担结果。

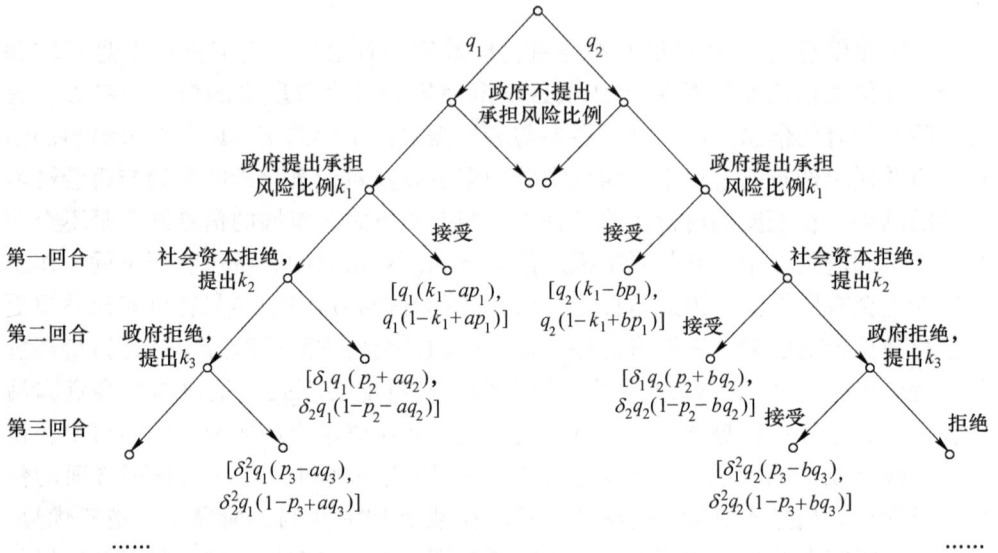

图 7-1 博弈过程

PPP 项目风险分担涉及的博弈主体是政府和社会资本，两个主体是为了借助对方的优势补充自身的劣势、为了自身的需求而进行合作，两个主体之间也存在利益冲突但也有顺利完成项目建设这一同样的目标，它们对项目所有阶段的风险展开谈判，针对项目的风险分担展开博弈。在不完全信息博弈中，政府和社会资本在谈判过程中存在时间、人力、金钱等成本，且谈判双方无论在项目的什么阶段，地位始终是非对称的，政府为了保障大众利益可能会以强势地位向社会资本施压，那么此过程中优势方便为政府；同样的，社会资本也可能为了获得更多的收益或是减少成本投入而向政府隐藏一些自身技术与管理方面的信息，导致双方信息不对称，社会资本在某个 PPP 项目的阶段中便更有优势。主导方即政府知道自己是否会采取强势地位向社会资本施压转移风险，而社会资本仅仅知道政府会采取强势地位向自己施压的概率为 q_1，不采取强势地位向自己施压的概率为 q_2，且 $q_2 = 1-q_1$，相应地，当社会资本认定政府会采取强势地位向其施压转移额外风险时，社会资本会与政府进行谈判，并提出最多只能承受政府欲转移的额外风险的 a，当社会资本认定政府不会采取强势地位向施压转移额外风险时，社会资本为了与政府保持良好的合作关系，主动承担政府在采取强势地位施压时转移额外风险的 b（$0<b<a<1$），与政府形成可持续的合作关系。

一、不完全信息条件下讨价还价博弈模型的构建

（一）模型假设

在 PPP 项目不同阶段政府与社会资本掌握的信息是不相同的，参与双方对另一方做出的选择是未知的，双方都无法预知对方为了获得风险收益而会采取什么样的努力水平和做出怎样的策略选择，因此，基于不完全信息情况下，结合文献综述中将风险按阶段划分为准备阶段、采购阶段、建设阶段、运营阶段以及移交阶段，本书将根据项目各个阶段参与者掌握的信息以及地位的不同做出不同的假设：

模型（1）在项目建设阶段、运营阶段以及移交阶段风险分担讨价还价时对模型做出如下假设：

假设一：政府和社会资本均能够做出理性的决定，且参与双方会以项目的顺利完成为目标进行合作，实现"双赢"；

假设二：项目各阶段中不同的风险都是相互独立的；

假设三：政府风险分担比例为 k，则社会资本风险分担比例为 $1-k$，双方对此展开讨价还价过程；

假设四：政府不了解社会资本的行动策略，而社会资本了解政府的行动策略；

假设五：政府地位更高，先出价。

模型（2）在项目准备以及采购阶段风险分担讨价还价时对模型做出如下假设：

假设一：政府和社会资本均能够做出理性的决定，且参与双方会以项目的顺利完成为目标进行合作，实现"双赢"；

假设二：项目各阶段中不同的风险都是相互独立的；

假设三：政府风险分担比例为 k，则社会资本风险分担比例为 $1-k$，双方对此展开讨价还价过程；

假设四：政府了解社会资本的行动策略，而社会资本不了解政府的行动策略；

假设五：政府地位更高，先出价。

（二）模型建立

模型从参与双方具有风险规避的特性出发对政府和社会资本各自需要承担的风险比例进行讨价还价，建立讨价还价博弈模型。政府并非一定采取强势地位向社会资本转移风险，而是以某一个概率进行转移。因此，需要从两种情况对每一

回合的讨价还价进行分析。

模型（1）在项目建设阶段、运营阶段以及移交阶段风险分担讨价还价时分析如下：

第一回合：当政府以概率为 q_1 采取强势地位向社会资本转移风险的情形下，政府根据经验提出本应由自己承担的风险比例为 k_1，但政府还会利用自己的强势地位向社会资本转移大小为 p_1 比例的风险，也即社会资本需要承担的风险提高，但在这种情况下，社会资本会与政府进行谈判，并提出最多只能承受政府欲转移的额外风险的 a_1，即只接受 $a_1 p_1$ 的风险转移（$0 < a_1 < 1$），则政府 P'_1 和社会资本 Q'_1 承担的风险比例为：

$$政府：P'_1 = q_1(k_1 - a_1 p_1) \tag{7-1}$$
$$社会资本：Q'_1 = q_1(1 - k_1 + a_1 p_1) \tag{7-2}$$

而当政府以概率 q_2 不采取强势地位向社会资本施压转移额外风险时，社会资本为了与政府保持良好的合作关系，主动承担政府在采取强势地位施压时转移额外风险的 b_1，即接受 $b_1 p_1$ 的风险（$0 < b_1 < a_1 < 1$），此时政府 P''_1 和社会资本 Q''_1 需要承担的风险比例为：

$$政府：P''_1 = q_2(k_1 - b_1 p_1) \tag{7-3}$$
$$社会资本：Q''_1 = q_2(1 - k_1 + b_1 p_1) \tag{7-4}$$

因此，在第一回合中，政府 P_1 和社会资本 Q_1 需要承担的风险比例为：

$$政府：P_1 = P'_1 + P''_1 = q_1(k_1 - a_1 p_1) + q_2(k_1 - b_1 p_1) \tag{7-5}$$
$$社会资本：Q_1 = Q'_1 + Q''_1 = q_1(1 - k_1 + a_1 p_1) + q_2(1 - k_1 + b_1 p_1) \tag{7-6}$$

其中，P_1 表示政府在第一回合风险分担比例，Q_1 表示社会资本在第一回合需要承担的风险比例。如果社会资本拒绝第一回合政府提出的分配比例 Q_1，则博弈进入第二回合。

第二回合：当政府以概率 q_1 采取强势地位向社会资本转移风险的情形下，社会资本提出本应由政府承担的风险比例为 k_2，并且政府会利用自己的强势地位向社会资本施压转移自己 p_2 比例的风险，同理，社会资本会与政府进行谈判，并提出最多只能承受政府欲转移的额外风险的 a_1，即接受 $a_1 p_2$ 的风险转移，因为谈判会有损耗 δ，即谈判拖的时间越长，弱势一方承担的风险将会越大。则政府和社会资本需要承担的风险比例为：

$$政府：P'_2 = \delta_1 q_1(k_2 - a_1 p_2) \tag{7-7}$$
$$社会资本：Q'_2 = \delta_2 q_1(1 - k_2 + a_1 p_2) \tag{7-8}$$

而当政府以概率 q_2 不采取强势地位向社会资本施压转移额外风险时，社会资本为了与政府保持良好的合作关系，主动承担政府在采取强势地位施压时转移额外风险的 b_1，即接受 $b_1 p_2$（$0 < b_2 < a_2 < 1$）此时政府 P''_2 和社会资本 Q''_2 需要承担的风险比例为：

$$政府: P_2'' = \delta_1 q_2 (k_2 - b_1 p_2) \tag{7-9}$$

$$社会资本: Q_2'' = \delta_2 q_2 (1 - k_2 + b_1 p_2) \tag{7-10}$$

因此，在第二回合中，政府和社会资本需要承担的风险比例为：

$$政府: P_2 = P_2' + P_2'' = \delta_1 q_1 (k_2 - a_1 p_2) + \delta_1 q_2 (k_2 - b_1 p_2) \tag{7-11}$$

$$社会资本: Q_2 = Q_2' + Q_2'' = \delta_2 q_1 (1 - k_2 + a_1 p_2) + \delta_2 q_2 (1 - k_2 + b_1 p_2)$$
$$\tag{7-12}$$

如果政府不接受第二回合社会资本提出的需要承担的风险分担比例，则博弈进入第三回合，政府提出自己承担的风险比例。

第三回合：当政府以概率 q_1 采取强势地位向社会资本转移风险的情形下，社会资本提出本应由政府承担的风险比例为 k_2，并且政府会利用自己的强势地位向社会资本施压转移自己 p_3 比例的风险，同理，社会资本会与政府进行谈判，并提出最多只能承受政府欲转移的额外风险的 a_1，即接受 $a_1 p_3$ 的风险转移，再次谈判同样会有损耗 δ，即谈判拖的时间越长，谈判成本越高。则政府和社会资本需要承担的风险比例为：

$$政府: P_3' = \delta_1^2 q_1 (k_3 - a_1 p_3) \tag{7-13}$$

$$社会资本: Q_3' = \delta_2^2 q_1 (1 - k_3 + a_1 p_3) \tag{7-14}$$

而当政府以概率 q_2 不采取强势地位向施压转移额外风险时，社会资本为了与政府保持良好的合作关系，主动承担政府在采取强势地位施压时转移额外风险的 b_1，即接受 $b_1 p_3$（$0 < b_2 < a_2 < 1$），此时政府 P_3'' 和社会资本 Q_3'' 需要承担的风险比例为：

$$政府: P_3'' = \delta_1^2 q_2 (k_3 - b_1 p_3) \tag{7-15}$$

$$社会资本: Q_3'' = \delta_2^2 q_2 (1 - k_3 + b_1 p_3) \tag{7-16}$$

因此，在第三回合中，政府和社会资本需要承担的风险比例为：

$$政府: P_3 = P_3' + P_3'' = \delta_1^2 q_1 (k_3 - a_1 p_3) + \delta_1^2 q_2 (k_3 - b_1 p_3) \tag{7-17}$$

$$社会资本: Q_3 = Q_3' + Q_3'' = \delta_2^2 q_1 (1 - k_3 + a_1 p_3) + \delta_2^2 q_2 (1 - k_3 + b_1 p_3)$$
$$\tag{7-18}$$

模型（2）由于两种情况都由政府先出价，只存在社会资本还价时的差异，因此同理，其在项目准备以及采购阶段风险分担讨价还价时过程省略，结果如下所述：

政府和社会资本需要承担的风险比例为：

在第一回合中，政府需要承担的风险比例 P_1 和社会资本需要承担的风险比例 Q_1 为：

$$政府: P_1 = P_1' + P_1'' = q_1 (k_1 - a_2 p_1) + q_2 (k_1 - b_2 p_1) \tag{7-19}$$

$$社会资本: Q_1 = Q_1' + Q_1'' = q_1 (1 - k_1 + a_2 p_1) + q_2 (1 - k_1 + b_2 p_1) \tag{7-20}$$

在第二回合中，政府和社会资本需要承担的风险比例为：

$$政府：P_2 = P_2' + P_2'' = \delta_1 q_1(k_2 - a_2 p_2) + \delta_1 q_2(k_2 - b_2 p_2) \tag{7-21}$$

$$社会资本：Q_2 = Q_2' + Q_2'' = \delta_2 q_1(1 - k_2 + a_2 p_2) + \delta_2 q_2(1 - k_2 + b_2 p_2) \tag{7-22}$$

在第三回合中，政府和社会资本需要承担的风险比例为：

$$政府：P_3 = P_3' + P_3'' = \delta_1^2 q_1(k_3 - a_2 p_3) + \delta_1^2 q_2(k_3 - b_2 p_3) \tag{7-23}$$

$$社会资本：Q_3 = Q_3' + Q_3'' = \delta_2^2 q_1(1 - k_3 + a_2 p_3) + \delta_2^2 q_2(1 - k_3 + b_2 p_3) \tag{7-24}$$

二、合理风险分担求解及分析

求取以上模型的精炼贝叶斯纳什均衡解，可以通过海萨尼转换将不完全博弈转化为了完全但不完美信息博弈，则政府和社会资本可以通过直接或间接的手段了解对方的信息。以讨价还价博弈中的第三阶段作为无限期讨价还价逆推的起始节点。在第三回合中，政府需要承担的风险比例为 k_3 而社会资本需要承担的风险比例为 $1 - k_3$。再往回看双方的第三回合，如果社会资本提出的方案使得政府需要承担的风险比例高于第二回合中政府需要承担的风险比例，则政府会拒绝该结果，谈判会进入第三回合，但社会资本此刻已了解政府对此方案的选择。因此，为了降低谈判的损耗，社会资本在该回合提出的分配比例应使政府在该回合方案中需要承担的风险比例与上一回合相同，即：

$$Q_1 = Q_2$$

$$Q_1 = Q_1' + Q_1'' = q_1(1 - k_1 + a_1 p_1) + q_2(1 - k_1 + b_1 p_1)$$

$$Q_2 = Q_2' + Q_2'' = \delta_2 q_1(1 - k_2 + a_1 p_2) + \delta_2 q_2(1 - k_2 + b_1 p_2) \tag{7-25}$$

因为从第一回合开始的无限讨价还价博弈等于三回合博弈，因此，政府在第三回合的出价具有强制性，即为最终的出价，则：

$$k_3 = k_1 = 1 + p_1(a_1 q_1 + b_1 q_2) - \delta_2[1 - \delta_1 q_1(k_3 - a_1 p_3) - \delta_1 q_2(k_3 - b_1 p_3)] \tag{7-26}$$

$$k_3 = \frac{1 - a_1 q_1 p_1 - b_1 q_2 p_1 + a_1 p_3 \delta_1 \delta_2 - \delta_2}{1 - \delta_1 \delta_2} \tag{7-27}$$

即在无限期讨价还价博弈模型中，模型（1）政府和社会资本需要承担风险比例的精炼贝叶斯纳什均衡解为：

$$P^* = \frac{1 + a_1 q_1 p_1 + b_1 q_2 p_1 - a_1 p_3 \delta_1 \delta_2 - \delta_2}{1 - \delta_1 \delta_2} \tag{7-28}$$

$$Q^* = 1 - P^* \tag{7-29}$$

模型（2）的解为：

$$P^* = \frac{1 + a_2 q_1 p_1 + b_2 q_2 p_1 - a_2 p_3 \delta_1 \delta_2 - \delta_2}{1 - \delta_1 \delta_2} \tag{7-30}$$

$$Q^* = 1 - P^* \tag{7-31}$$

所以在不完全信息情况下，当地位非对称性程度 p_1、p_3 确定时，政府和社会资本需要承担的风险比例取决于 $\dfrac{1 + a_1 q_1 + b_1 q_2 - a_1 \delta_1 \delta_2 - \delta_2}{1 - \delta_1 \delta_2}$ 的大小，政府的风险分担比例取决于政府向另一方转移风险的态度强势程度、谈判损耗系数以及地位大小。当 q_1 越大时，政府需要承担的风险比例将越大，而社会资本需要承担的风险比例将越小。当双方谈判的损耗越小时，政府需要承担的风险比例将越大，而社会资本需要承担的风险比例将越小。

又因为 $q_1 + q_2 = 1$，此系数对 q_1 求偏导得到：

$$\frac{a_1 - b_1}{1 - \delta_1 \delta_2}$$

当 a_1 越大，b_1 越小，$\delta_1 \delta_2$ 越小时，政府需要承担的风险比例将随着 q_1 的增大而更大，而社会资本需要承担的风险比例将越小。当双方谈判的损耗越小时，政府需要承担的风险比例将随着 q_1 的增大而更大，而社会资本需要承担的风险比例将越小。

此系数对 δ_1 求偏导得到：

$$\frac{\delta_2(a_1 q_1 - a_1) + \delta_2 b_1 q_2 + (\delta_1 - 1 - a_1 \delta_1)\delta_2^2}{(1 - \delta_1 \delta_2)^2}$$

由于 a_1 小于 1，所以当 δ_1 越大时，政府需要承担的风险比例将越大，而社会资本需要承担的风险比例将越小，即政府谈判损耗越大时，政府需要承担的风险比例将越大，而社会资本需要承担的风险比例将越小。

此系数对 δ_2 求偏导得到：

$$\frac{(- a_1 \delta_1 - \delta_2)^*(1 - \delta_1 \delta_2) + \delta_1(1 + a_1 q_1 + b_1 q_2 - a_1 \delta_1 \delta_2 - \delta_2)}{(1 - \delta_1 \delta_2)^2}$$

同理，当 δ_2 越大时，社会资本需要承担的风险比例将越大，而政府需要承担的风险比例将越小，即社会资本谈判损耗越大时，社会资本需要承担的风险比例将越大，而社会资本需要承担的风险比例将越小。

因此，当社会资本谈判的损耗较小且政府向社会资本转移风险的概率较大时，社会资本需承担的比例增大，政府需承担的比例减小，社会资本此时应尽量不采取强势地位，延长谈判时间，消耗对方的实力以此提高自身地位，使在谈判中获利。当政府谈判的损耗较大且社会资本向政府转移风险的概率较大时，社会资本需承担的比例减小，政府需承担的比例增大，政府要尽可能地向社会资本展示自己的友好提出合理的激励机制，并减少谈判时间以减少损耗，以获得更高的社会效益。当社会资本谈判的损耗较大且政府向社会资本转移风险的概率较大时，政府需承担的比例减小，社会资本需承担的比例增大，社会资本要尽可能地向政府展示自己的友好以及努力的决心，尽可能地隐藏自己的实际实力，减少谈判时间以减少损耗，尽量弱化自身的不利获得更高的收益。

对此提出以下建议：

（1）建立和完善 PPP 模式的政策和法规。PPP 模式兴起与推广至今已有很多年了，在我国的公共设施建设及公共服务的提供的发展中越来越多的项目愿意采用公私合作的合作模式，但是我国目前尚未出台比较系统的 PPP 模式法律法规文件，对于其中风险可能发生时出现的许多问题无法在合同或法规中得到有效的解决，提高了风险发生后的谈判成本。这其中存在许许多多的风险需要加以识别、评价和分担，可能也会由于风险的发生而产生矛盾，需要借助完善的法律法规来对各参与方的权益进行保障。因此，完善的 PPP 项目法律法规对于参与 PPP 项目的建设方来说十分重要。同时，具有完善的法律法规，可以给社会资本提供心理上的保障，这将会大大提高社会资本参与 PPP 项目公共设施建设的热情，也能有效减轻政府的财政问题。

（2）合理补偿风险控制成本。合同不完全性使得当合作中出现某一意外事件或合同中未对处理方式做出明确约定的事件时，双方需要额外的谈判商议事项的处理方案，受合同不完全性影响的风险事项需要进一步谈判。结合 PPP 项目合同条款的不完全性，如建设期因不可抗力、政府原因、法律变更、设计变更这类非社会资本原因导致工程建设进度延误的，社会资本即社会资本或项目公司有权申请延长建设期并顺延运营期。部分合同中与期限调整有关的条款还约定了社会资本有权因该类建设延误要求政府进行补偿，双方要对具体方案进行协商谈判。合同条款对"损失""赔偿""补偿"等内容的约定，围绕"不可抗力""法律变更""设计变更"等引起项目成本费用变化的事件，合同中也没有相应条款略微规定该部分金额的认定方法。同时，在补救措施方面，原则上要求以上事件发生时，有关方应努力采取合理的补救措施以尽量减少损失、降低损害。若产生争议，双方可协商后聘请"第三方"机构对具体金额做公正客观的评估，且该评估结果应被双方共同接受。社会资本需客观评估，要求政府针对此设置预备补偿金，以避免项目实施过程中项目因政府无法履行承诺而导致的终止或者失败。在此基础上可以选择补偿风险控制成本的方法，有效消除项目参与双方为了防范风险但又不愿付出成本，都抱着一种侥幸心理来对待风险的隐患，尽力控制风险。

（3）创建风险分担的约束机制。在我国目前的 PPP 项目中，项目中的承担风险分担的主体也就是 PPP 项目的参与方主要是政府和社会资本，也即是发起者和投资者。而这其中重点的又是政府和社会资本之间围绕风险进行的博弈过程。风险分担的主体是整个 PPP 项目风险分担过程的关键角色，但就目前而言，对于风险分担并没有相应的约束机制，不能保证承担风险的各参与方在接受完风险分配之后能有效地控制风险，同时也不能保证风险分担主体愿意采取积极主动的态势去防范风险的发生。因此，在风险分担过程中有必要创建一套完整的风险分担约束机制，保障风险分担的公平和高效。

三、基于合理风险分担的激励模型构建

在 PPP 项目准备阶段，为了实现合理风险分担以及项目的顺利实施，社会资本往往会进行前期的可行性研究，对于项目的预期收益以及需要付出的成本进行考察研究。在政府与社会资本谈判签订合同发生时便会设置对社会资本的补贴，但这个补贴往往不是固定数值，政府为了项目的顺利进行将会动用财政资金或其他方式激励社会资本。在实际的 PPP 项目运营阶段中，在初始风险分担基础上，政府可能会凭借自身强势地位提出更多要求，这样做将损害社会资本的利益；由于社会资本是以盈利为目的参与建设，在超出社会资本可承受范围后，社会资本可能会通过投机行为获得更多自身收益。为了避免这一现象的产生，同时遵循"风险与收益相匹配"的原则，在政府要求社会资本提供更多服务的同时也应设定一定的激励，激励将根据社会资本做出的超额绩效以及收益分享进行设置。需要注意的是，政府应考虑奖惩机制对社会资本行为的影响，若社会资本所得激励太低或惩罚太低，那么社会资本可能选择进行投机行为，从而损害项目效益。因此，政府应选择恰当的奖惩行为从而减少社会资本进行投机行为的可能性。本书将基于政府角度建立绩效激励模型。

（一）模型基本假设

在 PPP 模式下，政府与社会资本在项目中为达到双赢的结果建立合作关系。本书从 PPP 项目的运营阶段绩效目标出发，基于委托代理理论构建 PPP 项目激励模型，借助社会资本的努力水平、资源投入等影响参数，研究风险分担及政府激励系数与绩效的关系，并做出以下假设：

（1）假设社会资本的风险偏好为风险规避，追求较好的经济效益，社会资本为了达成选定的目标根据自身成本和收益对方案作出理性选择，在运营阶段会根据政府的合同条款，追求自身利益最大化做出决策；政府的风险偏好为风险中性，目标是公共设施项目的顺利完成以及保障社会公众的利益，对风险态度既不冒险也不保守。

（2）PPP 项目参与双方的信息是不对称的，在 PPP 项目运营阶段，政府作为委托方无法完全获取社会资本方的信息，处于劣势地位。在此基础上，政府需要对社会资本进行监管并采取有效的激励手段，以抑制社会资本的投机行为。

（3）政府对社会资本的激励没有统一的方式。本书将 PPP 项目中政府对社会资本方运营阶段的绩效激励方式可以划分为两大类：绩效激励和收益分享激

励。绩效激励主要指对社会资本实际绩效超过政府设定的绩效标准的部分进行激励。收益分享激励指根据社会资本承担的风险比例对社会资本进行项目的整体效益分享激励。根据文献研究，假设 PPP 项目中政府和社会资本的绩效以及成本等函数均为线性函数。

（二）激励模型参数定义

假设政府根据项目整体效益以及社会资本的超额绩效对社会资本进行激励，并对激励模型中的参数进行以下假设：

假设一：假设 PPP 项目参与双方签订的合同约定，政府根据社会资本在项目风险分担中承担的比例以及项目的绩效对社会资本进行激励，社会资本的收益分享比例为 β，则政府为 $1-\beta$，根据风险分担原则中风险与收益相匹配的原则，这里的收益分享比例以上一节求出的风险分担比例 Q 为代表。由于 PPP 项目的收益模式以社会资本投资、政府补贴为主，本书中 PPP 项目运营阶段的绩效以社会资本的资源投入与努力水平衡量。假设 PPP 项目的绩效 p 为社会资本的努力系数 e 与社会资本的资源投入 r 的乘积，即：

$$p = er \tag{7-32}$$

努力系数越大代表社会资本的努力水平越高。且在信息不完全的情况下，政府无法观测到社会资本方的选择行为。

假设 PPP 项目运营阶段整体效益 B 包含经济效益与社会效益，并与该阶段的社会资本所取得的绩效 p 正相关，即：

$$B = B(e) = b_0 + p + \varepsilon = b_0 + er + \varepsilon \tag{7-33}$$

式中，b_0 为 PPP 项目的基础效益水平；ε 为服从正态分布的随机变量，均值为 0，方差为 0，其表示政府和社会资本可能面临效益的风险变量。

假设二：PPP 项目在运营阶段的成本取决于项目的规模以及社会资本的管理和技术水平，本书 PPP 项目运营阶段的成本主要为项目的努力成本。

维修成本为社会资本在实际运营维护中所花费的成本，与时间呈正相关为 $m(t)$，则由社会资本承担的部分为 $\beta m(t)$。

努力成本是社会资本为了使实际绩效达到政府设置的标准而付出的成本，社会资本在运营阶段运营与管理越努力，则付出的成本越大。为了改进项目绩效投入的资源越大。社会资本的努力成本与其付出的努力水平正相关，满足 $C(e) = \frac{1}{2}re^2$。故社会资本的运营成本为：

$$C = \beta m(t) + \frac{1}{2}re^2 \tag{7-34}$$

假设三：在 PPP 项目运营阶段操作中，除了初始识别出的风险，政府可能会凭借自身强势地位提出更多要求，这样做将损害社会资本的利益，由于社会资本是以盈利为目的参与建设，在超出社会资本可承受范围后，社会资本可能会通过投机行为获得更多自身收益。为了避免这一现象的产生，同时遵循"风险与收益相匹配"的原则，在政府要求社会资本提供更多服务的同时为了避免社会资本的投机行为也应根据社会资本做出的超额绩效设定一定的激励，因此政府制定相应的绩效标准 p^* 并根据实际情况实施奖励或惩罚。

本书基于以上假设，结合政府在 PPP 项目公共设施建设过程中参与双方的收益与成本构建激励机制。最优激励机制的合同条款由政府对社会资本的运营进行补贴，项目整体效益分成绩效激励和收益分享两部分：第一部分为政府根据社会资本在项目运营阶段的绩效对超额绩效进行激励，制定激励系数 k，超额部分的为 $\Delta p = p - p^*$；第二部分为政府根据项目效益与社会资本进行收益分享。故最终政府制定的合同条款中社会资本的收入为：

$$I(e) = k\beta\Delta p + \beta B = \beta(ker - kp^* + B) \tag{7-35}$$

（三）社会资本最优努力水平

社会资本除了项目的努力成本外，还有风险成本，在运营阶段社会资本的收益分享比例为 β，ρ 为社会资本的风险规避系数，得到社会资本方的风险成本为 $\frac{1}{2}\rho\sigma^2\beta^2$，$\sigma$ 为服从正态分布的变量，均值为 0，方差为 0。

PPP 项目运营阶段社会资本方的收益为：

$$\pi_s = I(e) - C - \frac{1}{2}\rho\sigma^2\beta^2 = \beta(ker - kp^* + B) - \beta m(t) - \frac{1}{2}re^2 - \frac{1}{2}\rho\sigma^2\beta^2 \tag{7-36}$$

此时，根据经济人假设，社会资本会根据自身成本和收益对方案做出理性选择，选择自身效益最大化的努力水平，确定社会资本效益最大化的一阶条件为

$$\bar{e} = k\beta - \beta \tag{7-37}$$

由此可知：

社会资本努力水平与收益分享比例 β 呈正相关。当社会资本承担更多的风险时，其收益分享的激励则越大，那么社会资本的积极性将越高，会以更高的努力水平进行 PPP 项目的运营。可以解释为，社会资本承担更高的风险，则政府根据收益分享的比例越大，更高的收益会增加社会资本在运营过程中提高项目效益的积极性，投入更多的努力进行项目运营。

社会资本努力水平与激励系数 k 呈正相关。社会资本在进行 PPP 项目的运营时，努力水平越高付出的成本越高，那么政府对社会资本的激励如果无法高于其付出更多努力需要的成本，那么社会资本将会选择更低的努力水平。这可以解释为，进行激励的项目会减少社会资本在运营过程中为提高运营质量而投入资源的顾虑，提高社会资本的积极性。

社会资本努力水平与政府制定的绩效标准 p^* 无关。无论政府设置什么水平的绩效标准，社会资本都会以自己收益最大为前提选择最优的努力水平。

（四）政府最优激励系数

在 PPP 项目的进行中，政府作为 PPP 项目参与者代表着社会公众的利益，以 PPP 项目整体效益为重。由于政府对社会资本信息掌握得不完全，只能根据社会资本的绩效获取其努力水平 $\bar{e}$，以此得出政府最优激励系数，使得项目整体效益最大化。

政府的收益为

$$\pi_g = B(e) - I(e) - (1 - \beta)m(t) = (b_0 + p + \varepsilon) - [\beta(ker - kp^* + B)] - (1 - \beta)m(t) \tag{7-38}$$

将式（7-37）代入式（7-38）得：

$$\pi_g = [b_0 + r(k\beta - \beta) + \varepsilon] - [\beta(kr(k\beta - \beta) - kp^* + (b_0 + r(k\beta - \beta) + \varepsilon))] - (1 - \beta)m(t) \tag{7-39}$$

对 k 求一阶偏导以得到政府在 PPP 项目整体效益最大化的一阶条件下，对社会资本设置的最优激励系数为：

$$k = \frac{r - \beta r + p^*}{2\beta r} \tag{7-40}$$

根据式（7-40），分别求激励系数 k 对绩效标准 p^*、收益分享比例 β 以及社会资本方的资源投入 r 的一阶偏导，可得：

$$\frac{\partial k}{\partial p^*} = \frac{1}{2\beta r} \tag{7-41}$$

由于收益分享比例 β 以及资源投入 r 均大于零，故 k 对 p^* 的偏导始终大于零。

$$\frac{\partial k}{\partial r} = -\frac{p^*}{2\beta r^2} \tag{7-42}$$

$$\frac{\partial k}{\partial \beta} = \frac{-2r - 2p^*}{4\beta^2 r} \tag{7-43}$$

由于收益分享比例 β、绩效标准 p^* 以及资源投入 r 均大于零，故 k 对 r、β 的偏导始终小于零。因此根据式（7-43）~式（7-46）可知激励系数 k 与绩效标准 p^* 呈正相关；激励系数 k 与社会资本方的资源投入 r 以及收益分享比例 β 呈负相关。

根据上文分析讨论如下。

绩效设定标准 p^* 的大小反映了政府在考虑项目整体效益时对社会资本绩效产出的要求，根据社会资本风险偏好的假设，社会资本会根据自身成本和收益对方案作出理性选择，选择自身效益最大化的努力水平，提高绩效标准并不会促使社会资本提高其绩效产出，但会增加社会资本的负担，为了避免社会资本进行投机行为，需要提高激励系数。

在 PPP 项目的实践中，有效的绩效评价体系可以促进 PPP 模式在我国的规范化、标准化、推动基础设施的完善，绩效激励机制可以进一步提高绩效，通过有效的动态绩效激励机制可以充分保障公共基础设施项目在特许经营期的稳定推行和可持续发展，满足各方效益的同时实现社会效益的持续改进。故政府宜在 PPP 合同签订初期，可以根据同类型 PPP 项目的历史数据进行调研，通过引入绩效标准、奖罚系数、固定支付等指标参数，根据 PPP 项目的实际情况，建立科学的绩效评价指标体系，并制定恰当绩效标准，避免在运营阶段绩效考核期间调整绩效标准。一定程度上，修正绩效标准不仅不会使政府的社会效用提高，反而一定程度上，可能还会带来经济上的亏损。修正绩效标准分析的重点是为了设计最优合约，使得项目参与双方在事后不存在再谈判，减少成本投入。在 PPP 模式下，原先由政府承担的工作及风险部分转移给了社会资本，但政府代表着社会公众的利益，始终承担着公共基础设施质量和服务效率保障的责任。这些责任主要体现在三个方面：确定可以支出的公共资源和财政支持力度；公共基础设施质量和服务应达到的标准，并制定相应的绩效标准；监督和执行这些标准并对违反约定的情况实施裁决或处罚。为了防止损害政府和项目绩效，设定监督和惩罚为主要形式的负面激励变得尤为重要，政府需要不断强化监督机构的管理和判断能力。同时，建立科学的 PPP 项目绩效评价体系和绩效标准，倡导科学的项目价值评估体系，从更公平的角度维护社会公众的利益。

资源投入 r 与激励系数 k 的关系呈负相关，社会资本的资源投入越大，政府设置的激励系数也越小。社会资本的资源投入越大，项目的整体效益也将越大，在社会资本需要投入的资源过多时，政府为了降低激励成本，可以适当降低激励水平。项目参与方为了更好地完成项目必然要投入一定的资源，但是项目参与方对于资源投入后项目的运营情况，公众的满意情况等在建设之前各方都是不清楚的，而且巨大的资源投入是很多项目参与方所不愿付出的成本，所以都以最低的绩效标准为目标。激励与资源投入呈反比，社会资本可能通过更少资源投入获取更多的激励补贴，与政府的目标相悖。但政府可以通过项目公司建立一种对资源投入的补偿机制，借以消除这方面的隐患，使社会资本不用担心这方面的投入，会尽全力投入各种资源来进行项目的建设运营。

收益分享比例与激励系数的关系呈负相关。收益分享比例取决于社会资本在运营阶段承担风险的比例，那么社会资本承担的风险比例越大，其为了自身的收益努力水平也会越大，此时，社会资本将会理性选择较高的努力水平，以此来实现自身利益的最大化。若社会资本以及承担了较高的风险分担比例，那么社会资本已经有了内部的激励，所以政府可以适当降低外部的激励水平；反之，社会资本承担的风险比例较小时必须加大激励力度，引导社会资本提高努力水平以提高 PPP 项目的整体效益。

承担风险可能会造成损失，也可能会产生收益，这也是很多风险承担方愿意承担风险的一个出发点。合理的风险分担确定之后，双方有必要再对一些细则加以详细描述，而对风险收益的分享即是其中重要的一条，这也是风险承担方参与风险防范的一个有力动机。在项目前期的风险分担过程中就有必要创建一套完整的风险分担约束机制，保障风险分担比例的合理性。保证参与各方能牢固树立风险意识、时刻掌握风险进程，同时将风险与收益进行匹配，保证社会资本愿意采取积极主动的态势去建设运营项目，保障项目的顺利进行。因此，在政府可以通过明确社会资本所能得到的风险收益，强化其责任，诱导社会资本努力完成项目的建设运营。

第三节 案例分析

一、项目概况

××隧道是一条地下通道，道路全长 14km，宽 21m；设计道路为双向六车道，设计速度为 60km/h；该项目建设期 3 年，运营时间长达 20 年，具有资金投资额大、时间跨度长的特点。

该项目于 2012 年签署合同，并于同年动工，建设期 3 年，于 2016 年完工通车，项目采用 BOT 模式，由社会资本方承担融资、建设及运营的主要工作，项目收益方式为政府补贴，目前已经完成建设投入运营。

由于该工程耗资大，政府和社会资本估算本项目投资总额为 44.6 亿元，要求 3 年内本工程竣工验收合格通过，运营时间长达 20 年，具有资金投资额大、时间跨度长的特点。这也决定了项目使用 PPP 模式进行建设。合作的重点便是过程中对于项目风险的分担以及如何使用激励策略提升项目效益。在该项目中，政府希望借助社会资本的力量来完成对隧道的建设，同时解决城市交通问题，尽早达成建设目标；而社会资本主要希望通过和政府进行合作，减少投资风险，并获得投资收益。因此，这也就有必要对项目中可能出现的风险进行划分，使经过政府挑选的社会资本能够且愿意承担该比例的风险，且政府能够承担该比例的风险，减少在后续过程中出现由不合理的风险分担而导致的问题，并且通过激励手段减少社会资本的投机行为，尽可能高的提升项目社会效益。

二、项目风险识别与分担

××隧道工程现处于运营阶段，根据前文运营阶段需要共担的风险主要有以下几类：运营成本超支风险、费用支付风险、征用/公有化风险、残值风险、特许经营期不合理风险、运行质量风险、公众利益风险。结合上一节建立的风险分担模型，在不完全信息条件下确定运营阶段风险的合理分担比例。通过发放问卷调查的方法，对象是专家和学者，发放问卷，并将问卷得到的数据结合相关研究和 PPP 领域专家的建议进行修正，最终得到博弈中需要用到的谈判损耗，政府可能利用地位强迫社会资本的概率等系数。

（一）风险分担

根据上文识别出的风险，将影响因素代入风险分担讨价还价博弈模型，确定双方在合理的风险分担比例。在××隧道工程中，项目在运营过程中以上风险都可能发生，且实际项目中风险并非全部由一方承担，因此本书对所有运营阶段的风险都进行分担研究。

向专家发放调查问卷，调查的对象包括有多次政府合作建设 PPP 项目经验的社会资本、咨询单位，高校里面研究方向与 PPP 相关的专家与教授以及参与 PPP 项目相关工作的政府工作人员。总共发放 10 份并回收到 10 份有效问卷，对回收的有效问卷数据进行处理，整理出每一项风险的系数，并根据问卷调查人员身份的不同以及其对风险的了解，同时结合相关的文献与公式进行修正，最终得到了××隧道工程的系数如表 7-4 所示。

表 7-4 风险分担讨价还价影响因子表

风险类别	δ_1	δ_2	p_1	p_2	p_3	q_1	q_2	a_1	b_1
运营成本超支风险	0.20	0.80	0.15	0.10	0.05	0.50	0.50	0.10	0.08
费用支付风险	0.30	0.10	0.10	0.08	0.06	0.10	0.90	0.20	0.10
征用/公有化风险	0.60	0.50	0.10	0.08	0.06	0.30	0.70	0.60	0.40
残值风险	0.17	0.70	0.10	0.05	0.03	0.80	0.20	0.30	0.15
特许经营期不合理风险	0.70	0.60	0.08	0.06	0.04	0.40	0.60	0.50	0.30
运行质量风险	0.31	0.80	0.12	0.10	0.08	0.70	0.30	0.10	0.05
公众利益风险	0.25	0.54	0.25	0.20	0.18	0.30	0.70	0.10	0.03
运营阶段整体风险	0.40	0.80	0.15	0.10	0.07	0.60	0.40	0.40	0.30

在不完全信息条件下时，根据式（7-28）、式（7-29）及表 7-4，计算出在××隧道工程项目中，政府和社会资本运营阶段具体的风险分担比例，见表 7-5。

表 7-5 ××隧道项目风险分担比例 （％）

风险类别	政府风险分担比例	社会资本风险分担比例
运营成本超支风险	25	75
费用支付风险	94	6

续表 7-5

风险类别	政府风险分担比例	社会资本风险分担比例
征用/公有化风险	76	24
残值风险	37	63
特许经营期不合理风险	73	27
运行质量风险	28	72
公众利益风险	55	45
运营阶段整体风险	36	64

（二）合同条款关于风险分担总结

根据××隧道 BOT（投资建设-运营-移交）合同以及前文识别出的风险在合同中找出相关条款：

（1）成本超支风险。合同中并未识别出运营成本超支时的相关条款，但参考建设期的成本超支时相关条款，因政府指示的变更导致工程变更额外增加的费用将由政府承担，虽然很大一部分学者统一地认为成本超支风险应全部由社会资本承担，但计算得出的分担比例政府仍承担了一部分。在实际项目中，可能由于政府提出的新要求等原因导致运营增加的成本需要政府承担，更为贴近实际。

（2）费用支付风险。专营补贴的支付：运营期每年分两次支付，项目公司可选择要求政府就政府因违约给其造成的损失给予补偿。由于政府未按本合同规定期限向项目公司支付专营补贴时，每逾期一日应向项目公司支付应付而未付部分的利息。很大一部分学者统一地认为费用支付风险全部由政府承担，费用支付为固定时间固定金额，在合同中未有条款补充费用无法支付的情况，是政府的信用极好的缘故。大部分风险由政府承担，但社会资本仍承担了部分风险，本项目也较好地体现了这一点。

（3）征用/公有化风险。根据合同约定，若因社会资本提出接管请求，而政府认为有必要的或因公共利益、公共安全的需要，并且临时接管期间超过 60 日，政府可取消专营权，并终止本合同。在此情况下，在不影响政府在本合同项下的其他权利的前提下，在本项目运营过程中，因公共利益、公共安全等需要，政府有权回购本项目，但必须提前六个月以书面形式通知社会资本；如已临时接管的，提前通知的时间从临时接管之日起算，并进行价格补偿。相关条款显示征用/公有化风险大部分由政府承担，实际计算出的风险比例与表 7-2 中所有风险均为政府承担不同，社会资本仍承担了小部分，即可能不能得到完全补偿，并启动再谈判。

（4）残值风险。合同规定专营期满移交后，社会资本对隧道设施管理中出现的任何问题，不再承担责任，但下述情况除外：因社会资本在专营期间的故意、过错、疏忽或不当行为而造成的责任；因社会资本就其移交的资料或设施侵犯第三方权利而造成的责任；因专营期内存在的工程瑕疵或隐患在移交后造成的损害和损失；或因社会资本未按本合同所要求的标准对项目进行建设、维护与运营而造成的责任。移交保证金：本项目专营期截止前一年，政府将应支付给社会资本的当年专营补贴转为移交保证金，待移交工作完成日后三十个工作日内一次支付。

在合同中的相关条款显示残值风险由社会资本承担，即需要担负起移交之前的工程瑕疵问题的责任以及移交时的损失，风险也大部分由社会资本承担，但政府仍承担了小部分，表7-2中对于此风险的归属也不统一但与本案例结果一致。

（5）特许经营期。运营期自××隧道工程通车日起至移交之日止20年的时间，专营期指本工程的建设期和运营期。若本合同提前终止，本项目视同专营期届满之情形予以移交。政府有权将应支付给社会资本的最近一期专营补贴转为移交保证金，待社会资本完成移交义务后据实结算。在本合同提前终止的情形下，社会资本尚应承担促使其与本项目有关的各合同相对人（但政府除外）与政府（或其指定的资产接受人）及社会资本，就与本项目有关的未履行完毕的合同签订权利义务转移合同并办理相应手续，并使政府（或其指定的接管机构）享有与本项目有关的各项合同项下的所有权益。若出现本合同提前终止，社会资本应当及时清理债权、债务，政府或政府指定的接管机构不承担社会资本在合同终止前形成的任何债务。

合同中未就特许经营权而设置具体如何调整的条款，需要实际发生后进行协商，但根据计算出的分担比例大部分风险仍由政府承担。实际上此项目已由政府提前两年收回。

（6）运行质量。合同约定：由社会资本负责隧道的维护工作，管养经费标准按财政制定的管养定额的95%包干。相关费用列入当年城建维护建设计划。管养费用的支付方式、支付日期同专营补贴。管养工作由社会资本委托实施的，管养经费可由财政直接支付给受托单位。上述管养经费原则上是在财政部门每一次定额调整周期后调整标准。第一次在竣工通车前半年内以上述定额的最新版本确定，以后每次均在上个周期的最后半年内按上述原则确定。

由社会资本负责隧道的维护工作时，社会资本应接受行业管理，养护维修应严格按照《城市桥梁养护技术规范》的有关规定执行。大修方案由社会资本编制并按程序报批，大修费用通过公开招标确定，并在当年城建城管计划中安排。其他时期的各类维修费用由社会资本负责。社会资本接受政府的监管，政府督促社会资本做好安全防范工作。社会资本支付费用对项目进行评估，对检测评估中发现的问题，社会资本应认真整改。政府根据专项检查结果和考核成绩对社会资本进行奖惩。

运行质量是政府较为看重的，政府有权对项目公司进行监督检查，并予指导，大部分风险由社会资本承担。这与表7-2及本案例结算结果一致。

（7）公众利益。未经政府和交通管理部门同意，社会资本除生命安全的重大突发事件外不得擅自封闭整条隧道，必须确保道路通畅。

公共利益是政府最为看重的。除重大突发事件外，需要保持道路畅通，保证公众利益，大部分风险由社会资本承担。

（8）运营阶段整体风险。首先从计算结果看，本项目运营阶段整体风险大部分由社会资本承担。根据第二节的风险分担讨价还价博弈模型，结合专家调查问卷修正得到的数据，计算出本项目中运营阶段各风险的风险分担比例以及整体的风险分担比例。计算结果与文献研究中风险的归属以及合同条款中识别出的风险归属大致相同，但实际情况与文献研究存在一些偏差，如运行成本超支风险、运行质量风险并非全部由社会资本承担，实际项目合同条件中政府也会为社会资本承担部分风险，减轻其负担；费用支付风险、征用/公有化风险、特许经营期不合理风险并非全部由政府承担，实际项目合同条件中社会资本也会承担部分风险，这部分风险可能是由于政府的强势地位向社会资本转移的或社会资本想要对其示好主动承担的；残值风险、公众利益风险这类没有统一归属但受到社会资本运营质量影响的风险，政府会将其更多分配给社会资本。

（三）总结

从以上成本超支风险、费用支付等8类风险的分担比例来看，政府先出价的情况下，政府实际承担的比例总体小于社会资本承担的比例。在 PPP 项目运营阶段中主要由社会资本来进行，相对而言，政府为了保障社会公众利益，不得不承担较高的风险或是给予社会资本更多的优惠政策，以此来吸引更多的社会资本参与到 PPP 项目中。对于成本超支风险，政府承担的比例为25%，社会资本为75%。这与 PPP 项目实践中是一致的，成本超支风险一般情况下是由社会资本承担的，社会资本在运营方面有一定信息优势，因此由社会资本承担大部分的成本超支风险，可以促使其尽力控制运营成本，从而使得成本超支给整个项目带来的风险尽可能地得到降低。对于费用支付风险，政府承担的比例为94%，社会资本仅为6%。实际 PPP 项目中社会资本是为了获得相应的收益参与建设，政府应按时支付项目运营费用，现实中政府的信用是值得相信的，社会资本也可能为了与政府保持长期的合作而展示诚意承担部分费用支付风险。为了保障社会资本方的利益，政府可能承担更多征用/公有化及特许经营期风险，公众利益使政府为了保障公众利益而愿意承担更多。而残值风险、运行质量这些本应由社会资本在运营阶段实施的绩效考核便由社会资本承担大部分。

运营阶段由社会资本对项目进行运营，除去由于政府提出社会资本进行项目优化的要求、费用无法支付的风险或对项目提出征用的要求，运营阶段整体风险也大部分由社会资本承担。政府是以减轻财政负担为目的，以提高项目的整体效益保障社会公众的利益为目标发起 PPP 项目，但在运营阶段给社会资本直接补贴可能会引发其投机行为，因此会选择合适的风险由社会资本承担，并由其享受对应的收益。此项目合同中关于运营阶段的风险部分条款相比文献研究中更贴合实际，并没有直接将一类风险全都分配给某一方，而是结合具体事件提出了风险分担及其界限。但仍存在部分风险分配不完全，以及风险发生后具体的处理方法，仍需要发生后协商解决。

三、PPP 合同条款建议

随着我国基础设施领域的大力发展，国内合同管理越来越细致。在 PPP 合同管理模式发展方面，2014 年国家发改委发布了《国家发改委关于开展政府和社会资本合作的指导意见》，作为政府与社会资本合作的专业指导指南。财政部于 2014 年公布《财政部关于规范政府和社会资本合作合同管理工作的通知》和《PPP 项目合同指南（试行）》。国家发改委和财政部发布的两份 PPP 指南的框架基本一致，财政部发布的合同指南对合同具体条款约定得更为细致。两者都强调政府和社会资本的公平和平等地位，从 PPP 项目的全过程管理出发，更侧重专业上的指导，对项目前期规划、建设、运营等方面进行了阐述，给出了较为详细的意见，可以说是一份行动指南。

PPP 合同双方可能目标不一致、有限理性，合作出现纠纷时难以裁决或者裁决时政府占据优势，最终导致 PPP 合同更有不完全性。在 PPP 合同管理方面仍存在许多不足之处，合同中条款的设置无法包含方方面面，仍需在规范或完善 PPP 合同内容方面继续努力。

总结英国、美国等在 PPP 方面发展较好的国家均有较完善的 PPP 项目合同争议解决机制，主要包含协商、专家裁决、仲裁和诉讼等几种方式，争议期间各方对于合同无争议部分应当继续履行。我国的合同争议解决机制也以此为参考进行设置。一般来说，当政府和社会资本产生了合同条款中没有提及的争议时，在争议发生的第一时间双方会对此展开协商或者谈判，如果双方的意见不能达成一致，那便将此争议提交至第三方进行裁决。专家组由双方共同任命，一般负责解决财务和技术相关的争议。如果参与双方对第三方提出的裁决有异议，再将此争议提交仲裁机构进行仲裁，指南中要求合同应明确争议解决机制。

但针对 PPP 项目中各个阶段的风险，事前的预防成本远低于事后风险发生后争议产生的成本，因此，以运营阶段为例，根据现有的合同文本以及国家发改委和财务部的指南，对 PPP 不同风险进行合同条款设置上的建议：

（1）成本超支风险。合同中明确要求项目公司对在参与项目运行中造成的环境污染等损害、损失负责，对政府予以经济赔偿。但非不可抗力等情况下项目发生了无法修复或修复费用过高的情况时，政府对社会资本方的处置方式等内容未约定。

针对成本超支风险的预防措施：一是项目承接前应对项目未来的运营成本做出较为精确的测算，确保准备工作切实到位；二是在项目运营之前便确定运营标准，应当积极参与标准编订工作，先确定运营服务标准；三是充分预估政策变化等不利因素，制定合理风险分担机制，设置特殊情况下提前退出机制；四是加强专业运营公司、团队和人才的培养。

（2）费用支付风险。目前合同中费用相关条款的设置已较为完善，通常明晰了发生临时接管后对专营补贴发放、政府支出费用扣除的处理方式。合同约定当双方对专营补贴、专营补贴调整、重大变更费用有异议时，优先协商，协商不成的采取仲裁。有些合同规定项目公司享有项目命名权、广告运营权，但合同要求运营期间铺设非隧道运营所需管线应经政府认可。由于我国政府的信誉较高，不对此做出建议。

（3）征用/公有化风险。条款中指出若合同因部分原因提前终止，则政府应按时支付补偿，应对提前终止情况下社会资本是否有额外的损失补偿进行说明，给予社会资本方相应费用补偿。获得保险赔偿后社会资本需保证政府得到其应有的赔偿份额，同时参与双方各自承担不可抗力下的支出。

对此风险的预防措施：在投标前，对项目做好摸底，就项目的土地现状、地方政策、拆迁的可能性进行详尽的了解。

（4）残值风险。在 PPP 项目移交前，政府委托独立专家或者由政府和项目公司共同组成的移交工作组负责项目评估和测试。不符合移交条件和标准的，政府有权提取移交维修保函，并要求项目公司进行整改。移交相关的资产过户和合同转让等手续多数由项目公司负责。

项目公司在签署分包等合同时即与相关合同方明确约定，在项目移交时同意项目公司将所涉合同转让给政府或政府指定的其他机构，包含尚未期满的相关担保。移交之前，由项目公司承担项目设施的全部或部分损失或损坏的风险；移交之后，由政府承担损失或损坏的风险。对于此项风险，社会资本应在移交前完成应有的义务，政府需要在移交时确保项目符合标准后再接收。

（5）特许经营期风险。除非合同中规定可以依据协议进行延长，特许经营期在合同中一般会明确运营时间长度（BOT 和 BOO 模式包括项目的准备阶段、建设阶段以及运营阶段）。特许经营期应根据项目特点、规模和运营方式等因素确定，最长不得超过 30 年。特许经营期结束，需要延长特许经营期限的，应重新签订协议。

导致项目提前终止的事由包括：政府违约事件、项目公司违约事件、政府选择终止（合同应明确限定）、不可抗力事件。

关于项目终止后的处理,若是项目公司违约导致项目终止的,政府有回购的选择权。对涉及公共安全和公众利益的、需要保障持续供给的 PPP 项目,合同中约定即使项目公司违约,政府仍有回购义务;若是政府违约事件、政治不可抗力以及政府选择终止,需要确保项目公司不会受损或获得额外利益。

对于此风险应设置条款,若特许期不合理,社会资本可以向政府提出协商要求回购或调整特许经营期。

(6)运行质量。政府具有监督权,可以查阅运营维护期运营维护手册和有关项目运营情况的报告、进场检查和测试以及对承包商和分包商选择。监控包括:合同中约定建设承包商或运营维护商的资质要求;在签订工程承包合同或运营维护合同前报告政府。

政府可以入场检查,拥有定期获得有关项目运营情况的报告及其他相关资料的权力;审阅运营方案并提出意见;委托第三方机构开展项目中期评估和后评价等权利。且项目合同中已明确约定,项目公司具有依法公开披露相关信息的义务,需要接受公众的监督。

对于此风险,政府需要定期对此项目及其承包商分包商的资质进行监督,更有效地保障运行质量。

(7)公众利益。当发生危及人身健康或安全、财产安全或环境安全的风险;介入项目以解除或行使政府的法定责任;发生紧急情况,且政府合理认为该紧急情况将会导致人员伤亡、严重财产损失或造成环境污染,并且会影响项目的正常实施时,政府可以直接介入,此时项目公司义务或工作将被豁免;采用非付费机制的项目,政府仍支付服务费或其他费用;所有额外费用均由政府承担。

项目合同中已明确约定,项目公司具有依法公开披露相关信息的义务,需要接受公众的监督。对于此风险,可以向公众宣传信息的公开,提供投诉的渠道并倡导社会公众对此项目进行监督,更有效地保障公众利益。

四、合理风险分担下的激励研究

PPP 项目状况评定方法:××隧道 PPP 项目效益指标委托专门的机构进行设置并考核,按照每年两次的检查频率对隧道进行实地调查评估,并按照设置的绩效评价指标体系中的评价标准进行打分,确定××隧道 PPP 项目每年实际取得的土建结构评价、机电设施评价以及其他工程设施评价分数。项目整体效益评价指标分数等于各单项社会指标分数加权平均值,其中机电设施分项权重为 50,土建结构分项权重为 40,其他工程设施分项权重为 10。具体计算公式为:

$$JDCI = 100 \times \frac{\sum_{i=1}^{n} Ew_i}{\sum_{i=1}^{n} w_i} \tag{7-44}$$

$$JGCI = 100 \times \left[1 - \frac{1}{4} \sum_{i=1}^{n} \left(JGCI_i \times \frac{w_i}{\sum_{i=1}^{n} w_i} \right) \right] \tag{7-45}$$

$$QTCI = 100 \times \left[1 - \frac{1}{2} \sum_{i=1}^{n} \left(QTCI_i \times \frac{w_i}{\sum_{i=1}^{n} w_i} \right) \right] \tag{7-46}$$

$$CI = 50\%JDCI + 40\%JGCI + 10\%QTCI \tag{7-47}$$

绩效标准 p^*：政府设置的绩效标准为预估的运营投入 4900 万元；

运营投入 r：根据 20 个类似隧道项目的数据，隧道日常维护总成本目标是：一级预警日常维护成本约为 20 万元/km，隧道全长 14.4km，则假设××隧道日常维护资源投入为 20×14.4＝288 万元，总运营资源投入 r＝288×20＝5760 万元；

收益分享比例 β：政府和社会资本方根据项目风险分担比例进行收益分享激励，则社会资本方的收益分享比例为 64%，政府为 36%；

根据式（7-43）以及上述参数进行计算，得出此项目的最优激励系数：

$$k = \frac{r - \beta r + p^*}{2\beta r} = 0.95$$

根据上式可知激励系数受到项目运营阶段风险分配比例、绩效标准以及社会资本资源投入的影响，且绩效标准越高则需要的激励也越大，而当社会资本承担的风险比例较大时，因为存在内部激励即社会资本为了收回成本会付出更高的努力，因此激励系数可适当减少；反之，社会资本的收益分享比例越小即其承受的风险比例越小，政府则需要提高激励水平，避免其投机行为。假设社会资本会根据绩效标准提高自己的资源投入，那么激励系数受到项目运营阶段风险分配比例的影响最大，当社会资本的收益分享比例越小即其承受的风险比例小于一定标准（本项目中约为 61%），则政府需要以超过 1 的激励系数对社会资本进行补贴，过高的激励补贴不利于发挥社会资本的积极性，影响项目整体效益，因此政府可以根据风险分担比例对社会资本收益分享比例进行调整或提高监管力度。

根据上文的计算与分析，政府不仅仅可以设置激励系数，还可以通过对绩效标准、给予社会资本的项目基础效益补贴进行调整，以此设置激励合同条款，提高社会资本的努力水平与资源投入，这些措施都会对项目效益产生显著的效果，项目整体效益较之前有所提高。政府在招投标阶段对社会资本的审核数据可以加入该社会资本参与过的 PPP 项目的数据提高其进入的标准，以此降低社会资本的成本系数，减少项目的整体资源投入，减少成本。政府在制定绩效标准时，当绩效水平低于预期最低要求时，政府可以采取更严厉的惩罚措施，如加大惩罚力度，以高于计算出的激励系数的数值对社会资本进行惩罚甚至与社会资本终止合作。若在合同条款中仅提到政府会对项目实际运营情况进行检查，根据考核得分对社会资本进行奖惩，但并未详细说明奖惩情况，政府可根据本书提出的绩效激励以及收益分享对社会资本进行激励。根据计算结果以及以往项目的合同条款，在项目前期便明确合同条款，严格履行完善的合同对于提升 PPP 项目绩效具有显著作用，有助于 PPP 项目的顺利实施。那么，如何在 PPP 项目实践中通过合同来完善参与双方的合作方式，实现更好的合同治理，提出以下建议：

社会资本通过严格而激烈的招投标程序被选中，并与政府签订合同进行合作，承担项目建设和运营的任务，在合同签订时，不仅需要考虑到政府对于项目实现公共设施的建设保障社会公众需求的需要，也需要考虑社会资本参与 PPP 项目获得一定收益的需要，这对于激励社会资本保障合作的顺利进行并成功实现项目具有非常重要的意义，而在合同中制定合理有效的风险分担方法并针对风险发生后如何处理制定针对性的条款以及明确的激励方法，这是实现对社会资本激励的有效手段。在合同实施过程中，为防止社会资本出现机会主义行为，需要政府考虑项目的方方面面，制定有关条款对社会资本违约的行为进行监督并惩罚；社会资本则可依据明确的合同条款，针对政府的违约行为进行申诉，依法维护自己的权益。如此，可实现参与双方在 PPP 项目实施过程中更有效的合作，对促进 PPP 项目顺利进行具有重要意义。

对于参与双方来说，一定要注意政府和社会资本在项目中承担的风险比例要与其分配到的收益比例相匹配，这能够有效保障 PPP 项目的顺利平稳实施。在合同签订初期，便要根据参与双方对项目投入的资源及所承担的责任进行风险的分担配置，而在项目实施的过程中，尤其是当项目实际发生风险时，双方必然要经历处理风险的过程，项目也就会产生相应的剩余控制权问题，项目的剩余权利会因为风险分担情况的变化而在项目的参与方之间进行重新分配，力求实现各参与方权利和责任相匹配。

参 考 文 献

[1] 柯永建. 中国 PPP 项目风险公平分担 [D]. 北京：清华大学，2010.

[2] 乌云娜，胡新亮，张思维. 基于 ISM-HHM 方法的 PPP 项目风险识别 [J]. 土木工程与管理学报，2013，30（1）：67-71.

[3] 田莹. PPP 模式下准经营性基础设施项目的风险分担研究 [D]. 重庆：重庆大学，2014.

[4] 聂明，陈顺良. PPP 项目全寿命周期的风险评估模型及应用研究 [J]. 江苏科技信息，2015（4）：34-37.

[5] 杨足, 王军武, 申祖武. 基于 HHM 的基础设施 PPP 项目风险识别 [J]. 建筑经济, 2018, 39 (3): 39-43.

[6] Ke Y, et al. Preferred risk allocation in China′s public-private partnership (PPP) projects [J]. International Journal of Project Management, 2010, 28 (5): 482-492.

[7] 鲍海君. 土地开发整理的 BOT 项目融资研究 [D]. 杭州: 浙江大学, 2005.

[8] 李林, 刘志华, 章昆昌. 参与方地位非对称条件下 PPP 项目风险分配的博弈模型 [J]. 系统工程理论与实践, 2013, 33 (8): 1940-1948.

[9] 王红平, 李旭伟. 特大工程项目风险分担随机合作博弈模型构建与求解 [J]. 统计与决策, 2014 (13): 66-68.

[10] 赵俊钊. PPP 项目实施方案规划及其风险管理研究 [D]. 西安: 西安理工大学, 2019.

[11] 杜亚灵, 尹贻林. PPP 项目风险分担研究评述 [J]. 建筑经济, 2011 (4): 29-34.

[12] 张欢. 基础设施建设 PPP 模式的风险分担机制与国际经验借鉴 [J]. 甘肃金融, 2015 (1): 54-55.

[13] 王中和. 工程项目风险分担研究综述与展望 [J]. 科技管理研究, 2015, 35 (20): 187-192.

[14] Arndt R H. Risk allocation in the Melbourne City Link project [J]. Journal of Project Finance, 1998, 4 (3): 11-24.

[15] Wang S Q, Tiong R L K. Case Study of Government Initiatives for PRC′s BOT Power Plant Projects [J]. International Journal of Project Management, 2000, 18 (1): 69-78.

[16] Zhang W R, Wang S Q, Tiong R L K, et al. Risk management of Shanghai′s privately-financed Yan′an Donglu Tunnels [J]. Journal of Engineering, Construction and Architectural Management, 1998, 5 (4): 399-409.

[17] 芦明一. PPP 项目融资在轨道交通建设中应用的案例对比研究 [D]. 北京: 中国地质大学 (北京), 2014.

[18] 张雯. PPP 模式下我国廉租房建设中的风险分析与风险分担机制研究 [D]. 西安: 西安建筑科技大学, 2011.

[19] Obaid S A. Assessment of risk allocation in construction projects [D]. Chicago: Illinois Institute of Technology, 2001.

[20] 翟永威. PPP 项目风险分担模型研究 [D]. 长春: 吉林大学, 2016.

[21] 杜亚灵, 胡雯拯, 尹贻林. 风险分担对工程项目管理绩效影响的实证研究 [J]. 管理评论, 2014, 26 (10): 46-55.

[22] 乔文珊. 基于政府视角的 PPP 项目运营阶段的动态激励机制研究 [D]. 杭州: 浙江大学, 2018.

[23] 袁义淞, 李腾. 政府风险规避视角下的 PPP 模式委托代理模型研究 [J]. 昆明理工大学学报 (自然科学版), 2015, 40 (1): 118-124.

[24] 曹启龙, 盛昭翰, 周晶. 契约视角下 PPP 项目寻租行为与激励监督模型 [J]. 科学决策, 2015 (9): 51-67.

[25] 石莎莎, 杨明亮. 城市基础设施 PPP 项目内部契约治理的柔性激励机制探析. 中南大学

学报（社会科学版），2011，17（6）：155-160.

［26］ Liu Jicai, et al. Incentive mechanism for inhibiting investors′ opportunistic behavior in PPP projects ［J］. International Journal of Project Management，2016，34（7）：1102-1111.

［27］ Mohamed I S. Good governance, institutions and performance of public private partnerships ［J］. International Journal of Public Sector Management，2015，28（7）：566-582.

［28］ Greco, Luciano. Imperfect Bundling in Public-Private Partnerships ［J］. Journal of Public Economic Theory，2015，17（1）：136-146.

［29］ 柯永建，王守清，陈炳泉. 私营资本参与基础设施 PPP 项目的政府激励措施 ［J］. 清华大学学报（自然科学版），2009，49（9）：1480-1483.

［30］ 曹启龙，盛昭翰，刘慧敏. 多任务目标视角下 PPP 项目激励问题与模型构建 ［J］. 软科学，2016，30（5）：114-118.

［31］ Jensen P H，Stonecash R E. The Efficiency of Public Sector Outsourcing Contracts：A Literature Review ［J］. Social Science Electronic Publishing，2004，9（4）：628-653.

［32］ 任志涛. 基础设施公私伙伴关系的激励机制 ［J］. 西安电子科技大学学报（社会科学版），2007（5）：27-32.

［33］ 王颖林. 基于风险与社会偏好理论的 PPP 项目风险分摊及激励机制研究 ［D］. 成都：西南交通大学，2016.

［34］ 吕庆平. 基于协同效应的 PPP 项目风险分担、激励和监督惩罚模型研究 ［D］. 成都：西南交通大学，2017.

［35］ 王守清. 特许经营项目融资（BOT、PFI 和 PPP）［M］. 北京：清华大学出版社，2008.

［36］ 邓小鹏，李启明. 城市基础设施建设 PPP 项目的关键风险研究 ［J］ 现代管理科学，2009（12）：55-59.

［37］ 章昆昌. 基于博弈论的 PPP 项目风险分担方法研究 ［D］. 长沙：湖南大学，2011.

［38］ Laffont J J，Tirole J . A Theory of Incentives in Procurement and Regulation ［M］. The MIT Press，1993.

［39］ Iossa E ，Martimort D . The Simple Micro-Economics of Public-Private Partnerships ［J］. Journal of Public Economic Theory，2015，17（1）：4-48.

［40］ 吴珏. PPP 项目合同争议解决机制研究 ［D］. 武汉：武汉大学，2017.

［41］ 段晓晨，钱睿，孟楠. 隧道工程运维成本 PSO、BPNN、BIM 控制方法研究 ［J］. 铁道工程学报，2021，38（7）：100-105.

［42］ 寇杰. 基于政府视角的 PPP 项目风险分担与收益分配研究 ［D］. 天津：天津大学，2016.

附　　录

附录一　基于不完全契约的非收费公路
PPP 项目绩效评价指标重要性调研

尊敬的先生/女士：

您好！

因研究需要，我们正在构建基于不完全契约的非收费公路 PPP 项目绩效评价体系，并发放问卷分析以下各评价指标的重要程度。所以恳请您能在百忙之中抽出时间填写这份问卷。以下问题不涉及隐私，问卷仅做学术研究之用且严格保密，敬请放心作答。您所提供的意见对本研究非常宝贵。对于您的支持，我们表示衷心的感谢！

1. 您工作的单位属于以下哪种类型？（　　　）

A. 政府部门或事业单位　　　B. PPP 咨询公司　　　C. 建筑施工企业

D. 其他与 PPP 模式有关企业　E. 高校或学术研究机构　F. 金融机构

G. 其他单位

2. 您进行 PPP 模式有关的工作或研究年限为（　　　）。

A. 3 年及以下　　　　　　　B. 3~5 年　　　　　　　C. 5~10 年

D. 10 年及其以上

3. 您深入参与的 PPP 项目数量为（　　　）。

A. 0 个　　　　　　　　　　B. 1~3 个　　　　　　　C. 3~5 个

D. 5 个及其以上

4. 您认为"准备阶段的规范可行"（包括①物有所值定性评价专家打分结果与定量评价物有所值指数；②财政承受能力论证中项目预算支出占一般公共预算支出的最高比例；③发起人参与实施的 PPP 项目数）对非收费公路 PPP 项目绩效评价的重要性是（　　　）。

A. 不重要　　　　　　　　　B. 不太重要　　　　　　C. 一般重要

D. 比较重要　　　　　　　　E. 非常重要

5. 您认为"PPP 项目入库级别"（是否同时入财政部与国家发改委项目库以及入选财政部 PPP 项目库级别）对非收费公路 PPP 项目绩效评价的重要性是

（　　）。

  A. 不重要　　　　　　　　B. 不太重要　　　　　　　C. 一般重要

  D. 比较重要　　　　　　　E. 非常重要

  6. 您认为"采购阶段规范性"（包括①开始采购到所需协议签署完成的时间合理性；②所选采购方式的竞争性程度）对非收费公路 PPP 项目绩效评价的重要性是（　　）。

  A. 不重要　　　　　　　　B. 不太重要　　　　　　　C. 一般重要

  D. 比较重要　　　　　　　E. 非常重要

  7. 您认为"社会资本选择的合理性"（包括①中标价或成交价适中；②社会资本曾参与 PPP 项目的次数与履约情况）对非收费公路 PPP 项目绩效评价的重要性是（　　）。

  A. 不重要　　　　　　　　B. 不太重要　　　　　　　C. 一般重要

  D. 比较重要　　　　　　　E. 非常重要

  8. 您认为"PPP 合同不完全性"（①PPP 项目合同在期限调整条款设置上的完备程度；②PPP 项目合同在费用相关条款设置上的完备程度；③PPP 项目合同在其他协商条款设置上的完备程度）对非收费公路 PPP 项目绩效评价的重要性是（　　）。

  A. 不重要　　　　　　　　B. 不太重要　　　　　　　C. 一般重要

  D. 比较重要　　　　　　　E. 非常重要

  9. 您认为"政府资金到位情况"（政府资本金与服务费等的到位率）对非收费公路 PPP 项目绩效评价的重要性是（　　）。

  A. 不重要　　　　　　　　B. 不太重要　　　　　　　C. 一般重要

  D. 比较重要　　　　　　　E. 非常重要

  10. 您认为"建设进度管理"（项目建设进度完成率）对非收费公路 PPP 项目绩效评价的重要性是（　　）。

  A. 不重要　　　　　　　　B. 不太重要　　　　　　　C. 一般重要

  D. 比较重要　　　　　　　E. 非常重要

  11. 您认为"建设质量管理"（验收整改情况）对非收费公路 PPP 项目绩效评价的重要性是（　　）。

  A. 不重要　　　　　　　　B. 不太重要　　　　　　　C. 一般重要

  D. 比较重要　　　　　　　E. 非常重要

  12. 您认为"建设成本管理"（建设成本控制率）对非收费公路 PPP 项目绩效评价的重要性是（　　）。

  A. 不重要　　　　　　　　B. 不太重要　　　　　　　C. 一般重要

  D. 比较重要　　　　　　　E. 非常重要

13. 您认为"维护效果"（包括①日常维护；②现场检查）对非收费公路PPP项目绩效评价的重要性是（　　）。

　　A. 不重要　　　　　　　　　B. 不太重要　　　　　　　C. 一般重要

　　D. 比较重要　　　　　　　　E. 非常重要

14. 您认为"运营安全"（①百万辆车事故率；②事故处理效率）对非收费公路PPP项目绩效评价的重要性是（　　）。

　　A. 不重要　　　　　　　　　B. 不太重要　　　　　　　C. 一般重要

　　D. 比较重要　　　　　　　　E. 非常重要

15. 您认为"运营成本管理"（运营成本控制率）对非收费公路PPP项目绩效评价的重要性是（　　）。

　　A. 不重要　　　　　　　　　B. 不太重要　　　　　　　C. 一般重要

　　D. 比较重要　　　　　　　　E. 非常重要

16. 您认为"缓解交通压力"（包括①对地区交通堵塞与通行时间的改善程度；②年日均车流量增长率）对非收费公路PPP项目绩效评价的重要性是（　　）。

　　A. 不重要　　　　　　　　　B. 不太重要　　　　　　　C. 一般重要

　　D. 比较重要　　　　　　　　E. 非常重要

17. 您认为"不可抗力、变更等事宜的处理效果"（因不可抗力、法律变更、设计变更等关于合作期限、费用分摊等协调效果）对非收费公路PPP项目绩效评价的重要性是（　　）。

　　A. 不重要　　　　　　　　　B. 不太重要　　　　　　　C. 一般重要

　　D. 比较重要　　　　　　　　E. 非常重要

18. 您认为"其他执行阶段协商事宜的处理效果"（因同一事件对是否提前终止、争议调解、甩项验收等处理方式的协调效果）对非收费公路PPP项目绩效评价的重要性是（　　）。

　　A. 不重要　　　　　　　　　B. 不太重要　　　　　　　C. 一般重要

　　D. 比较重要　　　　　　　　E. 非常重要

19. 您认为"移交达标情况"（移交设施资产技术完备且质量达到约定的移交标准）对非收费公路PPP项目绩效评价的重要性是（　　）。

　　A. 不重要　　　　　　　　　B. 不太重要　　　　　　　C. 一般重要

　　D. 比较重要　　　　　　　　E. 非常重要

20. 您认为"维修担保"（包括①对路面设备等的维修担保率；②缺陷责任期的修复效果）对非收费公路PPP项目绩效评价的重要性是（　　）。

　　A. 不重要　　　　　　　　　B. 不太重要　　　　　　　C. 一般重要

　　D. 比较重要　　　　　　　　E. 非常重要

21. 您认为"移交事宜的商定效果"（商定时就移交事宜协调的效果）对非收费公路 PPP 项目绩效评价的重要性是（　　　）。

A. 不重要　　　　　　　B. 不太重要　　　　　　C. 一般重要

D. 比较重要　　　　　　E. 非常重要

最后，再次对这份问卷所占用的宝贵时间表示歉意！诚挚感谢您的帮助和支持！

附录二　××隧道项目专家打分表

尊敬的专家：

您好！我们正在进行"基于不完全契约的非收费公路 PPP 项目绩效评价"的研究，需要对××隧道的在以下方面的表现进行评价。非常感谢您能在百忙之中抽出时间填写这份问卷。以下问题不涉及隐私，问卷仅做学术研究之用且严格保密，敬请放心作答。您所提供的意见对本研究非常宝贵。对于您的支持，我们表示衷心的感谢！

请您针对以下三项评价内容进行评价，并在对应的分数下打"√"，分数越高代表项目运营过程中该项越佳。

评价内容	1	2	3	4	5
交通事故处理效率					
因不可抗力、法律变更、设计变更等关于合作期限、费用分摊等协调效果					
因同一事件对是否提前终止、争议调解、甩项验收等处理方式的协调效果					

××隧道项目使用者打分表

尊敬的使用者：

您好！我们正在进行"基于不完全契约的非收费公路 PPP 项目绩效评价"的研究，需要对××隧道的"对地区交通堵塞、通行时间的改善程度"表现进行评价。非常感谢您能在百忙之中抽出时间填写这份问卷。以下问题不涉及隐私，问卷仅做学术研究之用且严格保密，敬请放心作答。您所提供的意见对本研究非常宝贵。对于您的支持，我们表示衷心的感谢！

请您针对以下评价内容进行评价，并在对应的分数下打"√"，分数越高代表项目表现越好。

评价内容	1	2	3	4	5
对地区交通堵塞、通行时间的改善程度					

附录三　合同文本分析来源的非收费公路 PPP 项目列表

项目编号	项目名称	所在区域	总投资/万元	回报机制	运作方式	所属行业	合作期限/年
1	郑州市107辅道快速化工程PPP项目	河南省	800000	政府付费	DBOT	市政道路	14
2	河北省唐山市中心城区环线（二环路）及北环连接线政府和社会资本合作（PPP）项目	河北省	480000	可行性缺口补助	TOT	市政道路	15
3	浙江省台州市台州湾循环经济产业集聚区路桥桐屿至椒江滨海公路工程（现代大道）PPP项目	浙江省	446000	政府付费	BOT	一级公路	15
4	云南省昆明高新区重点基础设施（第一批）建设PPP项目	云南省	378212	可行性缺口补助	BOT	市政道路	23
5	四川省泸州市沱江新城整体城镇化市政道路及综合管廊建设PPP项目	四川省	300000	可行性缺口补助	BOT	市政道路	13
6	内蒙古巴彦淖尔市"十个全覆盖"街巷硬化工程（2016年度）	内蒙古自治区	300000	政府付费	BOT	交通运输-其他	15
7	四川省泸州市二环路（纳溪段）	四川省	294400	政府付费	BOT	市政道路	13
8	国道321线新区富廊至端州前村段城市化改造二期工程（富廊至民乐桥段）	广东省	272447	政府付费	ROT	一级公路	20
9	福建省漳州市南江滨路Ⅰ、Ⅱ、Ⅳ、Ⅵ标段工程项目	福建省	260000	政府付费	BOT	市政道路	13
10	湖南省常德市沅江过江隧道PPP项目	湖南省	254410	政府付费	BOT	市政道路	28
11	湖北省宜昌市伍家岗长江大桥项目	湖北省	244125	政府付费	BOT+EPC	市政道路	24
12	江夏区G107龚家铺至新南环（海吉星）段改扩建工程	湖北省	212000	政府付费	BOT	市政道路	15
13	河北省沧州市南北绕城公路项目	河北省	210400	政府付费	BOT	一级公路	14
14	云南省昆明市滇中空港大道中段（文林路至机场北高速）工程PPP项目	云南省	205095	政府付费	BOT	市政道路	17
15	四会道路改造综合项目	广东省	189700	可行性缺口补助	BOT	市政道路	10
16	安徽省淮南市中兴路、南纬七路及综合管廊PPP项目	安徽省	173899	政府付费	BOT	市政道路	15
17	四川省宜宾县工业园区市政道路基础设施一期PPP项目	四川省	166800	政府付费	BOT	市政道路	13

项目编号	项目名称	所在区域	总投资/万元	回报机制	运作方式	所属行业	合作期限/年
18	广东省佛山市顺德区顺德北部片区华阳南路一环互通立交、菊花湾大桥、南沙新桥及北引道建设工程	广东省	157399	政府付费	其他	一级公路	12
19	湖北省荆门市钟祥市嘉靖大道、承天大道、校场路PPP项目	湖北省	148409	可行性缺口补助	其他	市政道路	13
20	S120线惠城南旋工业区至紫金交界段改建工程	广东省	143025	政府付费	BOT	二级公路	10.5
21	晋中市榆次区龙湖街东延工程、锦纶路北段改造工程及迎宾街改造工程PPP项目	山西省	138368	政府付费	BOT	市政道路	22
22	河南省洛阳市市政道桥工程项目	河南省	116685	政府付费	BOT	市政道路	17
23	海南省海口市21条城市道路提升改造工程	海南省	114441	政府付费	BOT	市政道路	11
24	襄阳庞公大桥项目	湖北省	113148	政府付费	BOT	市政道路	15
25	扬州市611省道邗江段工程项目	江苏省	110000	政府付费	BOT	一级公路	11
26	河南省商丘市睢阳区2016年市政工程PPP项目投资建设项目	河南省	108754	政府付费	BOT	市政道路	25
27	陕西省延安市延延高速公路连接线一级公路二期工程	陕西省	101329	政府付费	BOT	一级公路	10
28	山东省济宁市环湖大道东线工程（微山段）PPP项目	山东省	100734	可行性缺口补助	BOT	二级公路	15
29	安徽省宣城市阳德路道路工程EPC+PPP项目	安徽省	95444	政府付费	BOT	海绵城市	11
30	阜阳市京九路等海绵型道路工程PPP项目	安徽省	92800	政府付费	BOT	市政道路	12
31	湖北省武汉市江汉六桥汉阳岸接线（汉阳大道—龙阳湖北路）工程	湖北省	82605	政府付费	BOT	市政道路	12
32	云南省怒江州兰坪县S316线怒江州六库至兰坪公路青吾甸至兰坪古盐都隧道段PPP项目	云南省	77000	可行性缺口补助	BOT	隧道	13
33	山西省寿阳县市政道路、地下综合管廊及配套设施PPP项目	山西省	73875	政府付费	BOT	市政道路	20
34	福建省龙海市锦江大道（三期）A段新建道路、平宁路道路改造和城区防洪及污水截流综合改造工程项目	福建省	72351	政府付费	BOT	市政道路	12

项目编号	项目名称	所在区域	总投资/万元	回报机制	运作方式	所属行业	合作期限/年
35	内蒙古自治区赤峰市红山区市政路桥建设项目	内蒙古自治区	72208	政府付费	BOT	市政道路	12
36	云南省昆明市东川区城市人居环境提升改造工程政府和社会资本合作项目	云南省	71422	可行性缺口补助	BOT	市政道路	12
37	淮北市梧桐中路建设项目	安徽省	69839	政府付费	BOT	市政道路	11
38	辽宁省本溪市沈本线响山子至滨河南路改扩建工程（二期）	辽宁省	68853	政府付费	BOT	一级公路	12
39	山东省东营市南一路快速路（华山路至西一路）建设工程 PPP 项目	山东省	63727	政府付费	BOT	市政道路	12
40	宣城市水阳江大道闭合段北段工程	安徽省	60590	政府付费	BOT	市政道路	11
41	内蒙古自治区赤峰市喀喇沁旗国道306线十家满族乡（莫家店）至牛家营子段公路工程	内蒙古自治区	58145	政府付费	BOT	一级公路	10
42	乌海市海勃湾区道路工程项目	内蒙古自治区	56270	政府付费	BOT	市政道路	10
43	贵州省兴义市沿湖公路改扩建工程 PPP 项目	贵州省	53806	政府付费	BOT	市政道路	20
44	南京市江北滨江大道（西江路至绿水湾南路）建设工程	江苏省	51500	政府付费	BOT	市政道路	10
45	四川省剑阁县西成客专剑门关站站前广场片区建设 PPP 项目	四川省	49900	可行性缺口补助	BOT	市政道路	10
46	河北省秦皇岛市卢龙县卢龙经济开发区绿色化工园基础设施建设 PPP 项目	河北省	49648	可行性缺口补助	BOT	市政道路	12
47	商洛市环城南路商州实施段	陕西省	43442	可行性缺口补助	ROT	市政道路	10
48	大岭汽车物流产业园区东风大街（兴岭路—新凯河）道路工程	吉林省	35600	政府付费	其他	市政道路	10
49	山东省枣庄高新区新建道路工程	山东省	32000	政府付费	BOT	市政道路	10
50	辽宁省本溪市集本线、小桥线、本宽线新建及改扩建工程	辽宁省	31915	政府付费	BOT	其他	12
51	陕西省铜川市 210 国道川口至耀州城市过境公路完善工程	陕西省	24266	可行性缺口补助	BOT	其他	12
52	袁州区湖田板块市政道路及管网设施项目	江西省	20137	政府付费	BOT	市政道路	10

项目编号	项目名称	所在区域	总投资/万元	回报机制	运作方式	所属行业	合作期限/年
53	陕西省铜川市王益区黄堡黄环旅游公路	陕西省	17500	政府付费	BOT	其他	12
54	鞍山市城市道路及隧道大修（一期）工程	辽宁省	11296	政府付费	ROT	市政道路	15
55	龙门县县城东区市政道路一期建设项目	广东省	5482	政府付费	BOT	市政道路	10

附录四 基于不完全契约的非收费
公路 PPP 项目绩效评价指标评价标准

评价指标	评价内容	5	4	3	2	1
准备阶段规范可行	物有所值定性评价专家打分结果与定量评价物有所值指数	定性评价 85 分以上且通过定量评价	定性评价 75~85 分且通过定量评价	定性评价 60~75 分且通过定量评价	定性评价与定量评价有一不通过	未通过物有所值评价
	财政承受能力论证中项目预算支出占一般公共预算支出的最高比例	1%以下	1%~3%	3%~5%	5%~10%	未通过财政承受能力论证
	发起人参与实施的 PPP 项目数	具有 2 次以上发起经验，2 次以上实施经验	具有 2 次发起经验，1 次或 2 次实施经验	具有 1 次发起经验，且在采购阶段中选	具有 1 次发起经验，但采购阶段未中标	未参与过 PPP 项目
PPP 项目入库级别	是否同时入财政部与国家发改委项目库以及入选财政部 PPP 项目库级别	国家级示范项目且为国家发改委推介的 PPP 项目	省级示范项目且为国家发改委推介的 PPP 项目	市级示范项目且为国家发改委推介的 PPP 项目	为国家发改委推介的 PPP 项目且入选财政部项目库但非示范项目	未纳入财政部或国家发改委项目库
采购阶段规范性	开始采购到所需协议签署完成的时间合理性	谈判时间 4~5 个月	谈判时间 3~4 或 5~6 个月	谈判时间 2~3 或 6~7 个月	谈判时间 1~2 或 7~8 个月	谈判时间小于 1 个月或大于 8 个月
	所选采购方式的竞争性程度	公开招标、邀请招标	—	竞争性谈判、竞争性磋商	—	单一来源采购
社会资本选择的合理性	中标价或成交价适中	中标价与估算价相差 7%~13%	差距小于 7%	差距大于 13%~18%	差距大于 18%	低于最低价
	社会资本曾参与 PPP 项目的次数与履约情况	2 次以上	2 次	1 次	0 次	有过违约、毁约经历

评价指标	评价内容	5	4	3	2	1
PPP 合同不完全性	PPP 项目合同在期限调整条款设置上的完备程度	包含第三章所梳理的全部条款	缺少1项条款	缺少2~3项条款	缺少4项条款	缺少5项条款
	PPP 项目合同在费用相关条款设置上的完备程度	包含第三章所梳理的全部条款	缺少1~2项条款	缺少3~4项条款	缺少5项条款	缺少6项及以上条款
	PPP 项目合同在其他协商条款设置上的完备程度	包含第三章所梳理的全部条款	缺少1项条款	缺少2~3项条款	缺少4项条款	缺少5项条款
政府资金到位情况	政府资本金与服务费等的到位率	90%~100%	80%~90%	70%~80%	60%~70%	60%以下
建设进度管理	项目建设进度完成率	80%及以下	80%~90%	90%~100%	100%~120%	120%以上
建设质量管理	验收整改情况	一次性验收合格	整改1项	整改2项	整改3项	整改4项及其以上
建设成本管理	建设成本控制率	80%及以下	80%~90%	90%~100%	100%~120%	120%以上
维护效果	日常维护	95%及以上	90%~95%	85%~90%	80%~85%	80%以下
	现场检查	95%及以上	90%~95%	85%~90%	80%~85%	80%以下
运营安全	百万辆车事故率	较上一年减少了15%及以上	较上一年减少了5%~15%	较上一年增减5%以内	较上一年增长了5%~15%	较上一年增长超15%
	事故处理效率	事故处理极其及时稳妥	事故处理较为及时稳妥	事故处理一般及时稳妥	事故处理不够及时稳妥	事故处理极不及时稳妥
运营成本管理	运营成本控制率	80%及以下	80%~90%	90%~100%	100%~120%	120%以上

续附录四

评价指标	评价内容	5	4	3	2	1
缓解交通压力	对地区交通堵塞、通行时间的改善程度	改善极大	改善较大	改善一般	改善较少	改善极少
	年日均车流量增长率	15%及以上	10%~15%	5%~10%	0~5%	0以下
不可抗力、变更等事宜的处理效果	因不可抗力、法律变更、设计变更等关于合作期限、费用分摊等协调效果	效果极好	效果较好	效果一般	效果较差	效果极差
其他执行阶段协商事宜的处理效果	因同一事件对是否提前终止、争议调解、甩项验收等处理方式的协调效果	效果极好	效果较好	效果一般	效果较差	效果极差
移交达标情况	移交设施资产技术完备、质量达到约定的移交标准	90%~100%	80%~90%	70%~80%	60%~70%	60%以下
维修担保	对路面、设备等的维修担保率	90%~100%	80%~90%	70%~80%	60%~70%	60%以下
	缺陷责任期的修复效果	效果极好	效果较好	效果一般	效果较差	效果极差
移交事宜的商定效果	商定时就移交事宜协调的效果	效果极好	效果较好	效果一般	效果较差	效果极差

附录五　行业专家咨询问卷

尊敬的专家：

我们正在进行一项关于"PPP 项目风险合理分担及激励"的研究，希望通过问卷咨询得出 PPP 项目风险分担博弈模型中的影响因子程度。专业人员在该领域丰富的实践经验对于本次研究有着非常大的帮助，感谢您阅读填答以下内容。

PPP 合同通常确定了项目风险的分担相关内容，因此将合同谈判的过程假设为讨价还价的过程。如果政府实施方（a）提出风险分担比例，社会资本（b）可能不会接受并提出一个新的分担比例，社会资本对政府提出的比例也不满意，但参考了政府实施方提出的比例以及自己能够接受的比例提出了风险分担比例建议，由此得出第二回合讨价还价结果，在讨价还价过程中需要双方承担谈判成本 δ（损耗系数，系数越大说明谈判成本越高），此成本可能为时间的消耗或是人员交通费用等成本。每次对方提出分担比例后，可以选择接受但是向之还价转移一定比例的风险 p。同样的，每次自身提出分担比例后，对方可以选择接受但是凭借着优势地位转移一定比例的风险 p。理论上讲，如果另一方仍然拒绝接受讨价还价结果，那么上述讨价还价过程可继续进行，直至双方都满意为止，如下图所示。

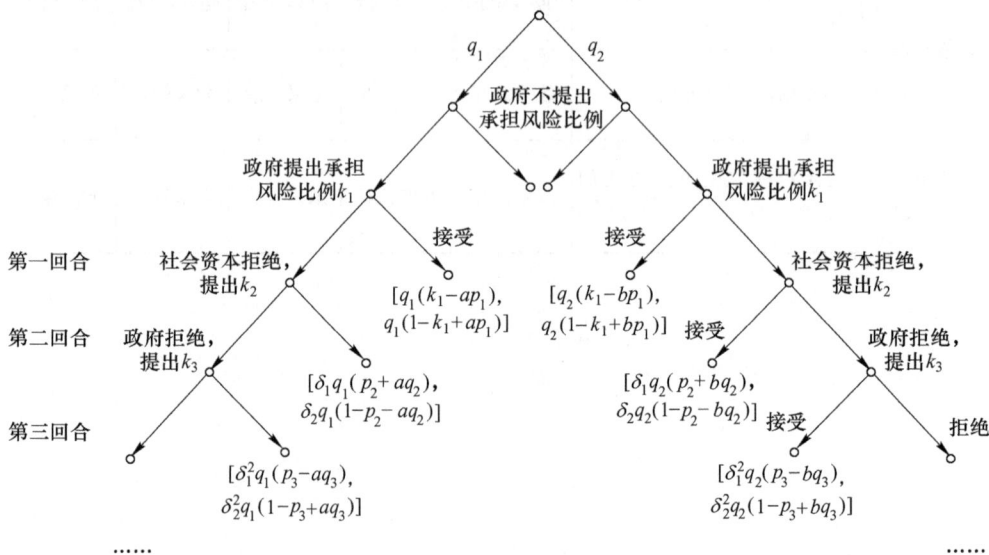

附图　博弈流程图

因此，我们构建了不完全信息情况下的风险分担讨价还价博弈模型作为项目风险分担比例的计算依据，其中涉及的影响因子见附表。

以下题目如不特别说明，均为单选题，请在选项处打√。

1. 请问您在哪里就职?

☐　政府（及政府方实施单位）

☐　社会资本

☐　咨询单位

☐　高校、研究院

☐　其他（　　　　）

2. 项目风险信息及博弈模型相关参数

本次咨询针对的是 PPP 项目运营阶段风险分配及激励，请专家对此进行打分（见附表）。通过文献研究，整理出 PPP 项目运营阶段需要共担的风险主要有以下几类：运营成本超支风险、费用支付风险、征用/公有化风险、残值风险、特许经营期不合理风险、运行质量风险、公众利益风险，问卷也针对每个风险具体选择，不考虑风险之间的相互作用。

（1）运营成本超支风险：包括通货膨胀引起货币实际购买力下降；运营经验不足；管理不规范；运营效率低、维修成本超支风险维护成本高于预期。

（2）费用支付风险：指政府或用户资金不足，无法按时支付费用。

（3）征用/公有化风险：包括政策多变、灾害救险等。

（4）残值风险：指设备、技术的过度使用使设备材料所剩不多，影响项目继续运营。

（5）特许经营期不合理风险：指政府规定的特许经营期过长使项目收益不足等。

（6）运行质量风险：运行的质量达不到标准。

（7）公众利益风险：公众的利益受到损害。

（8）运营阶段整体风险。

附表　风险因素调查表格

因子	含义	取值	运营成本超支风险	费用支付风险	征用/公有化风险	残值风险	特许经营期不合理风险	运行质量风险	公众利益风险	运营阶段整体风险
δ_1	政府在讨价还价过程中的损耗系数	此损耗取值为大于0，小于1的一位小数，系数越大说明谈判成本越高	0.1	0.1	0.1	0.1	0.1	0.1	0.1	0.1
			0.2	0.2	0.2	0.2	0.2	0.2	0.2	0.2
			0.3	0.3	0.3	0.3	0.3	0.3	0.3	0.3
			0.4	0.4	0.4	0.4	0.4	0.4	0.4	0.4
			0.5	0.5	0.5	0.5	0.5	0.5	0.5	0.5
			0.6	0.6	0.6	0.6	0.6	0.6	0.6	0.6
			0.7	0.7	0.7	0.7	0.7	0.7	0.7	0.7
			0.8	0.8	0.8	0.8	0.8	0.8	0.8	0.8
			0.9	0.9	0.9	0.9	0.9	0.9	0.9	0.9
			1.0	1.0	1.0	1.0	1.0	1.0	1.0	1.0

因子	含义	取值	运营成本超支风险	费用支付风险	征用/公有化风险	残值风险	特许经营期不合理风险	运行质量风险	公众利益风险	运营阶段整体风险
δ_2	社会资本在讨价还价过程中的损耗系数	此损耗取值为大于0,小于1的一位小数,系数越大说明谈判成本越高	0.1 0.2 0.3 0.4 0.5 0.6 0.7 0.8 0.9 1.0	0.1 0.2 0.3 0.4 0.5 0.6 0.7 0.8 0.9 1.0	0.1 0.2 0.3 0.4 0.5 0.6 0.7 0.8 0.9 1.0	0.1 0.2 0.3 0.4 0.5 0.6 0.7 0.8 0.9 1.0	0.1 0.2 0.3 0.4 0.5 0.6 0.7 0.8 0.9 1.0	0.1 0.2 0.3 0.4 0.5 0.6 0.7 0.8 0.9 1.0	0.1 0.2 0.3 0.4 0.5 0.6 0.7 0.8 0.9 1.0	0.1 0.2 0.3 0.4 0.5 0.6 0.7 0.8 0.9 1.0
p_1	在第一回合讨价还价过程中额外转移的风险比例	将讨价还价中的一项风险比例设为1,指此类风险转移的系数,	0.1 0.2 0.3 0.4 0.5 0.6 0.7 0.8 0.9 1.0	0.1 0.2 0.3 0.4 0.5 0.6 0.7 0.8 0.9 1.0	0.1 0.2 0.3 0.4 0.5 0.6 0.7 0.8 0.9 1.0	0.1 0.2 0.3 0.4 0.5 0.6 0.7 0.8 0.9 1.0	0.1 0.2 0.3 0.4 0.5 0.6 0.7 0.8 0.9 1.0	0.1 0.2 0.3 0.4 0.5 0.6 0.7 0.8 0.9 1.0	0.1 0.2 0.3 0.4 0.5 0.6 0.7 0.8 0.9 1.0	0.1 0.2 0.3 0.4 0.5 0.6 0.7 0.8 0.9 1.0
p_2	在第二回合讨价还价过程中额外转移的风险比例	取值为大于0,小于1的小数 $(p_1>p_2>p_3)$	0.1 0.2 0.3 0.4 0.5 0.6 0.7 0.8 0.9 1.0	0.1 0.2 0.3 0.4 0.5 0.6 0.7 0.8 0.9 1.0	0.1 0.2 0.3 0.4 0.5 0.6 0.7 0.8 0.9 1.0	0.1 0.2 0.3 0.4 0.5 0.6 0.7 0.8 0.9 1.0	0.1 0.2 0.3 0.4 0.5 0.6 0.7 0.8 0.9 1.0	0.1 0.2 0.3 0.4 0.5 0.6 0.7 0.8 0.9 1.0	0.1 0.2 0.3 0.4 0.5 0.6 0.7 0.8 0.9 1.0	0.1 0.2 0.3 0.4 0.5 0.6 0.7 0.8 0.9 1.0

因子	含义	取值	运营成本超支风险	费用支付风险	征用/公有化风险	残值风险	特许经营期不合理风险	运行质量风险	公众利益风险	运营阶段整体风险
p_3	在第三回合讨价还价过程中额外转移的风险比例	将讨价还价中的一项风险比例设为1,指此类风险转移的系数,取值为大于0,小于1的小数($p_1 > p_2 > p_3$)	0.1 0.2 0.3 0.4 0.5 0.6 0.7 0.8 0.9 1.0	0.1 0.2 0.3 0.4 0.5 0.6 0.7 0.8 0.9 1.0	0.1 0.2 0.3 0.4 0.5 0.6 0.7 0.8 0.9 1.0	0.1 0.2 0.3 0.4 0.5 0.6 0.7 0.8 0.9 1.0	0.1 0.2 0.3 0.4 0.5 0.6 0.7 0.8 0.9 1.0	0.1 0.2 0.3 0.4 0.5 0.6 0.7 0.8 0.9 1.0	0.1 0.2 0.3 0.4 0.5 0.6 0.7 0.8 0.9 1.0	0.1 0.2 0.3 0.4 0.5 0.6 0.7 0.8 0.9 1.0
q_1	不完全信息条件下,政府会采取强势地位转移风险的概率	取值为大于0,小于1的一位小数	0.1 0.2 0.3 0.4 0.5 0.6 0.7 0.8 0.9 1.0	0.1 0.2 0.3 0.4 0.5 0.6 0.7 0.8 0.9 1.0	0.1 0.2 0.3 0.4 0.5 0.6 0.7 0.8 0.9 1.0	0.1 0.2 0.3 0.4 0.5 0.6 0.7 0.8 0.9 1.0	0.1 0.2 0.3 0.4 0.5 0.6 0.7 0.8 0.9 1.0	0.1 0.2 0.3 0.4 0.5 0.6 0.7 0.8 0.9 1.0	0.1 0.2 0.3 0.4 0.5 0.6 0.7 0.8 0.9 1.0	0.1 0.2 0.3 0.4 0.5 0.6 0.7 0.8 0.9 1.0
a_1	社会资本认定政府会采取强势地位时,社会资本愿意接受转移风险份额的比例		0.1 0.2 0.3 0.4 0.5 0.6 0.7 0.8 0.9 1.0	0.1 0.2 0.3 0.4 0.5 0.6 0.7 0.8 0.9 1.0	0.1 0.2 0.3 0.4 0.5 0.6 0.7 0.8 0.9 1.0	0.1 0.2 0.3 0.4 0.5 0.6 0.7 0.8 0.9 1.0	0.1 0.2 0.3 0.4 0.5 0.6 0.7 0.8 0.9 1.0	0.1 0.2 0.3 0.4 0.5 0.6 0.7 0.8 0.9 1.0	0.1 0.2 0.3 0.4 0.5 0.6 0.7 0.8 0.9 1.0	0.1 0.2 0.3 0.4 0.5 0.6 0.7 0.8 0.9 1.0

因子	含义	取值	运营成本超支风险	费用支付风险	征用/公有化风险	残值风险	特许经营期不合理风险	运行质量风险	公众利益风险	运营阶段整体风险
b_1	社会资本认定政府不会采取强势地位时，愿意主动退让转移风险份额的比例	取值为大于0，小于1的一位小数	0.1	0.1	0.1	0.1	0.1	0.1	0.1	0.1
			0.2	0.2	0.2	0.2	0.2	0.2	0.2	0.2
			0.3	0.3	0.3	0.3	0.3	0.3	0.3	0.3
			0.4	0.4	0.4	0.4	0.4	0.4	0.4	0.4
			0.5	0.5	0.5	0.5	0.5	0.5	0.5	0.5
			0.6	0.6	0.6	0.6	0.6	0.6	0.6	0.6
			0.7	0.7	0.7	0.7	0.7	0.7	0.7	0.7
			0.8	0.8	0.8	0.8	0.8	0.8	0.8	0.8
			0.9	0.9	0.9	0.9	0.9	0.9	0.9	0.9
			1.0	1.0	1.0	1.0	1.0	1.0	1.0	1.0